高等学校经济管理类主干课程教材
人 力 资 源 管 理 系 列

劳动争议处理

唐 镄 刘 兰 嵇月婷◎编著

Labor Dispute Settlement

中国人民大学出版社
· 北京 ·

图书在版编目（CIP）数据

劳动争议处理/唐鑛，刘兰，嵇月婷编著．—北京：中国人民大学出版社，2020.4
高等学校经济管理类主干课程教材．人力资源管理系列
ISBN 978-7-300-27948-0

Ⅰ.①劳… Ⅱ.①唐… ②刘… ③嵇… Ⅲ.①劳动争议一处理一中国一高等学校一教材
Ⅳ.①D922.591

中国版本图书馆 CIP 数据核字（2020）第 028093 号

高等学校经济管理类主干课程教材·人力资源管理系列
劳动争议处理
唐　鑛　刘　兰　嵇月婷　编著
Laodong Zhengyi Chuli

出版发行	中国人民大学出版社		
社　　址	北京中关村大街 31 号	**邮政编码**	100080
电　　话	010－62511242（总编室）		010－62511770（质管部）
	010－82501766（邮购部）		010－62514148（门市部）
	010－62515195（发行公司）		010－62515275（盗版举报）
网　　址	http://www.crup.com.cn		
经　　销	新华书店		
印　　刷	固安县铭成印刷有限公司		
开　　本	787 mm×1092 mm　1/16	**版　　次**	2020 年 4 月第 1 版
印　　张	17.5　插页 1	**印　　次**	2023 年 6 月第 3 次印刷
字　　数	339 000	**定　　价**	42.00 元

前言

改革开放40多年来，我国经历了最为深刻的经济和社会转型，劳动关系随着经济体制、产业结构、生产方式和企业管理模式的变化，面临前所未有的挑战。随着经济体制改革的深化和民众权利意识的提升，我国劳动争议呈现出多样性和复杂性的特征，在多种因素的共同影响下，劳资冲突加剧，劳动争议案件的数量呈现持续上升势头，对我国现行的劳动争议处理制度产生了巨大冲击。与此同时，劳动争议产生的社会影响也是巨大的，一些劳动争议案件还演化为社会公共事件。劳动争议处理不仅是劳动关系领域的重要事项，也已经成为经济发展过程中不可回避的重大课题和敏感的社会问题。

一、劳动争议处理体系：预防＋处理

劳动争议是指劳动者与用人单位之间基于劳动关系，因实现劳动权利和履行劳动义务而发生的纠纷。在生产领域，劳动者追求报酬，用人单位追求绩效，报酬和绩效的对等承诺和对等实现是劳动关系建立的前提，同时也是工作场所用工管理的主要矛盾和主要问题；在分配领域，劳动者和用人单位要对生产领域共同取得的成果进行合理分配，才能维持双方的继续合作。然而，虽然相关法律法规划定了劳动关系双方各自应当坚守的行为空间，指引劳动关系规范运行，但在不同利益的驱动下，部分劳动关系当事人仍会逾越界限，使得劳动关系双方的利益对立进一步演化为激烈对抗，劳动争议由此产生。我国《劳动争议调解仲裁法》确立了四种处理劳动争议的基本方式：协商、调解、仲裁和诉讼。这四种方式作为立法设计的劳动争议处理环节，都能在法律许可的范围内发挥各自的作用。因此，本书力图平等地对待不同的劳动争议处理方式。当然，这四种处理方式有的有国家公权力作为坚强后盾，有的则没有，导致后者的处理结果受到公信力缺失的质疑。如何更有效地优化这四种劳动争议处理方式，使其达到更好的配合效果，仍是一个需要深入研究的课题。

同时，劳动争议带来的破坏性不言而喻，仅仅关注有效率的争议处理方式是不够的，“防患于未然”的重要性日益凸显。尤其是最近几年来，随着网络信息技术的不断进步，互联网经济蓬勃发展，新技术、新产品、新业态、新商业模式不断涌现，生产经营活动的网络化、智能化特征也日趋明显。随着大数据、云计算、人工智能等新技术广泛应用，平台经济、共享经济等新业态迅猛发展，工作行为出现深刻变革，用工方式更加灵活多样，劳动争议数量居高不下，劳动争议内容更加多元。劳动关系双方的法律意识尚在不断增强阶段，单纯依靠事后处理来解决劳动争议问题远远不够。有鉴于此，本书将劳动争议预防纳入广义的劳动争议处理体系中。从劳动争议处理经验中衍生出的劳动争议预防策略，可以置于劳动争议各种处理方式的前端，有效地避免劳动争议发生，从而避免当事人因争议引发损失，也避免浪费社会公共资源来解决纠纷。力图以最小成本防范并控制用工风险与争议发生，这是未来的发展趋势。

二、中国特色的劳动争议调解体系

我国劳动争议处理包含协商、调解、仲裁和诉讼四种方式，其中劳动争议调解具有“案结事了人和”的优点，因其契合中国“和为贵”的传统而在社会文化中具有一定的价值认同，在我国劳动争议处理体系中占据着独特的重要地位，这主要体现在横向和纵向两个方面。

在纵向上，调解贯穿整个劳动争议处理程序。无论是劳动争议仲裁还是劳动争议诉讼，庭前调解都十分普遍，在仲裁和诉讼的过程中，劳动争议双方也可以随时达成调解。调解有利于矛盾的解决，避免激化，同时也符合中国的传统习惯，有利于及时维护劳动关系双方当事人的合法权益。

在横向上，在现有法律框架下，我国的企业、社区组织、工会组织、司法行政部门、劳动行政部门以及人民法院等多元主体正在构建起“大调解”体系，以较高的调解率化解了大量劳动争议案件，这也反映出国家对于日益复杂的劳动争议的社会治理能力不断提升。在此背景下，各地区也出现了很多具有中国特色的新型调解形式，如劳动行政调解、联合调解等，本书也对此进行了详细介绍。但是在实践中，多种调解组织的建立和发展，可能会浪费调解资源，也可能出现一案多调的情况，因此，如何通过引导形成各有侧重的层次化调解解决劳动争议的格局，还需进一步研究和探索。

三、劳动争议处理的一般对象和特殊对象

我国《劳动争议调解仲裁法》已经明确劳动争议的范围，实践中劳动争议这一术语也得到了非常广泛的应用，因此，劳动争议处理的一般对象即普通劳动争议。然而，实践中还有两类特殊的争议，其处理方式与普通劳动争议处理有重合，也有例外，本书将其作为劳动争议处理的特殊对象，专章论述。

第一是集体劳动争议。集体劳动争议的外延十分广泛，包括诉求相同的多人权利争议，包括集体协商争议，还包括因争议引发的集体行动。目前，我国普通劳动争议处理制度中，基本只涵盖诉求相同的多人权利争议，对于集体协商争议以及因争议引发的集体行动，都有不同于普通劳动争议的解决途径。

第二是人事争议。我国历史上长期将劳动管理体制与人事管理体制分割，如今开始走向融合，但完全一体化的目标还未实现。人事争议与劳动争议在受案范围、法律适用等诸多方面仍存在区别。因此，本书并未采用“劳动人事争议处理”的说法，而是将人事争议处理作为一种特殊制度进行专门论述。

四、劳动争议处理的视角

劳动争议处理涉及多方主体，从哪一角度对劳动争议进行阐释非常重要。本书力图对劳动争议处理的整个过程进行全方位剖析：既有劳动者和用人单位参与劳动争议处理的流程和策略等内容，也有劳动争议处理机构的运作方式和判断标准等内容。对劳动争议处理进行多重透视，可以满足读者的多样化需求。

五、编写说明

劳动争议处理的实践性很强，本书非常注重理论与实践相结合。本书涉及的理论知识均采用“经典之通说”，并以适用为度，避免过多地陷入理论争鸣。实践内容丰富，涉及劳动争议预防、协商、调解、仲裁和诉讼等各方面的内容，适于读者学习掌握和实际应用。与此同时，本书在知识阐释过程中大量使用辅助材料，包括相关知识的拓展阅读、精选案例的分析解读、典型任务的操作示例、常用法规的快捷查询等，有助于提高读者运用相关知识分析和处理实际问题的能力。

本书在结构上从 4 个部分来进行架构，共 12 章：第 1 部分是对劳动争议的综合介绍，共 2 章，分别是劳动争议概述、劳动争议处理概述；第 2 部分详细介绍我国的劳动争议处理体系，共 6 章，分别是劳动争议预防、劳动保障监察、劳动争议协商、劳动争

议调解、劳动争议仲裁、劳动争议诉讼；第 3 部分介绍我国劳动争议处理的实操情况，共 2 章，分别是劳动争议裁审衔接、典型劳动争议处理实务；第 4 部分介绍我国劳动争议处理的一般对象和特殊对象，共 2 章，分别是集体劳动争议处理、人事争议处理。

尽管本书编写人员付出了很大努力，但由于研究水平有限，疏漏之处在所难免，敬请读者批评指正。

目录

第1章

劳动争议概述

学习目标

学完本章后，你应该能够：

- 了解工作场所冲突的相关概念。
- 掌握劳动争议的内涵与外延。
- 掌握劳动争议的范围与分类。
- 了解劳动争议的特点和处理原则。
- 了解我国劳动争议的发展与现状。

开篇引例

工作履历造假，用人单位试用期内解除获支持

陈某于2017年1月5日入职北京某电子公司，双方订立了为期5年的劳动合同，约定其担任品牌营销经理，月工资3.3万元，试用期6个月。陈某入职2个月后，电子公司以不符合录用条件为由向陈某发出《试用期解除劳动合同通知书》，提出与其解除劳动合同。陈某不认可电子公司的解除理由，遂提起劳动争议仲裁，要求电子公司支付违法解除劳动合同赔偿金。

仲裁庭审中，电子公司提交了《求职登记表》《入职承诺书》及一份民事判决书，佐证陈某伪造重要工作经历，工作能力及工作表现与其工作履历严重不符。陈某填写的《求职登记表》显示，其2012年1月至2015年10月期间担任某广告传媒公司市场部经理，月工资3万元。在《入职承诺书》中陈某承诺，在应聘时提供虚假材料或没有如实说明与应聘岗位相关情况的，属于不符合录用条件，电子公司无须任何理由即有权解雇本人。民事判决书的内容显示，2014年1月至2015年10月期间，陈某担任某外地股份公司经理助理，月工资4 000元，其提出诉求要求该股份公司支付延时加班费、休息日加班费、未休年休假工资补偿及违法解除劳动合同赔偿金等。陈某对上述证据的真实性均不持异议，声称其在外地股份公司的工作是兼职，故没有写入工作履历中去，但未能就其主张提供证据支持。

仲裁庭审理后认为，陈某在入职时虚构重要工作履历，所填报的工资收入与实际收入差别巨大，其所表现出的工作能力、工作经验与工作履历不符，电子公司在试用期内与其解除劳动合同符合法律规定，故裁决驳回其仲裁请求。

诚实信用原则是用人单位与劳动者在订立劳动合同过程中应遵守的基本法律原则。劳动者入职时应当履行如实说明义务。同时，按照劳动合同法的相关规定，用人单位和劳动者均有如实告知对方与订立劳动合同直接相关事项的法定义务。本案中，陈某虚构本人的重要工作履历，完全可能导致电子公司在判断其业务能力、履职能力、工资标准、职业忠诚度及最终决定是否录用时产生重大误判。电子公司亦在《入职承诺书》中明确告知陈某，在应聘时提供虚假材料或没有如实说明与应聘岗位相关情况的，属于不符合录用条件，故电子公司的解除行为符合法律规定。应当指出的是，用人单位在招聘时，应对劳动者的相关资历进行审慎审查，避免录用后发生争议。

资料来源：郝江．京人社局发布2018年劳动争议十大典型案例．(2018－10－23). https://new. qq. com/omn/20181023/20181023F1CNON. html? pgv_ref=aio2015&ptlang=2052.

劳动关系是现代社会一种常见的社会关系，工作场所是劳动关系运行的环境。在工作场所，不可避免地会发生各种冲突，其中包括劳动争议。避免各种冲突带来的消极影响，制定合理的冲突解决办法，是社会发展的客观需要。

第 1 节 劳动争议的概念

一、工作场所冲突相关概念

（一）申诉

在西方市场经济国家，申诉是由雇员正式发起的抱怨程序，该程序由雇佣合同、集体合同或者其他由雇主主导建立的机制提供。工会或者雇员发起申诉，是由于其认为雇主违反了雇佣合同条款、集体合同条款、工作场所规章制度或者法律条款。

在我国，非诉讼的申诉是指公民或者企业、事业等单位，因本身的合法权益问题不服行政部门的处理、处罚或纪律处分，而向该部门或其上级机关提出要求重新处理，予以纠正的行为。工作场所的申诉，通常是指员工认为自己在工作中遭到不平等待遇或发现用人单位内部的不法行为时，提出要求解决的行为。员工申诉制度在我国并没有相关法律规定，但在实践中是存在的。

（二）冲突

冲突是广泛存在的，在工作场所也是如此。在西方社会，经常使用工作场所冲突（workplace conflict）的概念。工作场所冲突可能起源于以下某个或者多个因素综合的作用：资源的稀缺性（如时间、责任、地位和预算等）、价值取向（如政治偏好、宗教信仰和道德观念等）、世界观（如何理解世界）、对事实的争议等。

从不同理论视角出发，对于冲突的定义是不同的。博弈论将冲突视为决策过程中断，冲突的主体无法选择其他选项；组织理论将冲突宽泛地视为一种组织过程；人际交往理论将冲突视为一种交互状态，行为主体的行为或者目标是彼此不一致的。巴隆（Baron）对零和冲突的内涵做过如下总结：（1）零和条件下个人或群体利益对立；（2）对立的利益被视为冲突；（3）一方相信其他方将会损害自身利益；（4）当前的管理过程体现了过去的交互；（5）一方的行为事实上对其他方的目标造成了损害。

从分类情况看，工作场所冲突大致可以分为两个类型：任务型冲突和关系型冲突。任务型冲突是指因为工作方式、任务利弊等意见不一致产生的冲突；关系型冲突是指因为人的价值取向、幽默感等性格观念因素产生的冲突。工作场所冲突也可以细化为五种主要类型：事实冲突、专业/技术冲突、人际冲突、法律冲突（属于雇佣关系）和意见冲突。其中绝大多数的工作场所冲突源于组织文化和结构，比如员工自我管理的权利、工作纪律、工作强度、沟通方式等。

（三）争议

在合同法上，争议（disputes）是指交易的一方认为另一方未能全部或部分履行合同规定的责任而引起的业务纠纷。工作场所的争议通常是指劳动争议。从研究视角来看，劳动争议的概念应该有广义和狭义之分。广义的劳动争议是指用人单位和劳动者在工作场所因劳动关系所发生的一切纠纷；狭义的劳动争议是指用人单位与劳动者因实现劳动权利和履行劳动义务而发生的争议。

二、劳动争议的界定

从我国立法的实践来看，对劳动争议的界定是狭义的：劳动争议，又称劳动纠纷、劳资纠纷、劳资争议，是指劳动者与用人单位之间基于劳动关系，因实现劳动权利和履行劳动义务而发生的纠纷。

在生产领域，劳动者追求报酬，用人单位追求绩效。报酬和绩效的对等承诺和对等实现是劳动关系建立的前提，同时也是工作场所用工管理的主要矛盾和主要问题。在分配领域，劳动者和用人单位要对生产领域共同取得的成果进行合理分配，才能维持双方的继续合作。然而，虽然相关法律法规划定了劳动者和用人单位各自应当坚守的行为空间，指引劳动关系规范运行，但在利益驱动下，一些劳动关系当事人仍会逾越边界，双方利益的对立进一步演化为激烈对抗，劳动争议由此产生。

根据《中华人民共和国劳动法》（简称《劳动法》）的规定，劳动者享有平等就业和选择职业的权利、取得劳动报酬的权利、休息休假的权利、获得劳动安全卫生保护的权利、接受职业技能培训的权利、享受社会保险和福利的权利、提请劳动争议处理的权利以及法律规定的其他劳动权利。同时，劳动者负有保质保量完成劳动任务、提高职业技能、执行劳动安全卫生规程、遵守劳动纪律和职业道德等义务。与之相对应，劳动者的权利即为用人单位的义务，劳动者的义务即为用人单位的权利。当一方不履行义务时，另一方权利受损，其结果就表现为劳动争议。

在我国相关法律中，人事争议与劳动争议是并行的概念，有时并称为劳动人事争议。人事争议是指人事关系双方因劳动权利、义务产生的争议。其中，人事关系包括我国实施公务员法的机关和聘任制公务员之间、事业单位与编制内工作人员之间、社团组织与工作人员之间，以及军队文职人员聘用单位与文职人员之间的关系。

区别劳动争议和人事争议的关键在于职工一方的身份。事业单位只有与编制内的工作人员在劳动权利与义务方面产生纠纷才能被视为人事争议。如果事业单位与编制外人员或劳务派遣人员发生了相关纠纷，仍属于劳动争议。

我国曾经有不同的劳动争议处理制度和人事争议处理制度，随着社会的发展，劳动争议和人事争议处理制度逐渐走向一体化。实践中劳动争议案件的数量远远高于人事争议案件的数量。在某些劳动人事争议仲裁机构，人事争议案件的数量仅占劳动人事争议案件总量的千分之一，可见实践中劳动争议的数量占绝对主导地位。因此，本书主要围绕劳动争议的处理实务展开讨论，人事争议处理特殊规定将设专章阐述。

第 2 节 劳动争议的范围与分类

一、劳动争议的范围

在劳动关系领域发生的所有争议并不能全部归属劳动争议的范畴。依据《中华人民共和国劳动争议调解仲裁法》（简称《劳动争议调解仲裁法》）第二条的规定，我国的劳动争议具体包括以下内容。

（一）因确认劳动关系发生的争议

因确认劳动关系发生的争议是指劳动者与用人单位就劳动关系定性问题发生的争议，如对劳动关系是否存在、是否终止、是否有效等进行确认。实践中，确认劳动关系的诉求往往伴随其他诉求一起出现，或者作为其他维权事项的一个基础。例如，劳动者要求确认与用人单位存在劳动关系，同时要求用人单位支付未签劳动合同的两倍工资；又如，劳动者要求确认与用人单位存在劳动关系，得到确认之后，再申请工伤认定等。

（二）因订立、履行、变更、解除和终止劳动合同发生的争议

劳动合同是指劳动者与用人单位确立劳动关系、明确双方权利和义务的协议。用人单位与劳动者之间的劳动关系，涉及订立、履行、变更、解除和终止劳动合同的全过程。这一过程中任何一个环节发生的争议，都属于劳动争议仲裁的受案范围。根据相关法律的规定，劳动合同的订立是指用人单位与劳动者经过平等协商，就双方的权利和义务达成合意，并签订劳动合同予以确定的法律行为。劳动合同的履行是指劳动合同当事人双方履行劳动合同所规定的义务，实现合同内容的法律行为。劳动合同的变更是指劳动关系双方当事人就已订立的劳动合同的部分条款达成修改、补充或者废止协定的法律行为。劳动合同的解除是指劳动合同订立后尚未全部履行之前，由于某种原因导致劳动合同一方或双方当事人提前消灭劳动关系的法律行为。劳动合同的终止是指劳动合同依法生效后，因出现法定情形而导致劳动合同的效力消灭，当事人之间的权利义务终止的法律行为。

（三）因除名、辞退和辞职、离职发生的争议

因除名、辞退、辞职、离职发生的争议是指由于解除和终止劳动关系而引发的争议。所谓除名，是指职工无正当理由经常旷工，经批评教育无效，连续旷工时间超过 15 天，或者一年以内累计旷工超过 30 天的，企业有权予以除名。所谓辞退，是指用人单位依照法律规定的条件和程序，解除与其工作人员的工作关系。所谓辞职，是指劳动者根据本人意愿，提出解除与所在单位的劳动关系的行为。所谓离职，是指劳动者离开现有的职位。值得一提的是，除名、辞退、辞职和离职都是用人单位在劳动关系管理活动中经常使用的概念，然而在《中华人民共和国劳动合同法》（简称《劳动合同法》）中这些概念并未出现。在实行劳动合同制度的情况下，这些概念所指的行为就是解除劳动合同，因此，这些行为所引发的劳动争议都属于劳动争议仲裁的受案范围。

（四）因工作时间、休息休假、社会保险、福利、培训以及劳动保护发生的争议

因工作时间、休息休假发生的争议主要涉及用人单位规定的工作时间是否符合有关法律的规定，劳动者是否能够享受到国家的法定节假日、带薪休假的权利而产生的争议。因社会保险发生的争议是指劳动者要求用人单位按照社会保险法律法规的规定，缴纳社会基本养老保险、基本医疗保险、工伤保险、失业保险费用以及劳动者在发生劳动风险的情况下获得社会保险待遇而产生的争议。因福利、培训发生的劳动争议，主要涉及用人单位与劳动者在订立的劳动合同中规定的有关福利待遇、培训等约定事项的履行而产生的争议。因劳动保护发生的劳动争议，主要涉及用人单位为劳动者提供符合法律规定的劳动安全卫生条件等是否达标而产生的争议。

涉及社会保险的争议并非都可以通过劳动争议处理途径解决。用人单位未为劳动者建立社会保险关系、欠缴社会保险费或未按规定的工资基数足额缴纳社会保险费，劳动者主张予以补缴的，劳动争议处理机构一般不予受理，而是告知劳动者通过劳动行政部门解决。但是，由于用人单位未按规定为劳动者缴纳社会保险费，导致劳动者不能享受工伤、失业、生育、医疗保险待遇，劳动者要求用人单位赔偿损失或按规定给付相关费用的，劳动争议处理机构就应予受理。

（五）因劳动报酬、工伤医疗费、经济补偿或赔偿金等发生的争议

劳动报酬即劳动者根据劳动合同的约定，按照自己提供的劳动数量和质量应当取得的工资收入。劳动者求职的主要目的就是获取劳动报酬，当劳动者这一目的未能实现时，往往会引发此类矛盾，所以就导致了因劳动报酬发生的争议占了很大比重。

工伤医疗费是指职工因公负伤或患职业病而花费的治疗费用。用人单位依法参加工伤保险的，工伤保险费由工伤保险基金和单位按规定分别支付；用人单位未依法参加工伤保险的，工伤费用由单位支付。

经济补偿是指用人单位根据国家规定或者劳动合同约定，在与劳动者解除或终止劳动合同时以货币形式直接支付的补偿费用。经济补偿的应用范围、条件、标准等均由法律强制性条款规定。赔偿金是指劳动关系的一

方当事人因自己的违法行为而向另一方依法支付的赔偿费用。赔偿金一般带有惩罚性质。《劳动合同法》对经济补偿和赔偿金的支付范围、条件和标准都作了明确的规定，在此不再一一赘述。

（六）法律、法规规定的其他劳动争议

法律法规规定的其他劳动争议，包括因损害赔偿发生的争议，因违约金问题发生的争议，因女工权益保护或患病、受伤的医疗和生活费用而发生的劳动争议等。

二、劳动争议的分类

（一）按劳动争议主体划分

1. 个别劳动争议

个别劳动争议又称个体劳动争议，是指劳动者一方当事人数量在规定人数限额以下，与用人单位发生的纠纷。根据我国法律的规定，劳动者一方的人数少于十人时，为个别劳动争议。在现阶段劳动争议处理机构受理的劳动争议案件中，绝大多数劳动争议案件为个别劳动争议。

2. 集体劳动争议

集体劳动争议的概念有狭义和广义之分。

狭义的集体劳动争议是指劳动者一方当事人数量在规定限额以上，且因共同理由与用人单位发生的纠纷。根据《劳动争议调解仲裁法》第七条的规定，发生劳动争议的劳动者一方在十人以上，并有共同请求的，可以推举代表参加调解、仲裁或者诉讼活动。因此，狭义的集体劳动争议所涉及的劳动者一方当事人的人数至少为十人，且这些劳动者有共同诉求，通过推举代表参加调解、仲裁或诉讼活动。

广义的集体劳动争议除了狭义的集体劳动争议外，还包括因签订集体合同的争议、因履行集体合同的争议和集体行动争议。因签订集体合同的争议是指在签订或变更集体合同过程中当事人双方就如何确定合同条款所发生的争议，其标的是在合同中如何设定尚未确定的劳动者利益。因履行集体合同的争议是指在履行集体合同过程中当事人双方就如何将合同条款付诸实现所发生的争议，其标的是实现合同中已经设定并且表现为权利义务的劳动者利益。集体行动争议是指由于集体行动而引发的争议，集体行

动以维持改善劳动条件或获得其他经济利益为目的，其表现形式主要为雇主闭厂和工人停工，主要内容是工人停工。

区分个别劳动争议和集体劳动争议的原因在于它们适用不同的处理程序。常规的劳动争议的处理程序通常适用于个别劳动争议，集体劳动争议会通过一些特别的程序予以处理。

（二）按争议性质划分

按劳动争议的性质，可以分为权利争议和利益争议。这是一种理论上的划分，相关法律虽然并未直接规定，但是已经明显体现在立法中。具体而言，权利争议是可诉的，而利益争议是不可诉的，这两种争议需要完全不同的两种处理系统。

1. 权利争议

权利争议是指对既定的、现实的权利发生争议，因为权利已由劳动合同、集体合同等约定产生或者已由法律规定确立，所以又称既定权利争议。权利争议可能是个别劳动争议，也可能是集体劳动争议。

我国立法中提到的“因履行集体合同发生的争议”，是对权利争议中集体权利争议的一种法律表述。《劳动合同法》第五十六条规定，用人单位违反集体合同，侵犯职工劳动权益的，工会可以依法要求用人单位承担责任；因履行集体合同发生争议，经协商解决不成的，工会可以依法申请仲裁、提起诉讼。

2. 利益争议

利益争议是指在集体协商时双方为订立、续订或变更集体合同条款而产生的争议，即对集体合同规定的权利及其变更提出新的权利要求而引起的争议。利益争议不是现实的权利争议，而是对如何确定双方未来的权利义务关系而发生的争议，因此又称待定权利争议。

根据我国《劳动法》第八十四条的规定，我国的利益争议并没有纳入劳动争议仲裁处理范围，而是依靠行政调解协调处理。具体而言，当利益争议的双方当事人不能通过协商达成一致时，当事人一方或双方只能向当地劳动行政部门请求解决，不能通过仲裁或诉讼的方式解决。而劳动行政部门只能通过宣传国家法律政策，对分歧进行协商，促使双方达成共识，协商解决争议，但是不具有强制性。

其他一些国家的做法也类似，利益争议是待定争议，必须经协商解决。

如果无法协商解决，也无法求助于司法裁断，就可以通过仲裁裁决解决。例如，日本的利益争议都先经团体协商的方式进行处理，协商不成的，再依据劳动委员会的争议处理程序进行处理，其处理方式主要为斡旋、调停和仲裁。

三、劳动争议的特点和处理原则

（一）劳动争议的法律属性

1. 劳动争议主体是特定的

劳动争议主体也称劳动争议当事人，一方是用人单位，另一方必然是劳动者。这些劳动者或者与用人单位签订了劳动合同，双方建立了劳动关系，或者与用人单位虽然没有签订书面的劳动合同，但存在用工事实（事实劳动关系）。即使那些最后被仲裁机构或法院确认不存在劳动关系的劳动争议当事人，也由劳动者和用人单位组成。与用人单位对应的一方多数情况下是劳动者个人，也可能是多个劳动者组织起来的集体，如工会。

劳动者是指达到法定年龄（年满 16 周岁），且具有劳动能力，能够依法签订劳动合同，独立给付劳动并获得劳动报酬的自然人。如果作为劳动者的一方因病、工伤等原因死亡，其亲属可以作为劳动争议的当事人。

用人单位是我国劳动法中的一个特定概念，根据《劳动合同法》第二条的规定，用人单位包括中华人民共和国境内的企业、个体经济组织、民办非企业单位、国家机关、事业组织、社会团体。

实践中，在谈及劳动争议当事人时，人们往往会使用“企业和劳动者”的术语，这是因为绝大多数劳动争议的用人单位一方为企业。实际上除企业以外，其他类型的用人单位也有可能发生劳动争议，只不过数量较少而已。

如果争议双方涉及的不是劳动者与用人单位，而是用人单位与用人单位（如劳动派遣单位与接受被派遣劳动者的用工单位）、劳动者与劳动者、用人单位与劳动行政部门、劳动者与劳动行政部门等，他们之间由于没有劳动关系的存在，因此其争议不能视为劳动争议。

精选案例

工伤职工对伤残等级鉴定结论不服，不属于劳动争议

【案情】

在A市某建筑企业工作的肖某不慎从9米高空坠落，造成多处骨折。企业帮助肖某申请了工伤认定，肖某在医院也得到了较好的治疗，但仍然留下了腿部浮肿、行动不便等后遗症。A市劳动能力鉴定委员会将肖某的伤残等级鉴定为八级。肖某表示不服，认为自己受伤的后遗症相当严重，八级的伤残鉴定结论过轻，想要进一步维权。

【焦点】

肖某对伤残等级鉴定结论不服是否属于劳动争议？肖某应如何维权？

【解读】

本案中，肖某对A市劳动能力鉴定委员会的伤残等级鉴定结论不服，不属于劳动争议。劳动争议仅仅发生在劳动者和用人单位之间，而本案中的A市劳动能力鉴定委员会并不是“用人单位”，其与肖某之间也没有劳动关系。因此肖某对A市劳动能力鉴定委员会的鉴定结论不服，不属于劳动争议。

肖某对伤残等级鉴定结论不服，可以向A市所在的省（自治区、直辖市）劳动能力鉴定委员会提出再次鉴定申请。我国《工伤保险条例》第二十六条规定，申请鉴定的单位或者个人对设区的市级劳动能力鉴定委员会作出的鉴定结论不服的，可以在收到该鉴定结论之日起15日内向省、自治区、直辖市劳动能力鉴定委员会提出再次鉴定申请。省、自治区、直辖市劳动能力鉴定委员会作出的劳动能力鉴定结论为最终结论。

---

2. 劳动争议的内容是特定的

劳动争议的内容必须是在社会生产劳动过程中，劳动关系双方因实现劳动权利、履行劳动义务而引发的纠纷。用人单位与劳动者之间的争议并非都是劳动争议，只有当争议涉及的是双方当事人之间的劳动权利和义务时，才是劳动争议。

劳动权利和义务，既包括法律规定的权利义务，也包括集体合同、劳动合同约定的权利义务。劳动权利和义务以外的其他权利义务争议，则不属于劳动争议的范围。

3. 劳动争议的处理程序是特定的

很多国家都将劳动争议作为一种特殊争议对待，规定了特别的处理程序，我国也不例外。我国《劳动争议调解仲裁法》第四条规定，发生劳动争议，劳动者可以与用人单位协商，也可以请工会或者第三方共同与用人单位协商，达成和解协议。第五条规定，当事人不愿协商、协商不成或者达成和解协议后不履行的，可以向调解组织申请调解；不愿调解、调解不成或者达成调解协议后不履行的，可以向当地劳动争议仲裁委员会申请仲裁；对仲裁裁决不服的，除法律另有规定的外，可以向人民法院提起诉讼。

我国的劳动争议处理程序中，有当事人可以自由选择的程序，如协商和调解；也有当事人无法逾越的程序，如仲裁。劳动争议当事人只有对仲裁裁决不服时才可以向法院提起诉讼，仲裁是诉讼的前置程序。

（二）劳动争议的时代特征

在市场经济趋利性、法律法规渐进性和社会主义初级阶段长期性的共同作用下，随着国有企业深化改革和民营企业快速发展，我国的劳动争议问题日益凸显，劳动争议案件总量居高不下的趋势仍将持续，并呈现如下特点。

1. 劳动争议多发

市场经济条件下的劳动关系具有经济性与社会性兼有，平等性与从属性兼有、冲突性与协调性兼有的特点。由于产生利益的共生性、要求分配的合理性，因此容易引发劳动争议，当前劳动关系领域许多引起社会关注的热点事件，几乎都以劳动争议的形式显现。

2. 劳动争议的易发性与多发性

从劳动争议处理机构受理案件的数量来看，近十年来，我国劳动争议案件数量呈现攀升趋势，尤其是2008年金融危机爆发以来，劳动争议案件数量一直居于高位。其中，2008年的劳动争议案件受理数是2007年同期的近两倍。劳动争议案件呈“井喷式”增长的原因，是金融危机使得许多劳动密集型企业和中小出口加工企业停产倒闭，裁员增多，致使这些劳动者与用人单位发生劳动争议。劳动争议案件数量高位运行，是转型时期我国劳动关系急剧变化的正常反映，也是多种因素共同作用的结果。

3. 集体劳动争议的强冲突性

近年来集体劳动争议案件虽然在数量上并没有大幅攀升，但是涉及劳动者众多，劳资双方的对抗性加强，社会影响较大。值得注意的是，集体劳动争议案件多发生在劳动密集型企业与中小企业。涉及的劳动者大部分是农民工或女职工，冲突性较强，处理难度较大，部分案件产生了极其恶劣的社会影响。集体劳动争议还有一个显著特点，就是劳动者的诉求由争取基本的劳动条件逐渐向要求分享企业发展成果转变，由以劳动报酬为主向包括劳动报酬、年终绩效分配、社会保险、解除或终止劳动合同的经济补偿、赔偿金、休息休假等多维诉求转变。

集体劳动争议涉及人数多、问题复杂、对抗性强、处理难度大，处理不当极易引发连锁性的群体性事件。这也是我国在劳动争议处理制度上优先处理集体劳动争议的一个重要原因。

4. 劳动争议的复杂性

劳动争议的复杂性体现在当事人复杂、争议内容复杂与诉求复杂三个方面。当事人复杂表现在：既有企业与职工（包括劳动合同制职工、劳务派遣工和农民工），又有事业单位与工作人员，还有军队与文职人员。争议内容复杂表现在：拖欠加班工资、欠缴社会保险费和实施劳动关系等历史积累的案件突出。诉求复杂表现在：案件已由单一诉求向多维诉求发展，大部分案件都涉及劳动报酬、社会保险、经济补偿、违约金、赔偿金等内容，审理难度大。

劳动争议处理难度加大主要表现在：（1）劳动争议案件事实认定难，很多劳动者未与用人单位签订劳动合同而形成事实上的劳动关系的现象比较普遍，出现纠纷后劳动者举证困难；（2）劳动用工案件与国家政策关联度强，法律规范不系统，法律适用比较困难；（3）当事人对立情绪大，调解工作难做，案件的处理周期加长；（4）执行难度大，劳动争议案件申请人一方多为劳动者，劳动纠纷影响到其基本生活，而用人单位或无力履行相应义务，或在出现纠纷后抽逃资金、躲避债务，难以执行。

（三）劳动争议的处理原则

1. 合法原则

合法原则，就是在劳动争议的处理过程中，劳动争议处理机构应当通过深入调查，查明争议的起因、发展和现状，依照相关的劳动法律、法规以及规章规定的程序要求和权利、义务要求来解决。同时，要遵循法律效力从大到小的原则掌握好适用法律的顺序，即首先依照相关法律规定，无相关法律规定的依照行政法规，无相关行政法规的依照地方政策、规章。达成的调解协议、作出的裁决和判决不得违反国家现行法律、法规以及政策规定，不得损害国家利益、社会公共利益或他人合法权益。

总的来说，合法原则主要有三层含义：一是劳动合同、聘用合同的主体必须合法；二是劳动合同、聘用合同的内容必须合法；三是劳动合同、聘用合同的订立程序和形式必须合法。合法原则要求劳动争议处理过程依据程序法，处理结果依据实体法。

2. 公正原则

公正原则主要有两层含义：一是劳动争议双方当事人在处理争议的过程中法律地位平等，平等享有权利和履行义务，任何一方都不得把自己的意志强加于另一方；二是劳动争议处理机构应当公正执法，保障和便利双方当事人行使权利，对当事人在适用法律上一律平等，不得偏袒或歧视任何一方。劳动争议双方当事人在劳动关系中具有隶属关系，其隶属性体现在劳动权利、义务履行的过程中。尽管如此，双方在法律地位上是平等的，体现在劳动关系的建立、变更、解除以及终止方面。

3. 着重调解原则

着重调解原则是指处理劳动争议时，着重强调以调解方式解决，使双方当事人达成和解协议并认真履行，它贯穿整个争议处理程序。双方当事人发生劳动争议，当事人可以依法申请调解、仲裁、提起诉讼，也可以协商解决。调解既有利于矛盾的解决、避免激化，也有利于及时维护劳动关系双方当事人的合法权益。

着重调解原则的基本含义主要包含三个方面：首先，在处理劳动争议案件时，应尽量采用调解方式结案，避免采取裁决方式结案；其次，在调解过程中必须坚持平等、自愿、合法的原则，以有利于协议的履行；最后，着重调解原则要求对劳动争议案件及时裁决，对于当事人不愿调解或调解不成的，不应久调不决，以免拖延时日，有损当事人的合法权益，甚至造成不良后果。

需要注意的是，调解过程必须服从合法原则，即双方达成的协议不能以牺牲一方当事人的合法利益为条件。以弱势方当事人的合法利益受损来达成调解的事例在实践中出现得较多。

4. 及时处理原则

处理劳动争议，还应遵循及时处理原则，以防止久调不决。我国《劳动法》第八十二条规定，提出仲裁要求的一方应当自劳动争议发生之日起六十日内向劳动争议仲裁委员会提出书面申请。仲裁裁决一般应在收到仲裁申请的六十日内作出。此外，《劳动人事争议仲裁办案规则》第四十五条对劳动争议案件的解决期限作出了限制性规定：仲裁庭裁决案件，应当自仲裁委员会受理仲裁申请之日起四十五日内结束。案情复杂需要延期的，经仲裁委员会主任或者其委托的仲裁院负责人书面批准，可以延期并书面通知当事人，但延长期限不得超过十五日。

劳动争议案件具有特殊性，它关系到职工的就业、报酬、劳动条件等切身利益问题。人事争议案件也具有特殊性，它关系到申请人的生存问题，如不及时处理，势必影响劳动者的生活和生产秩序的稳定。因此，在处理劳动争议的过程中可采取先行裁决、先予执行的方式。例如，《劳动争议调解仲裁法》第四十三条规定，仲裁庭裁决劳动争议案件时，其中一部分事实已经清楚，可以就该部分先行裁决。第四十四条规定，仲裁庭对追索劳动报酬、工伤医疗费、经济补偿或者法定赔偿金的案件，根据当事人的申请，可以裁决先予执行，移送人民法院执行。

四、我国劳动争议的发展与现状

20世纪90年代以来，伴随着我国经济发展速度的加快，劳动争议数量也呈现出逐年上升的趋势。劳动争议仲裁委员会作为兼具司法与行政功能的解决劳动争议的专门机构，在劳资矛盾的解决中发挥了重要作用。如表1-1和图1-1所示，自1996年以来，劳动争议仲裁结案率基本稳定在90%以上，案件受理数从4.81万件上升到81.39万件（2015年），年平均增长率高达16%。2008年《劳动合同法》《劳动争议调解仲裁法》先后施行，劳动争议案件数量呈爆发式增长，较2007年上涨了近一倍；2009—2011年，随着各项劳动法律法规逐步落实，劳动者维权趋于理性化，用人单位也在各个方面遵纪守法，采取规范的管理，预防劳动争议的发生，案件数量有所下降。但自2012年起又呈上升趋势，2015年更是突破了80万件，争议数量呈现居高不下的态势。

表 1-1　1996—2015 年全国劳动争议仲裁案件处理情况　　单位：件

年份	上期未结案数	当期案件受理数	结案数	仲裁调解	仲裁裁决	仲裁调解率[①]	结案率[②]
1996	2 634	48 121	46 543	24 223	12 789	52.04%	94.64%
1997	2 864	71 524	70 792	32 793	10 060	46.32%	96.11%
1998	3 475	93 649	92 288	31 483	25 389	34.11%	96.37%
1999	3 840	120 191	121 289	39 550	34 712	32.61%	96.93%
2000	6 374	135 206	130 688	41 877	54 142	32.04%	95.35%
2001	8 739	154 621	150 279	42 933	77 250	28.57%	94.50%
2002	12 742	184 116	178 744	50 925	77 340	28.49%	93.35%
2003	16 276	226 391	223 503	67 765	95 774	30.32%	93.21%
2004	17 117	260 471	258 678	83 400	110 708	32.24%	93.79%
2005	17 829	313 773	306 027	104 308	131 745	34.08%	94.49%
2006	22 165	317 162	310 780	104 435	141 465	33.60%	93.34%
2007	25 424	350 182	340 030	119 436	149 013	35.13%	93.04%
2008	33 084	693 465	622 719	221 284	274 543	35.54%	94.96%
2009	83 709	684 379	689 714	251 463	290 971	36.46%	89.18%
2010	77 926	600 865	634 041	250 131	266 506	39.45%	89.05%
2011	42 308	589 244	592 823	278 873	244 942	47.04%	93.34%
2012	36 151	641 202	643 292	302 552	268 530	47.03%	94.68%
2013	34 478	665 760	669 062	311 806	283 341	46.60%	95.10%
2014	31 796	715 163	711 044	321 598	313 175	45.23%	95.20%
2015	39 580	813 859	812 461	362 814	368 409	44.66%	95.20%

①仲裁调解率＝仲裁调解结案数/结案数×100%。

②结案率＝本期结案数/（上期未结案数＋当期案件受理数）×100%。

资料来源：1997 年至 2016 年《中国劳动统计年鉴》。

从劳动争议的案由来看，近十年来，劳动争议的主要内容基本上为权利争议，且劳动者主要是在维护自身的基本权益。体现在劳动争议原因上主要为劳动报酬争议、社会保险争议，以及解除、终止劳动合同的争议。另外，从整体上看关于劳动者劳动报酬的争议居高不下，且在 2008 年的“井喷式”增长之后，2010—2015 年间又呈现缓慢增长态势，说明劳动者在劳动过程中最核心的劳动报酬权利还未得到充分保障。同时，社会保险争议也长期处于高发的状态，仅次于劳动报酬争议。可见，这十年来，劳

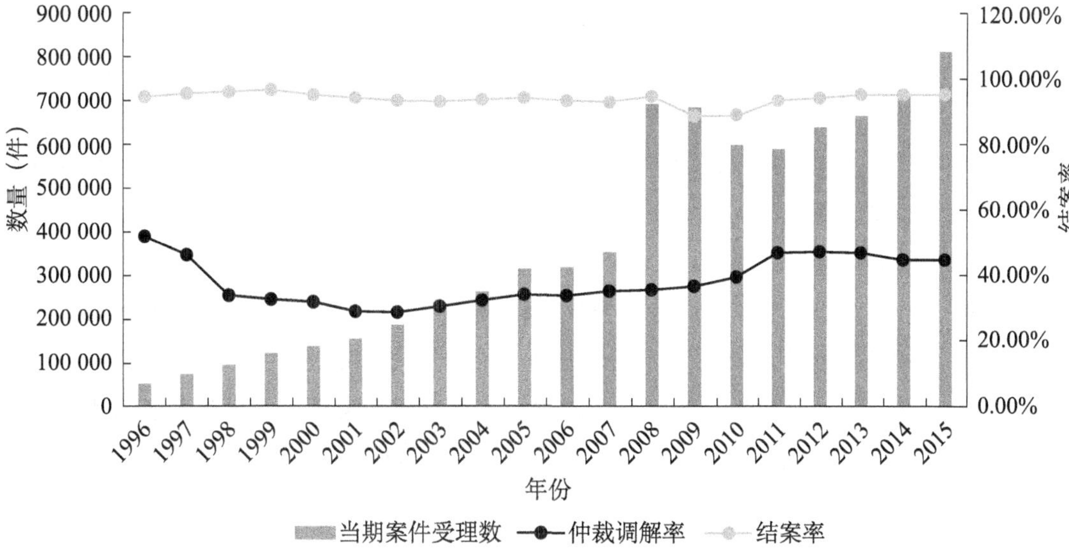

图 1－1　1996—2015 年全国劳动争议仲裁案件处理情况

动者的社会保险这一基本的社会保障权也未得到充分保护。总体上看，劳动者发生劳动争议的原因主要是自身合法权益受到侵害而产生权利争议，集中表现在劳动者的劳动报酬获得和社会保险保障上面（见图 1－2）。

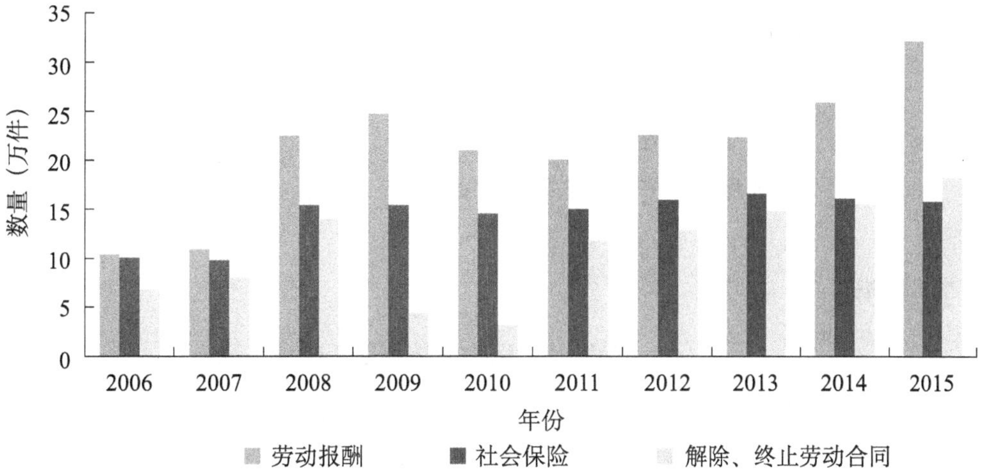

图 1－2　按案由分全国劳动争议数量

本章小结

我国立法实践对劳动争议概念的界定是狭义的，即劳动争议是指劳动者与用人单位之间基于劳动关系，因实现劳动权利和履行劳动义务而发生的纠纷。区分劳动争议与人事争议的关键在于职工一方的身份。

在劳动关系领域发生的所有争议并不能全部归于劳动争议的范畴。劳动争议的范围主要包括：(1) 因确认劳动关系发生的争议；(2) 因订立、履行、变更、解除和终止劳动合同发生的争议；(3) 因除名、辞退和辞职、离职发生的争议；(4) 因工作时间、休息休假、社会保险、福利、培训以及劳动保护发生的争议；(5) 因劳动报酬、工伤医疗费、经济补偿或赔偿金等发生的争议；(6) 法律、法规规定的其他劳动争议。

依据争议主体，劳动争议可以分为个别劳动争议和集体劳动争议；依据争议性质，劳动争议可以分为权利争议与利益争议。劳动争议的主体、内容和处理程序均是特定的，劳动争议具有多发性、易发性和复杂性，集体劳动争议具有强冲突性。劳动争议的处理要遵循合法原则、公正原则，着重调解，及时处理。

关键词

冲突　劳动争议　范围分类　处理原则　现状

复习与思考题

1. 如何界定劳动争议？
2. 劳动争议的范围有哪些？
3. 劳动争议有哪些分类？
4. 劳动争议的处理原则是什么？

实践前沿

欠缴社会保险费是否属于劳动争议

郭某入职某网络公司担任销售专员，双方未签订书面劳动合同，仅口头约定了工资数额，网络公司也未给郭某缴纳社会保险费。郭某工作半年后，向当地劳动争议仲裁委员会申请仲裁。其中一项请求为，请求裁决网络公司为自己缴纳劳动关系存续期间的社会保险费。仲裁委以该案不属于仲裁机构处理范围为由驳回了该申请。郭某不服，又诉至法院。法院是否会受理该案并对其该项请求作出处理？

用人单位不为职工缴纳社会保险费而引发的争议比较多发，对此种争议是否属于劳动争议本身就存在争议。实践中也出现了一些法院判决用人单位为劳动者补缴社会保险费的判例。但是，对于此种欠缴社会保险费争议，劳动争议仲裁机构和人民法院都不应受理。

用人单位、劳动者和社会保险费征缴机构就欠费发生争议，是征收与缴纳之间的纠纷，属于行政管理的范畴，带有社会管理的性质，不是单一的劳动者与用人单位之间的争议。

《最高人民法院关于审理劳动争议案件适用法律若干问题的解释（三）》第一条规定，劳动者以用人单位未为其办理社会保险手续，且社会保险经办机构不能补办导致其无法享受社会保险待遇为由，要求用人单位赔偿损失而发生争议的，人民法院应予受理。然而，对用人单位欠缴社会保险费或者因缴费年限、缴费数额等发生争议的，并未规定由人民法院受理。劳动者对用人单位欠缴社会保险费或者因缴费年限、缴费数额等发生争议的，应向相关部门申请解决。《劳动法》第一百条规定，用人单位无故不缴纳社会保险费的，由劳动行政部门责令其限期缴纳；逾期不缴的，可以加收滞纳金。由此可见，法律已明确规定了用人单位拖欠或者拒缴社会保险费时的强制征缴措施，没有必要再以仲裁或者诉讼方式确定用人单位是否应该缴纳。

另外，《北京市高级人民法院、北京市劳动争议仲裁委员会关于劳动争议案件法律适用问题研讨会会议纪要》对此类争议是否受理达成了一致意见。具体内容是，根据《劳动争议调解仲裁法》《社会保险费征缴暂行条例》《社会保险稽核办法》《劳动保障监察条例》及相关仲裁和审判实践，对于社会保险争议的受理应遵循以下原则：

（1）用人单位未为劳动者建立社会保险关系、欠缴社会保险费或未按规定的工资基数足额缴纳社会保险费，劳动者主张予以补缴的，一般不予受理，告知劳动者通过劳动行政部门解决；

（2）由于用人单位未按规定为劳动者缴纳社会保险费，导致劳动者不能享受工伤、失业、生育、医疗保险待遇，劳动者要求用人单位赔偿损失或按规定给付相关费用的，应予受理；

（3）用人单位未为农民工缴纳养老保险费，农民工在与用人单位终止或解除劳动合同后要求用人单位赔偿损失的，应予受理。

综上所述，因欠缴社会保险费发生的争议不应属于劳动争议仲裁机构和人民法院应当受理的劳动争议案件的范围。

资料来源：王淑娟．欠缴及补缴社保争议案件是否属于法院受案范围．(2017-04-12).https：//www.chinacourt.org/article/detail/2017/04/id/2741553.shtml.

第2章

劳动争议处理概述

学习目标

学完本章后，你应该能够：

- 了解我国劳动人事争议处理制度的历史沿革。
- 理解我国现阶段的劳动争议处理制度。
- 了解劳动争议协商、调解、仲裁与诉讼。
- 了解其他国家的劳动争议处理制度。

开篇引例

北京市海淀区仲裁院“四化”建设成效显著

近年来，北京市海淀区劳动人事争议仲裁院全力推进调解仲裁工作规范化、标准化、专业化、信息化建设。2018年，该院劳动人事争议案件立案近1.9万件，同比增长18.6%；其中，十人以上集体劳动人事争议案件141件，同比增长35.6%；仲裁结案率为98.3%，仲裁调解率为53%，终局裁决率达到40%以上，为劳动者挽回经济损失3.6亿元。

多元化争议处理机制初步建立

海淀区仲裁院创新调解工作“东方经验”，形成了调解优先、调裁结合的多元化纠纷解决机制。对内整合行政执法、劳动人事争议仲裁、劳动保障监察、社保稽核等部门职能，成立案前调处中心、工会调解工作站，推行案前、庭前、庭中、庭后“四位一体”调解模式，将调解工作贯穿仲裁案件审理全过程。对外发挥“六方联动”机制作用，依托仲裁委员会会议和全区调解现场工作会，推动建立劳动人事争议多元处理机制；聘请兼职仲裁员、义务调解员，促进社会多方面力量参与化解争议。目前，海淀区已搭建起仲裁院为主导，海淀区总工会、各街镇、行业协会、园区调解组织为依托，企事业单位、社区调解组织为基础的三层网格化调解工作格局，建立覆盖全区的 74 家基层调解组织，200 余名调解员每年化解全区 50%以上的简单劳动人事争议。

高效化仲裁机构提升服务质量

海淀区仲裁院开通集体劳动人事争议处理绿色通道，实现快立、快调、快审、快结。创新办案方式，落实繁简分流措施，探索以强化案前引导、优化庭审程序、简化裁决文书为核心内容的要素式办案改革。建立疑难案件研讨制度，针对疑难、复杂案件，每月组织集中研讨，确保法律适用尺度统一。完善裁审衔接机制，与海淀区人民法院联合制定《裁审衔接办法》，制作《裁审衔接指引手册》，联合发布《互联网劳动争议案件白皮书》，定期召开联席会，统一裁审尺度。在知春里设立仲裁分庭，为中关村企业密集圈提供便利服务。通过采用案件回访、监督卡、信访反馈等手段，确保政风行风水平提升。组建劳动保障法律政策宣传讲师团，研发精品课件，培育一专多能型仲裁员。

规范化仲裁办案保障公平正义

海淀区仲裁院以 ISO 9001 质量体系为圆心，以办案标准体系、仲裁文书审批制度、绩效监督考核制度为支点，全面规范立案、调解、合议等环节，制定案件流转制度，实现从立案、证据交换、开庭、结案、案卷归档全过程标准化管理。开标准庭、办标准案，推行庭审程序规范、庭审语言规范、庭审记录规范的“庭审三规范”标准。推行庭审“三同步”，实现庭审同步录音录像、同步记录、同步显示庭审记录，并将庭审过程刻盘存档，做到“一案一盘”，客观、全面、全程记载庭审。

优质化服务提升群众满意度

海淀区仲裁院推行“五心”工作标准，做到努力工作要用心、办理案件要专心、对待群众要热心、接待倾听要耐心、调解工作要恒心；推广主动迎、笑相问、双手接、快速办、双手递、望相送的窗口服务“六步工作法”。设立法律援助窗口，免费提供法律咨询和法律援助。开展主动服务，流动庭审“走出去”，公开庭审“请进来”，发放宣传书籍、折页，张贴海报，组织知识竞赛，通过以案说法形式每年培训企业2 000余家。发放仲裁建议书，规范企业合法用工。推行调解协议网上审查确认，实现置换快捷化。推行云服务平台办公，实现办案信息化。设立北京市首个劳动争议仲裁官方微信公众号“北京海淀仲裁”，开设法律政策解读、仲裁办事指南、仲裁典型案例等栏目。开展“阳光仲裁”，率先推行裁决书网上公开，实现办案透明化。

资料来源：北京市海淀区仲裁院“四化”建设成效显著．(2019－02－28)．http：//www.mohrss.gov.cn/tjzcgls/TJZCgongzuodongtai/201902/t20190228_311072.html.

第1节 我国劳动人事争议处理制度的历史沿革

一、我国劳动人事争议处理制度的变迁

制度经济学认为，制度变迁是现制度被更高效益的制度替代的过程(科斯等，1994)。而在制度变迁的过程中，经济因素的作用至关重要。分析政府开始进行法律制度建设的时代背景和最直接的利益获得，可以看到经济发展动因对中国法制建设的决定性影响。仅仅从数据上显示的比重已经可以看出经济目标对于法制建设的影响。

据统计，1978—1988年中国颁布的近300部法律中，有将近250部是为了解决经济问题，其中大部分又是针对外资的（Jieli Li，1996)。我国劳动争议处理制度的变迁也摆脱不了制度变迁的一般规律，同样受到国家经济社会环境的影响。改革开放之初，政府在薄弱的基础上开始进行经济建设，缺少物质、资金、技术等推动经济发展的必需资源，而国有企业是当时国家的经济支柱，国有企业劳资关系的稳定是国有企业提高生产效益的关键，也是改革开放之初整个社会经济发展中必须关注的。为最大限度地降低改革过程中出现的劳资争议等不稳定因素，1987年国家出台了《国营企业劳动争议处理暂行规定》。之后，随着经济体制改革的进一步深化，私营经济在国民经济中的比重日益增大，私营企业逐渐成为中国经济发展的巨大推动力量之一，政府也不得不考虑渐渐给予私营经济主体与国有企业

平等的重视。1993 年通过的《中华人民共和国企业劳动争议处理条例》将劳动争议处理制度规范的主体扩展到所有企业。

纵观中国劳动争议处理制度的发展历程，总有不同时期经济发展的烙印，而相关制度的出台也是为经济改革服务的。法律本是为社会经济健康发展、人民生活幸福稳定提供保障的，法律的出台必须符合社会经济、人民生活状况。党的十八届三中全会以来，法制改革已经融入我国社会、经济、政治改革的方方面面，其本来就是政治、经济改革的一个从属组成部分。

二、我国劳动人事争议处理制度的历史沿革

纵观我国经济体制改革的历程，大致可以分为四个阶段：第一阶段是从农村开始的经济体制改革的起步阶段（1978—1984 年），即 1978 年 12 月党的十一届三中全会到 1984 年 10 月党的十二届三中全会之前；第二阶段是以城市为重点的整个经济体制改革全面展开阶段（1984—1992 年），即 1984 年 10 月党的十二届三中全会到 1992 年 10 月党的十四大之前；第三阶段是初步建立社会主义市场经济体制阶段（1992—2002 年），即 1992 年 10 月党的十四大到 2002 年 11 月党的十六大之前；第四阶段是完善社会主义市场经济体制阶段（2002 年至今），即 2002 年 11 月党的十六大至今。①

我国劳动争议处理制度的改革变迁和法治改革的路径是一致的，同样受到经济制度的影响。劳动争议处理制度的变迁紧随我国社会经济体制改革的进程，是我国社会经济发展的一个缩影。结合劳动领域的实际情况，其大致可以分为四个阶段，即劳动争议处理制度探索、初步建立、不断完善、体系确立。

（一）劳动争议处理制度探索

第一个阶段劳动争议处理制度探索，主要是指 1987—1992 年，以《国营企业劳动争议处理暂行规定》的颁布实施为开始标志，这一阶段是我国经济体制改革的起步和全面展开阶段。当时我国的城市经济还是以国有经济为主体，因此这一时期的城市经济改革以搞活国有企业为目标，而采取

① 此处同时参考中国人民大学林刚教授的观点。

的办法主要是扩大企业自主权和建立经济责任制。资料显示，1984 年之后的深化企业改革过程普遍采用承包经营责任制。据 1987 年的统计，当年全国有 9 270 家国营大中型企业实行多种形式的承包经营责任制。北京、上海的国营大中型工业企业几乎 100%地实行承包经营责任制。企业经营模式发生变化后，企业与员工的关系也发生了一些微妙的变化。在这一阶段的改革中，1985 年开始进行全国工资改革，推行“工效挂钩模式”，即企业工资总额同经济效益挂钩的办法，实行分类分级工资管理体制。机关事业单位也废除了实行 30 多年的等级工资制度，建立了以职务工资为主的结构工资制度。[①] 另外，其他比较突出的还有住房制度改革和社会保险制度改革，而这些改革都是关系到企业员工切身利益的，在改革的过程中出现了较多的争议。为规范争议的处理，降低矛盾风险，国务院于 1987 年恢复了劳动争议处理制度，并颁布了《国营企业劳动争议处理暂行规定》，对国营企业、其他类型用人单位的劳动争议处理进行了规范。

（二）劳动争议处理制度初步建立

第二个阶段劳动争议处理制度初步建立，主要是指 1993—2002 年，以《企业劳动争议处理条例》的颁布实施为标志。这一阶段正好是我国初步建立社会主义市场经济体制的阶段（1992—2002 年），即 1992 年 10 月党的十四大到 2002 年 11 月党的十六大之前；这一时期国家的主要任务是经济体制改革。在中国经济面临良好机遇和严峻挑战的背景下，从 1992 年 1 月 18 日至 2 月 21 日，邓小平视察南方，明确提出建立社会主义市场经济体制的目标开始，我国政府推行了一系列市场经济体制改革措施，而这些改革中，1993 年开始的国有企业改革和国有经济战略性调整对我国劳动力市场产生的影响最为深远。此次改革促使大批国有企业兼并破产。1993 年底，国家经贸委牵头成立了国有企业破产专题调研组，1996 年全国企业破产试点城市扩展到 56 个，1997 年达到 111 个。1997 年 9 月党的十五大的召开进

① 1985 年 1 月 5 日，国务院发出《关于国营企业工资改革问题的通知》（简称《通知》）。1985 年 7 月，劳动人事部、财政部联合颁布《国营企业工资试行办法》，以使工资改革规范化。《通知》要求各国营企业对工资制度进行改革，克服企业工资分配中的平均主义、吃“大锅饭”的弊端，明确规定企业与国家机关、事业单位的工资改革和工资调整脱钩。“工效挂钩模式”的基本内容是：由政府核定企业基期工资总额基数，经济效益指标基数，并确定工资总额随同经济效益浮动的比例，企业工资总额随经济效益指标的增减情况按比例挂钩浮动。个别地区和企业还做了一些新的尝试，如“弹性工资计划”“工资集体谈判”等，这些措施对调动企业和职工的积极性起到了较好的作用。《通知》中提到的结构工资制度主要针对机关、事业单位的行政和技术人员。结构工资主要由基础工资、职务工资、工龄津贴、奖励工资四个不同职能的部分组成，以职务工资为主。

一步加速了改革的步伐。[①] 到 2000 年，破产试点全面推开。随着这一轮国有企业改革的推进，部分国有企业职工下岗、内退，这些工人有的一家三代人都在一家工厂工作，一家人同时失去工作，失去生活的经济来源，生活异常艰苦。也正因为国有企业职工或因公司破产失业，或因公司改组下岗，这一时期产生了大量的劳动争议案件。由图 2－1 可见，自 1996 年破产试点开始以来，每年发生的劳动争议案件急剧上升。可以注意到，2002 年相对于前一年劳动争议案件增长 29 495 件，净增长 10 080 件。2001 年我国加入世界贸易组织后，企业经营环境发生巨大变化，为应对经济全球化带来的日益激烈的国际竞争，中央提出加速发展大公司和大集团的决策。为此，一批国有企业重组改制，在这一轮重组改制中，企业为调整结构、整合优势资源、节约成本，不得不裁员增效。有部分国有企业员工下岗，在裁员过程中自然会产生大量的劳资矛盾，劳动争议数量也就上升了。

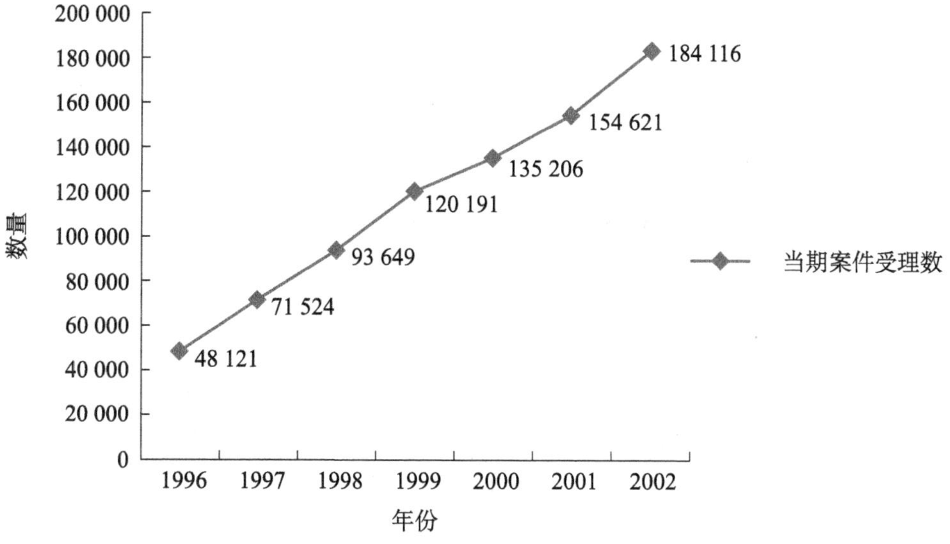

图 2－1　1996—2002 年劳动争议案件增长情况

在市场经济体制建设的大背景下，针对经济体制改革过程中，特别是国有企业破产中可能产生的劳资矛盾，当时的《国营企业劳动争议处理暂行规定》已经无法满足形势发展的需要。这一时期，各部门相继出台相关法律法规。如，国务院颁布了《企业劳动争议处理条例》(1993)，劳动部

① 1997 年 9 月，党的十五大和十五届一中全会提出，用三年左右时间，通过改革、改组、改造和加强管理，使大多数国有大中型亏损企业摆脱困境，力争到 2000 年底大多数国有大中型骨干企业初步建立现代企业制度。

制定了《劳动争议仲裁委员会办案规则》(1993)、《劳动争议仲裁委员会组织规则》(1993) 和《企业劳动争议调解委员会组织及工作规则》(1993) 等部委规章。紧接着，1994 年，第八届全国人民代表大会常务委员会审议通过《劳动法》，标志着中国特色的劳动争议处理制度基本确立，“一商一调一裁两审”成为法定处理方式。针对劳动争议处理制度实施过程中的问题，最高人民法院于 2001 年出台了《最高人民法院关于审理劳动争议案件适用法律若干问题的解释》，以弥补相关法律法规的不足。至此，一套现代意义上的劳动争议处理机制基本建立。

(三) 劳动争议处理制度不断完善

第三个阶段劳动争议处理制度不断完善，主要是指 2002—2008 年。这一阶段社会主义市场经济基本建立，大规模的国有企业转制、员工下岗基本结束，劳动力市场处于较平稳的时期。随着社会经济的发展，劳动者的社会平均生活水平、受教育程度都有所提高，法律意识增强，更愿意用法律的手段解决争议，因此，劳动争议案件处于较稳定的增长中。这一时期出台的法律法规有《最高人民法院关于审理劳动争议案件适用法律若干问题的解释 (二)》(2006)。

(四) 劳动争议处理制度体系确立

第四个阶段劳动争议处理制度体系确立，主要是指 2008 年至今，以《劳动合同法》《劳动争议调解仲裁法》的颁布为标志。

2008 年欧美金融危机爆发，中国经济亦受到较大冲击，企业生产经营环境恶化，这给劳资关系的稳定带来巨大挑战。主要表现在劳动争议案件申请数量、申请人数总量大幅增加，案件发生案由多样化、复杂化。自《劳动法》实施到 2013 年底，我国劳动争议年发案数由 48 121 件增长到 665 760 件，增加了 12.8 倍，年均增长率为 71.3%，涉案劳动者净增长 699 310 人，年均增长率为 20.54%。究其原因，一方面，可能是前一阶段改革所积累的劳动关系问题逐渐显露；另一方面，可能是人民生活、教育水平改善，劳动者法律意识提高，更多劳动者希望通过法律手段维护自身权益。

因此，在这一背景下，国家出台了一系列法律法规。2007 年，全国人民代表大会先后通过了《劳动合同法》《就业促进法》《劳动争议调解仲裁法》。《劳动争议调解仲裁法》是一部重要的劳动争议程序法，是我国劳动争议处理第一部专门的国家法律。《劳动争议调解仲裁法》的颁布具有里程碑意义，它标志着我国劳动争议处理体系基本建立。在随后的几年中，为配合《劳动争议调解仲裁法》的有效实施，人力资源和社会保障部于2009年1月1日发布《劳动人事争议仲裁办案规则》，2010年1月20日发布《劳动人事争议仲裁组织规则》；最高人民法院于2010年、2012年先后出台《最高人民法院关于审理劳动争议案件适用法律若干问题的解释》（三）、（四）。2011年11月30日人力资源和社会保障部第76次部务会审议通过了《企业劳动争议协商调解规定》，2012年1月1日起施行。这些部门规章进一步细化了《劳动合同法》《劳动争议调解仲裁法》中的条款，使劳动争议处理更加完善。

综上所述，我国已初步建立了以劳动实体法为基础、专门的劳动争议处理程序法为核心、最高人民法院的司法解释和劳动行政机关的行政规章为补充的劳动争议处理制度。以《劳动法》《劳动合同法》为基础，以《劳动争议调解仲裁法》为核心，以《最高人民法院关于审理劳动争议案件适用法律若干问题的解释》《劳动人事争议仲裁组织规则》《劳动人事争议仲裁办案规则》《企业劳动争议协商调解规定》等为补充的劳动争议处理制度基本建立。纵观我国劳动争议处理制度的发展，立法者的目的都是希望通过法律的规制，减少和控制劳动争议的发生，缓解法院的工作压力，降低劳动争议案件的处理成本。

第2节 我国现阶段的劳动争议处理制度

一般而言，在劳动争议产生以后，争议解决途径强调多元化，包括协商、调解、仲裁与诉讼。其中，协商与调解是争议解决途径中的柔性措施，仲裁具有准司法性质，而诉讼是争议解决的最终程序。《劳动争议调解仲裁法》第五条规定，发生劳动争议，当事人不愿协商、协商不成或者达成和解协议后不履行的，可以向调解组织申请调解；不愿调解、调解不成或者达成调解协议后不履行的，可以向劳动争议仲裁委员会申请仲裁；对仲裁裁决不服的，除本法另有规定的外，可以向人民法院提起诉讼。

一、协商

劳动争议的协商是指劳动者与用人单位为解决劳动争议，通过平等自愿、互谅互让的沟通商谈，在澄清事实、明辨是非的情况下，化解矛盾达成共识的过程。双方当事人这种自主化解决争议的方式，是当事人解决争议的首要途径，并贯穿争议处理全过程。《劳动争议调解仲裁法》第四十一条规定，当事人申请劳动争议仲裁后，可以自行和解。达成和解协议的，可以撤回仲裁申请。它表明协商是争议解决过程中能随时采用的最便捷的方式。相对于调解、仲裁与诉讼，它具有双向性、便捷性、经济性以及协商结果灵活性的特点。

协商的方式由当事人进行自主选择，根据争议的具体情况，一般有如下三种方式：当事人之间的直接协商；劳动者邀请工会组织或第三方共同与用人单位协商；当事人代表协商。

二、调解

劳动争议的调解是指在第三方主持下，依据法律规范和道德规范，劝说争议双方当事人，通过民主协商，互谅互让，达成协议，从而消除争议的一种方法与活动。第三方包括各类调解组织、劳动争议仲裁委员会或法院。其中，劳动争议基层调解组织包括企业劳动争议调解委员会、依法设立的基层人民调解组织与在乡镇、街道设立的具有劳动争议调解职能的组织。这些基层调解组织在解决劳动争议的过程中，发挥着软组织、硬功夫的作用。

调解原则也贯穿争议处理程序始终，它不仅是调解组织的行为原则，也是处理劳动争议的一般工作原则，在劳动争议仲裁程序中也是应进行的工作。《劳动争议调解仲裁法》第四十二条规定，仲裁庭在作出裁决前，应当先行调解。调解达成协议的，仲裁庭应当制作调解书。调解书应当写明仲裁请求和当事人协议的结果。调解书由仲裁员签名，加盖劳动争议仲裁委员会印章，送达双方当事人。调解书经双方当事人签收后，发生法律效力。调解不成或者调解书送达前，一方当事人反悔的，仲裁庭应当及时作出裁决。这表明调解在劳动争议仲裁中是法定程序。

三、仲裁

一般而言，争议仲裁包括劳动争议仲裁与人事争议仲裁。劳动争议仲裁是指经争议当事人申请，由劳动争议仲裁机构对争议当事人因劳动权利、义务等问题产生的争议进行评价、调解与裁决的一种处理争议的方式。争议仲裁是一项具有准司法性质的处理劳动争议的方法。生效的劳动争议仲裁裁决具有法律上强制执行的效力。

《劳动人事争议仲裁办案规则》由上至下地统一了劳动争议仲裁办案程序，而《劳动人事争议仲裁组织规则》统一了劳动争议仲裁机构，所以，目前劳动争议处理与人事争议处理在仲裁办案程序与仲裁机构上已经统一。在组织设立方面，根据《劳动人事争议仲裁组织规则》第二条，劳动争议仲裁委员会由人民政府依法设立，专门处理争议案件。在人员组成方面，《劳动人事争议仲裁组织规则》第五条规定，仲裁委员会由干部主管部门代表、人力资源社会保障等相关行政部门代表，军队文职人员工作管理部门代表、工会代表和用人单位方面代表等组成。

我国劳动争议仲裁采取了“仲裁前置，裁审衔接”的体制。此外，根据《劳动争议调解仲裁法》第四十七条的规定，对两类争议仲裁案件进行终局裁决，裁决书自作出之日起发生法律效力，这是附条件的“一裁终局”制度。这两类争议案件包括：（1）追索劳动报酬、工伤医疗费、经济补偿或者赔偿金，不超过当地月最低工资标准十二个月金额的争议；（2）因执行国家的劳动标准在工作时间、休息休假、社会保险等方面发生的争议。这项规定把相当一部分当前普遍发生的、劳动者和社会反映强烈的争议案件留在仲裁程序解决，不再经过诉讼程序，有利于提高劳动争议处理工作效率，缩短劳动争议处理周期，也进一步增强了仲裁裁决的法律效力和仲裁机构的公信力。同时，该法第四十八条规定，劳动者如果对这些终局裁决有异议，可以自收到仲裁裁决书之日起十五日内向人民法院提起诉讼。这项规定实际是对劳动者的司法救济，表明劳动法律关系区别于普通民事法律关系，更加侧重于保护劳动者的合法权益。劳动争议仲裁的一裁终局是对用人单位而言的，起诉的机会只赋予了劳动者，体现了法律的倾斜保护。

另外，需要注意的是，利益争议只能依靠劳动行政部门协调进行解决，不能申请仲裁。例如，因签订集体合同发生的集体合同争议是对利益争议的一种法律表述，不能申请仲裁。

四、诉讼

（一）劳动争议民事诉讼

《劳动法》第八十三条规定，劳动争议当事人对仲裁裁决不服的，可以自收到仲裁裁决书之日起十五日内向人民法院提起诉讼。一方当事人在法定期限内不起诉又不履行仲裁裁决的，另一方当事人可以申请人民法院强制执行。因此，当事人向人民法院提起劳动争议诉讼必须满足两个条件：一是劳动争议已经经过仲裁；二是满足自收到裁决书之日起十五日内向人民法院提起诉讼的时间要求。

我国的劳动争议诉讼属于民事诉讼，目前法院是由民事审判庭依据《中华人民共和国民事诉讼法》（简称《民事诉讼法》）和《劳动争议调解仲裁法》的规定，对劳动争议案件进行审理。实行二审终审制，即如果劳动争议的当事人不服一审人民法院的判决，可向上一级人民法院上诉，后者的判决是二审判决，是生效的终审判决，当事人必须执行。

即使用人单位对《劳动争议调解仲裁法》第四十七条规定的劳动争议案件终局裁决持有异议，也不得向人民法院提起诉讼。但根据《劳动争议调解仲裁法》第四十九条的规定，用人单位在有证据证明第四十七条规定的仲裁裁决中包含法律规定的六种情形之一时，可以自收到仲裁裁决书之日起三十日内向劳动争议仲裁委员会所在地的中级人民法院申请撤销裁决。而人民法院经组成合议庭审查核实裁决有以上规定情形之一的，应当裁定撤销。此外，仲裁裁决被人民法院裁定撤销的，当事人可以自收到裁定书之日起十五日内就该劳动争议事项向人民法院提起诉讼。

（二）劳动争议刑事追诉

刑事处罚是对违法行为最严厉的处罚。但并非每件劳动争议都会引发刑事追诉，因此严格说来，刑事追诉程序并不属于处理劳动争议的方式之一。

2011 年 2 月 25 日，第十一届全国人民代表大会常务委员会第十九次会议通过了《中华人民共和国刑法修正案（八）》，其中规定，以转移财产、逃匿等方法逃避支付劳动者的劳动报酬或者有能力支付而不支付劳动者的劳动报酬，数额较大，经政府有关部门责令支付仍未支付的，处三年以下有期徒刑或者拘役，并处或者单处罚金；造成严重后果的，处三年以上七年以下有期徒刑，并处罚金。单位犯前款罪的，对单位判处罚金，并对其直接负责的主管人员和其他直接责任人员，依照前款的规定处罚。有前两款行为，尚未造成严重后果，在提起公诉前支付劳动者的劳动报酬，并依法承担相应赔偿责任的，可以减轻或免除处罚。上述法律规定被称为我国刑法新增罪名“拒不支付劳动报酬罪”，意在用最严厉的处罚手段提醒用人单位及时足额支付劳动者的劳动报酬，对于提高对劳动者的保护力度大有裨益。当然，劳动争议适用刑事追诉也需要一定的条件，因此，需要了解和掌握以下几个方面的问题。

1. 劳动报酬的概念

劳动者依照《劳动法》《劳动合同法》等法律规定应得的劳动报酬，包括工资、奖金、津贴、补贴、延长工作时间的工资报酬及特殊情况下支付的工资等。

2. 以逃避支付劳动者的劳动报酬为目的

具有下列情形之一的，应当认定为“以转移财产、逃匿等方法逃避支付劳动者的劳动报酬”：隐匿财产、恶意清偿、虚构债务、虚假破产、虚假倒闭或者以其他方法转移处分财产的；逃跑、隐匿的；隐匿销毁或者篡改账目、职工名册、工资支付记录、考勤记录等与劳动报酬相关的材料的；以其他方法逃避支付劳动报酬的。

3. 数额较大情节的认定

2013 年，最高人民法院出台并施行《最高人民法院关于审理拒不支付劳动报酬刑事案件适用法律若干问题的解释》，规定了拒不支付劳动报酬犯罪数额较大的幅度：拒不支付一名劳动者三个月以上的劳动报酬且数额在五千元至二万元以上的；拒不支付十名以上劳动者的劳动报酬且数额累计在三万元至十万元以上的。

4. 经政府有关部门责令支付仍不支付的认定

经人力资源社会保障部门或者政府其他有关部门依法以限期整改指令书、行政处理决定书等文书责令支付劳动者的劳动报酬后，在指定的期限内仍不支付的，应当认定为“经政府有关部门责令支付仍不支付的”，但有证据证明行为人有正当的理由未知悉责令支付或者未及时支付劳动报酬的除外。行为人逃匿，无法将责令支付文书送交其本人、同住成年家属或者所在单位负责收件的人的，如果有关部门已通过在行为人的住所地、生产经营场所等地张贴责令支付文书等方式责令支付，并采用拍照、录像等方式记录的，应当视为“经政府有关部门责令支付”。

5. 造成严重后果情形的认定

造成严重后果的情形包括：造成劳动者或者其被赡养人、被扶养人、被抚养人的基本生活受到严重影响、重大疾病无法及时医治或者失学的；对要求支付劳动报酬的劳动者使用暴力或者进行暴力威胁的；造成其他严重后果的。

第 3 节 国外劳动争议处理制度

一、美国的劳动争议处理制度

（一）美国劳动争议处理制度的起源

美国劳动争议处理制度是伴随着 20 世纪 30 年代美国社会大动荡而诞生的。1935 年，美国国会通过《国家劳动关系法》，保护工人建立并参与工会活动或不参与工会活动的权利，调整工会与雇主的关系，鼓励通过工会与雇主的集体谈判解决双方的争端。同年，美国成立国家劳动关系委员会，由雇主界与劳工界各出 6 名杰出人士组成，作为独立的联邦机构负责执行和实施《国家劳动关系法》。同时，在企业、地区和行业也建立劳动关系委员会，国会对委员会给予必要的拨款。

后来，美国国会进一步确定，集体谈判双方可以使用一个站在中立立场的帮手，以公平地向工会和公司管理层提供帮助。国会基于此种考虑，成立了联邦调停调解局（FMCS）。FMCS 是一个由调解人组成的团队，以第三方的中立身份随时向劳动者和管理层提供调解服务，帮助工会和雇主解决双方的合同争议。

另外，为了帮助企业、地区和行业劳动关系委员会成员掌握集体谈判技巧以及提高预防和管理冲突的能力，FMCS 及其地区办公室通过对他们进行培训的方式提供指导和咨询帮助。自此，美国劳动争议处理制度形成了以调解调停为基础的框架。

（二）美国劳动争议处理制度的基本框架

雇主和雇员代表之间通过谈判协商解决争端，政府通过使用调解中介的方法帮助雇主和雇员在发生工资、工时和劳动条件等纠纷时达成协议或当事人申请的仲裁作出裁决，这是美国劳动争议处理制度的基本形式。

美国的劳动争议处理制度包括调解、仲裁以及法院审理三个层次。调解由劳动关系双方当事人自愿选择，仲裁则由双方当事人在集体合同或个人劳动合同中约定（邮政和铁路包括航空公司员工与公司引发的争议，有专门规定由仲裁解决）。一旦选择了仲裁，仲裁裁决是终局决定。

调解是在中立方主持下当事人达成协议的一种方式，其中由 FMCS 及其地区办公室派出的调解员尽管有政府雇员的身份，但在调解中完全处于中立立场。FMCS 的调解是免费的。双方当事人也可以找第三方作调解，但第三方与 FMCS 所持的中立方立场不同，可能带有某种倾向。美国法律不要求劳动关系双方必须接受调解，调解是否成功取决于双方当事人接受的程度，调解本身不具有约束力，但调解达成的协议双方应当执行。

仲裁是仲裁员以私人和独立的身份实施仲裁，其裁决结果是终局的，对双方当事人具有约束力。当事人一方对仲裁的裁决结果不满可以向法院起诉，法院受理后，除非仲裁员在审理和裁决中有徇私舞弊、超出受案范围等违反法律的行为，否则其作出的裁决决定法院通常会予以维持。由于仲裁与法院相比，具有时效快、费用低的特点，以及由于仲裁员属专家型人员、熟谙劳动法律法规，而法官则未必是这方面的专家等，目前美国绝大多数雇主和工会在集体合同中都约定发生争议由仲裁裁决。个别没有约定的，出现争议则通过联邦巡回法院审理解决。

（三）美国企业内部劳动争议处理程序

美国的劳动争议处理制度重在企业内部予以解决。从企业层面通过集体谈判和协商解决劳动纠纷是主要方式。为保证企业内部的申诉得到公正处理，越来越多的美国公司，主要是那些没有工会的公司，都建立了同事核实委员会或审查团，全部或部分由企业雇员组成，参与内部申诉程序的某个环节。同事核实委员会通常参与解决较为严重的争议（如解雇雇员或重大的索赔等）。

企业内部解决劳动争议的典型程序是：首先，雇员向工长或监管提出口头申诉；然后，向工长或监管提交经雇员或工会签名的书面申诉，工长或监管对申诉应作出书面答复。若对答复不满，雇员或工会可向所在部门领导或经理上诉，部门领导在短期内应予答复。如果对上述答复还不满意，雇员或工会可向工厂经理或其代表上诉。雇主将对申诉作出书面答复。如果仍然不满意，雇员或工会将根据雇主的人事政策、惯例或集体谈判协议采取下一步措施——可能是调解、仲裁、同事审查或这些程序的综合。

（四）集体合同与个人劳动合同采取不同的争议处理方式

依据集体合同与个人劳动合同的差异，美国的劳动争议处理制度分为两大类：一类是雇员属工会会员的，由工会代表与雇主签订集体合同以保障双方当事人的权利；另一类是雇员属非工会会员的，则由个人与雇主签订劳动合同。按照现行制度，前者引发的劳动争议主要由《国家劳动关系法》调整，FMCS侧重对这类集体劳动争议实施调解；后者引发的劳动争议则由各州立法调整，出现非集体劳动争议即个人劳动争议，通常通过法院审理以及仲裁解决。目前在美国，越来越多的劳动者没有参加工会，越来越多的雇主与劳动者在签订劳动合同时也约定选择仲裁作为解决劳动争议的途径。FMCS在调解集体劳动争议的同时，也在努力尝试调解这类非集体劳动争议。FMCS对集体合同争议的调解，不仅是就争议本身的调解，还有所谓的预防性调解。美国《国家劳动关系法》规定，企业工会或管理层在集体合同到期前30天必须通知FMCS。

FMCS的调解员通过调解协助双方在合同到期前达成协议。由于调解的结果双方都满意，而仲裁的结果不一定都满意，再加上仲裁费、律师费等费用昂贵，因此绝大多数雇主和雇员以及工会愿意在调解程序中解决问题，很少进入仲裁程序。

为促进劳动关系改善，避免和减少劳动纠纷，由雇主、雇员和代表雇员的劳工组织共同组成并在企业、地区和行业建立劳动关系委员会，积极改善劳动关系，增加尊重双方利益的有益对话，尽力在企业一级解决劳动争端。

（五）美国劳动争议处理制度的特点

1. 突出预防与调解，注重在企业层面解决劳动争议

美国《国家劳动关系法》规定，减少劳工纠纷是雇员、雇员代表和雇

主的共同责任。这是劳资双方的法定义务，也是在企业层面解决劳动争议的法律依据。在企业内部，正在形成一种劳动关系自我调节机制，不仅有劳动关系委员会作为劳资对话的平台，而且形成了雇员申诉的正当途径和程序，并有同事核实委员会参与雇员申诉程序，保证申诉得到公正处置。在企业外部，FMCS 及其地区办公室不仅派出调解员参与企业具体劳动争议的调解（如果双方当事人自愿接受的话），而且开展预防性调解，即在劳资双方集体协议谈判过程中提前介入，协助双方达成协议，或者在双方出现争端苗头时应邀介入调解，促成争议化解。与此同时，为增强企业内部解决劳动争议的能力，FMCS 及其地区办公室还经常对企业劳资双方开展有针对性的培训。

2. 差异化、多样化的劳动争议处理方式

美国的劳动争议处理制度在管辖上体现出联邦和州分权即差异化的方式。从企业来说，年销售额 50 万美元以上的企业适用联邦法律调整，年销售额 50 万美元以下的企业适用州法律调整；从雇员是否参加工会来说，属于工会雇员即有集体合同的雇员与企业发生的争议适用联邦法律，非工会雇员无论有无个人劳动合同都适用州法律；从劳动争议处理方式上看，劳动关系双方当事人可以约定选择仲裁或者法院作为解决双方争议的途径；从集体合同与个人劳动合同的管理上看，法律规定集体合同到期前 30 天必须通知 FMCS，而对个人劳动合同则无法律规定。对于邮政和铁路包括航空公司的劳动争议，国会专门制定有单项法律，规定这些部门发生劳动争议必须先作调解。

美国劳动争议处理制度的多样化，体现在最大限度地尊重双方当事人的意愿，或调或裁或审，均由双方当事人协商确定。

3. 仲裁员个人化与社会化，保证仲裁裁决的独立与公正

美国劳动争议的仲裁员均为独立的个人，不代表政府或者某个团体的立场，独立办案。仲裁员资格没有法律规定，可以是专职，也可以是兼职，许多仲裁员是由律师、教授、法官转行的。而仲裁员的遴选则体现出社会化，需要双方当事人共同协商确定。办案实践中显示出来的水平和信誉度，往往是某个仲裁员能否获得双方当事人信任的重要衡量标准。仲裁员的个人化与社会化，适应了美国劳动争议处理的需要，也使这一“准司法”程序免受各方干扰，确保仲裁员独立办案，公正裁决。

4. 仲裁终局制凸显了劳动争议处理制度的高效

在美国，劳动争议仲裁裁决为终局裁定，具有法律约束力。美国最高法院规定，法院要尊重仲裁裁决，只被授权进行有限的司法审查。目前仅有1%～1.5%的仲裁裁决被上诉至法院，其中只有极少数被推翻。仲裁终局制缩短了劳动争议处理时间，减少了双方当事人的讼累，把劳动争议给企业、个人造成的经济损失降到最低程度。

二、德国的劳动争议处理制度

德国是世界上劳动法律制度建立比较早和比较完善的国家之一，20世纪70年代就开始制定《集体合同法》《解雇保护法》《劳动法院法》等法律。虽然至今尚未制定出一部统一的《劳动法》，但德国在长期的实践中已形成了一套完备有效的劳动争议解决体系，有效地保障了劳动者的合法权益和企业的正常生产经营，维护了社会秩序稳定和安全。

（一）劳资双方协商

为了降低成本、提高生产效率和利润率，德国许多企业需要经常裁减人员。德国制定有《解雇保护法》等法律，对解雇决定不服的职工可以向企业职工委员会提出异议，也可以向劳动法院提起诉讼。企业为避免纠纷，首先会采取与职工协商并给予被解雇职工以经济补偿的做法。如某轧钢厂为让职工提前退休，采取了增加退休金比例等办法与职工协商，有效地避免了劳动争议的发生。协商是一个双赢的争议解决方法，但可以肯定地说，没有完备的法律保障体系，协商就没有基础和可能。

（二）工会和企业委员会

在德国，工会和企业委员会在有关劳动争议的处理中发挥着非常重要的作用。

1. 工会

德国工会联合会（DGB）是德国最大、最重要的雇员工会组织。此外，比较大的工会组织还有德国职员工会（DAC）、德国基督教工会联合会等。目前DGB下属有15个工会（大多为行业性工会），会员达900万人。为了帮助工会会员，维护他们的权益，DGB在全国各地设立了162个法律保护办事处，其任务主要就是为会员提供法律帮助。这些办事处是根据劳动法院和社会法院的分布、设置而相应设立的，也就是说，哪里有劳动法院和社会法院，就在哪里设立办事处，这主要是为了方便会员诉讼，使会员不至于为诉讼而四处奔波。每个办事处都配备有相当数量的法律工作者。

2. 企业委员会

按照 1952 年颁布、1989 年修订的《企业宪章法》，德国在企业中设立企业委员会。企业委员会由就业者或者就业者代表组成，它享有代表就业者讲话以及决定部分企业内部关于就业者事务的权利。企业委员会虽不是企业内部有关争议的调解机构，但在调解和处理争议中却发挥着重要作用。在处理雇员与雇主之间的简易纠纷时，企业委员会按照雇员的申请，主动出面调解协商，往往能及时妥善解决争议；在解雇纠纷中，雇主解雇雇员必须听取企业委员会的意见，企业委员会可以行使异议权；在雇主与企业委员会就签订和履行企业协议发生争议时，或者由雇主与企业委员会自行协商解决，或者另行组成调解委员会调解解决。实践证明，通过协商、调解解决不了而起诉到法院的只是极少数。

3. 法院裁判

在德国，劳动纠纷由专门的劳动法院处理。根据德国《劳动法院法》，劳动法院分为三级：（1）基层劳动法院。它负责劳资纠纷案件的初审，即第一审案件的审理，因此也称初审劳动法院。（2）州劳动法院。它负责劳资纠纷上诉案件的审理，因此也称上诉审劳动法院。（3）联邦劳动法院。主要负责不服上诉法院裁判的全德劳资纠纷案件的复审。为使劳动司法得以统一，全德只设一个联邦法院，它实际上是德国劳动法院的最高法院。

在长期的实践中，德国劳动司法形成了一套独具特色、比较完善的诉讼程序，其有以下特点：

第一，强调调解，把调解作为初审法院审理劳资纠纷案件的必经程序。在初审中，每个案件都必须经过庭内调解，否则不能收取诉讼费用。根据《劳动法院法》的规定，在初审程序开庭之前，即在担任法庭审判长的职业法官主持下，做双方当事人的工作，促使当事人双方相互协商，以期促成双方互谅互让，达成调解协议。

第二，设置裁判程序和决议程序，以适应解决不同类型劳资纠纷案件的需要。裁判程序适用于一般的劳资纠纷案件，比如单个的雇员与雇主之间发生的劳资争议；决议程序则适用于集体劳动合同纠纷案件的处理，比如涉及《企业宪章法》方面的雇主与企业委员会之间的争议。

三、日本的劳动争议处理制度

长期以来，日本劳动争议以集体劳动争议居多，个别劳动争议很少，随着近年来社会经济形势的急剧变化及由此引发的劳动关系现实的变化，劳动争议的种类和内容等也发生了很大的变化。由于劳动关系日趋稳定，劳动者成立工会的情形也越来越少，集体劳动争议的案件数量急剧下降，集体劳动争议的内容亦发生了显著的变化。然而，个别劳动争议却大幅增长且呈现多样化的趋势。传统类型的个别劳动争议，如解雇争议、拖欠工资争议等，在民事诉讼和劳动咨询中仍然占有很大的比例，近年来，劳动条件待遇下降引发的争议日渐突出。

（一）行政机构主导的争议解决机制

1. 劳动委员会

日本《工会法》和《劳动关系调整法》都明确规定，集体劳动争议的解决交由劳动委员会专门负责：一是不当劳动行为的救济机制；二是集体劳动争议的调整机制。1999 年修改后的《地方自治法》和 2001 年制定并实施的《个别劳动争议解决促进法》，亦赋予劳动委员会对个别劳动争议提供咨询信息服务或斡旋等权限。

2. 都道府县劳动局

作为厚生劳动省设置在都道府县的地方机关，根据《个别劳动争议解决促进法》的规定，劳动局为解决个别劳动争议提供了三种方式和程序：提供咨询和信息服务；提供建议或指导；劳动局争议调整委员会斡旋。

3. 劳动基准监督机关

并没有法律明确规定，对劳动法的实施负有监督职责的劳动基准监督署拥有解决争议的职权，但在实践中它在一定程度上也起着解决劳动争议的作用。

（二）法院主导的争议解决机制

1. 普通民事诉讼程序

凡是属于民事性质的劳动争议案件都可以通过这种方式，按照日本《民事诉讼法》的规定由法院予以解决，民事诉讼程序中的保全程序和小额诉讼程序，也都可以用来解决劳动争议案件。

2. **民事调解程序**

同样，凡是属于民事性质的劳动争议案件也都可以选择适用这一方式，按照日本《民事调停法》的规定，由法院通过调解予以解决，劳动审判程序即依据规定向法院提出申请，由法院组成劳动审判委员会对其进行审理解决。

3. **其他相关方式和程序**

在日本劳动争议解决实务中，也存在自力救济等其他方式和程序。日本在劳动争议解决相关法律中都强调，劳动争议发生后，争议双方当事人应先行予以自主协商解决。在企业之外，还可通过一些民间性的组织机构解决劳动争议，如工会或其他劳动者组织，特别是一些地区性或行业性有影响的工会，都提供咨询和信息服务，或进行相关协调。

本章小结

我国劳动争议处理制度的改革变迁紧随着经济体制改革的进程，大致可以分为四个阶段，即劳动争议处理制度探索、初步建立、不断完善和体系确立。我国已初步建立了以劳动实体法为基础、专门的劳动争议处理程序法为核心、最高人民法院的司法解释和劳动行政机关的行政规章为补充的劳动争议处理制度。

劳动争议的解决途径强调多元化，包括争议的协商、调解、仲裁与诉讼。其中，协商与调解是争议解决途径中的柔性措施，仲裁具有准司法性质，而诉讼是争议解决的最终程序。我国刑法新增罪名“拒不支付劳动报酬罪”，意在用最严厉的处罚手段提醒用人单位及时足额支付劳动者的劳动报酬。但严格说来，刑事追诉并不属于劳动争议处理方式之一。

美国、德国与日本的劳动争议处理制度具有不同的特点与风格。

关键词

制度　历史沿革　现状　国际视野

复习与思考题

1. 试述我国劳动争议处理制度的发展阶段与特征。
2. 试述劳动争议协商、调解、仲裁与诉讼的内涵。

3. 劳动争议适用刑事追诉的注意事项有哪些?

实践前沿

“互联网+调解仲裁”2020行动实施计划

为做好新时代劳动人事争议调解仲裁（以下简称调解仲裁）工作，切实加强调解仲裁行风建设，更好发挥信息化引领和保障作用，不断提高调解仲裁工作质效和公共服务能力，现结合实际制定本实施计划。

一、总体要求

（一）指导思想

以习近平新时代中国特色社会主义思想为指引，贯彻落实习近平网络强国战略思想，按照《“互联网+人社”2020行动计划》和人社系统行风建设的要求，推动“互联网+调解仲裁”工作，进一步提升劳动人事争议处理质效，更好满足劳动人事争议当事人（以下简称当事人）日益增长的调解仲裁需求，不断完善中国特色劳动人事争议处理制度，推动新时代调解仲裁事业创新发展。

（二）基本原则

坚持以人为本，充分发挥“互联网+调解仲裁”服务人民群众的作用，依托互联网、大数据和人工智能等技术，不断满足当事人更高维权需求。坚持开拓创新，推动“互联网+”与调解仲裁工作的深度融合，加快服务方式与业务创新变革，不断开拓“互联网+调解仲裁”新模式、新领域。坚持开放共享，着力实现调解仲裁信息系统与调解仲裁服务平台的互联互通，推动实现调解仲裁信息系统与人社领域其他信息系统、人民法院等有关部门信息系统的互联互通。坚持安全有序，加强数据安全管理，强化信息安全措施，防范信息泄露风险，确保“互联网+调解仲裁”安全、健康、稳定运行。

（三）总体目标

到2020年，功能完备、运行高效、服务优质、监督有力的调解仲裁信息化网络基本建立，基本实现线上办案全覆盖，网上调解仲裁服务普遍开展，与有关部门信息共享机制初步形成，信息化建设在调解仲裁事业发展中的引领和保障作用充分发挥，调解仲裁工作服务当事人、服务人社事业发展、服务改革发展稳定大局的能力显著提升。

二、主要任务

（一）推进全国劳动人事争议仲裁办案系统（以下简称办案系统）建设

该系统是由仲裁工作人员使用的专门处理劳动人事争议案件的信息系统，旨在规范办案流程，统一办案标准，提高办案效能，加强办案监督。

2018年，制定发布《劳动人事争议调解仲裁管理信息系统指标集与代码》，升级部版办案系统，建立法律法规库和案例库，探索类案法律政策推送。各地实现地市级仲裁机构办案系统全覆盖，县级仲裁机构办案系统覆盖率超过85%；各省（区、市）在线办案率（在线处理案件数/处理案件总数）不低于40%。

2019年，完成部版办案系统升级，完善法律法规库和案例库，统一仲裁文书，实现类案法律政策推送等功能。各地根据部版办案系统和《劳动人事争议调解仲裁管理信息系统指标集与代码》同步升级调整本地办案系统。县级仲裁机构办案系统覆盖率超过90%；各省（区、市）在线办案率不低于60%。

2020年，加大升级后办案系统推广力度，进一步充实案例库，加强类案法律政策推送，丰富系统功能。各地基本完成办案系统升级，县级仲裁机构办案系统覆盖率超过93%；各省（区、市）在线办案率不低于80%。

（二）推进全国劳动人事争议仲裁机构及其工作人员管理信息系统（以下简称机构人员系统）建设

该系统是全国仲裁机构及其工作人员的管理平台，旨在全面、及时、准确掌握全国仲裁机构和工作人员基本情况，加强仲裁机构及其工作人员管理，提高机构队伍建设水平。

2018年，升级机构人员系统，开展数据信息核准工作，加强对全国仲裁机构和工作人员的动态管理。各地要按照《全国劳动人事争议仲裁机构及其工作人员管理信息系统数据信息核准操作指南》，认真做好数据信息的核准填报工作，并从第四季度起按季度更新系统数据信息。

2019—2020年，完成机构人员系统升级；对全国仲裁机构和工作人员实行实时动态管理，并以之为基础推动通过系统实施绩效考核，增强仲裁培训和工作指导的针对性，建立全国仲裁员名册并以适当方式公开。各地实时更新机构人员数据信息，注重数据信息的使用，进一步加强机构管理和队伍建设。

（三）推进全国劳动人事争议仲裁案件信息监测系统（以下简称监测系统）建设

该系统是依托办案系统收集、汇总、分析全国劳动人事争议仲裁案件数据信息的系统，旨在加强调解仲裁统计分析、形势研判和风险防控工作。

2018 年，完成监测系统建设，建立仲裁案件信息监测制度，制定发布《全国劳动人事争议仲裁案件信息监测指标》（以下简称《监测指标》），第四季度起试运行系统。各地配合做好监测系统试运行工作。尚未使用办案系统的地区，组织专门人员填报监测数据信息。

2019 年，升级完善监测系统，在全国正式运行。制定数据信息校核标准，探索建立争议案件风险预警机制，提高统计数据分析能力。各地按照《监测指标》按月报送监测数据信息，落实校核标准，提高数据信息质量。尚未使用办案系统的地区，组织专门人员填报监测数据信息。

2020 年，试行案件数据信息实时采集，实行争议案件情况实时监测。各地进一步提高数据信息质量，保证数据信息及时报送，不断加强监测成果应用，做好争议风险防控。

（四）推进网上调解仲裁服务平台建设

该平台通过网站、手机 APP 等载体为当事人提供在线调解和在线仲裁服务，旨在进一步畅通调解仲裁服务渠道，为当事人提供更好维权服务。

2018 年，建立全国劳动人事争议调解服务平台（以下简称调解平台），并于第四季度试运行。各地建立网上调解员库，先行开展网上调解工作的地区要选派优秀调解员仲裁员开展网上调解工作，加强工作指导、考核及培训。有条件的地区提供查询仲裁案件处理进度信息等服务。推动有条件地区建立仲裁机构与人民法院数据信息共享互联机制。

2019 年，升级完善调解平台并加大推广力度，探索调解平台与办案系统资源的融合应用。各地加大调解平台使用力度，力争各省份都有调解组织运用调解平台开展调解工作。有条件的地区开展网上预约申请仲裁等服务，探索开展仲裁网上庭审。推动更多仲裁机构与人民法院建立数据信息共享互联机制。

2020 年，研究提出加强网上调解仲裁服务工作的意见，推动数字仲裁庭和智能仲裁院建设。各地调解组织都通过调解平台开展调解工作。仲裁机构逐步实现案件网上处理，探索裁决书网上公开。大部分地区仲裁机构实现与人民法院系统数据信息的共享互联。

三、组织实施

（一）提高思想认识，明确工作任务

各地要充分认识调解仲裁信息化建设的重要意义，将其作为加强和改进调解仲裁行风建设、进一步提升争议处理效能的重要工作来抓。要制定工作方案，明确任务、时限要求和责任人，有序高效开展工作。

（二）加强组织领导，形成工作合力

各地要加强调解仲裁机构与信息化综合管理机构的协调，研究解决工作中遇到的问题，促进调解仲裁业务与信息技术的融合创新，切实发挥信息化的引领和保障作用。

（三）坚持问题导向，加强指导督查

各地要根据工作实际，有针对性地加强工作指导和督查调研，推动“互联网+调解仲裁”落实落细。

（四）鼓励横向交流，推广先进经验

各地要加强交流，促进共同进步。部里将总结、宣传、推广各地好经验好做法，发挥典型经验的示范引领作用，推动“互联网+调解仲裁”深入开展。

资料来源：人力资源社会保障部办公厅关于印发《“互联网+调解仲裁”2020行动实施计划》的通知．(2018-07-31)．http：//www.mohrss.gov.cn/tjzcgls/TJZCzcwj/201808/t20180815_299212.html.

第 3 章

劳动争议预防

学习目标

学完本章后，你应该能够：

- 理解劳动争议产生的原因。
- 理解劳动争议预防的意义。
- 掌握劳动争议预防的措施。
- 掌握劳动关系三方机制的原则与内涵。
- 了解中国情境下的和谐劳动关系治理体制。

开篇引例

“四结合”“六统一”为福建省调解仲裁带来新发展

5 年来，福建省共处理各类劳动人事争议案件 19.78 万件，同比增长 37.08%，涉及劳动者 39.24 万人，同比增长 26.66%，仲裁当期结案率保持在 93%以上。

成绩的取得，源于福建省坚持“四结合”，实现仲裁组织机构、仲裁庭建设标准、仲裁办案信息化、仲裁办案着装、仲裁办案补助、仲裁办案纪律“六统一”，有效推动了调解仲裁各项工作的开展。

坚持调解仲裁与构建和谐劳动关系结合 着力预防化解矛盾纠纷

坚持预防为主。开展预防调解示范试点，大力推行仲裁建议书，达到“审理一案、规范一企、教育一片”的效果。经常性开展劳动保障法律宣传咨询及法律培训。

坚持基层为主。要求300人以上的企业必须建立劳动争议调解委员会，乡镇街道必须建立劳动争议调解组织，商（协）会逐步建立劳动争议调解委员会。将拥有5年以上企业人力资源或工会工作经历的调解员，充实到仲裁队伍之中，并给予办案补助。

坚持调解为主。强化立案前、立案后、开庭时、庭审后、送达前的调解；“重调解、慎裁决”，不断提高案件调撤率。

坚持软件建设与硬件建设结合 着力提升公共服务能力

推进机构实体化。2015年初开始，福建省把仲裁机构实体化建设作为重点任务，至2015年底全省共设立95家仲裁院，省、市、县三级仲裁建院率均达100%。

推进队伍专业化。通过择优招录、政府购买服务、开发公益性岗位、招聘选聘等方式，不断壮大仲裁员、调解员队伍。

推进场所标准化。统一全省仲裁办案场所建设标准。同时，联合省财政厅将“就业维权补助”纳入就业专项资金使用范围，用于配置仲裁办案专用设备。

推进办案信息化。一年内将全国统一的调解仲裁办案系统推广至各市、县（区）仲裁机构，极大缩短了建设周期。

坚持创新机制与规范办案结合 着力提升案件处理质效

推行“规范仲裁”。组织仲裁示范庭观摩、典型案例研讨会、办案质量评查等活动，规范仲裁办案的程序和实体法的适用；应用尽用终局裁决，减少当事人诉累。

推行“阳光仲裁”。严格实行案件合议、疑难复杂案件集体会商和错案责任追究制度，探索建立办案质量跟踪监督、仲裁裁决书网上公开制度，不断提高仲裁社会公信力。

推行“能动仲裁”。设立派出庭、流动庭和巡回庭，建立仲裁机构与困难职工帮扶中心、法律援助中心联动机制，最大限度服务当事人。

推行“便民仲裁”。为农民工工资争议开辟绿色维权通道，对重大欠薪案件实行仲裁委主任挂牌督办。

公开办事流程。减免公告送达费和劳动者查询打印企业基本信息费，开辟绿色通道、畅通线上线下投诉渠道、对接法律援助通道，发放服务、告知、普法、风险提示四类指引材料。

坚持人社主导与多方参与结合 着力构建协调联动机制

强化部门责任。全省共设立95个劳动人事争议仲裁委员会，仲裁委调整组建率达100%。牵头组织召开全体成员会议、建立工作联络机制、讨论重大疑难案件、派员驻院办案，共同做好争议处理工作。

强化工作合力。人社部门充分发挥牵头作用，联合综治部门，将专业性劳动争议调解工作纳入福建省地方综治（平安建设）考评范围；联合省委破解仲裁院机构、人员编制问题；联合财政厅统一规定全省办案补助标准。

强化裁审衔接。福建省人社厅联合福建省高院出台裁审衔接机制建设指导意见，推动各地普遍建立健全裁审衔接机制；各地调解仲裁机构积极与当地法院系统通过召开联席会议、沟通重大疑难案件、共享案件信息和统计数据，建立健全裁审衔接机制。

资料来源："四结合""六统一"为福建省调解仲裁带来新发展.（2018-05-28）. http://www.mohrss.gov.cn/tjzcgls/TJZCgongzuodongtai/201805/t20180528_294686.html.

第1节 劳动争议产生的原因

劳动争议是多种原因共同作用造成的，包括社会经济运行环境、经济体制改革、用人单位管理效率、劳动合同和集体合同的运行状态、工会协调力度以及相关法律法规的健全程度等。梳理劳动争议产生的原因，有利于用人单位和劳动者双方共同努力清除隐患，从源头上遏制劳动争议的发生，也有利于国家、社会以及其他相关部门制定更为有效的处理机制。

一、社会经济总体运行环境

社会经济总体运行环境是产生劳动争议的客观原因。一方面，随着我国市场经济体制不断完善和现代企业制度不断推进，传统的单一型劳动关系被打破，用人制度灵活多样，劳动关系也趋于多样化，难免出现不能正确处理双方权利义务关系的情况，从而产生争议。另一方面，我国劳动力市场劳动者和用人单位力量对比不平衡，在很多领域劳动者都处在弱势地位，权利容易被侵犯，导致劳动争议不断出现。

市场经济建设进程中，企事业单位改制也在一定程度上导致了劳动争议的发生。例如：国有企业改制，在剩余劳动力分流安置过程中，部分群体利益受损，引发劳动争议；事业单位改制，在对人员分类管理过程中，相关法律法规不明确，导致劳动争议发生。

二、劳动关系双方不同的利益追求

劳动关系双方不同的利益追求是产生劳动争议的根本原因。市场经济条件下，用人单位之间的竞争日益激烈，作为独立的经济体，其追求利润最大化的目标非常清晰，有降低人工成本的动力。同时，劳动关系虽然仍具有人身属性，但早已没有计划经济时代的“铁饭碗”特征，劳动者追求个人利益最大化的诉求更加强烈。劳动关系双方的利益差别所导致的相互不满发展到一定程度，就会以劳动争议的形式表现出来。

三、劳动合同和集体合同履行不规范

劳动合同和集体合同履行不规范是产生劳动争议的直接原因。劳动合同和集体合同将国家相关劳动政策法规具体化，指明了劳动关系运行过程中双方当事人的行为规范。劳动关系双方没有实际、全面地履行劳动合同和集体合同及相关法律法规规定的义务，是产生劳动争议的直接原因。例如：劳动合同未能及时签订，劳动者和用人单位的权利义务约定不明确；用人单位没有按照劳动合同约定按时足额支付劳动报酬；劳动关系当事人解除或终止劳动合同时，并未严格按照法律规定的条件和程序进行；集体合同订立程序不合法，内容与相关法律规定不一致等。上述情形在劳动关系运行过程中经常出现，导致劳动争议发生。

四、对劳动关系运行监管不足

对劳动关系运行监管不足是产生劳动争议的间接原因。政府和社会对劳动合同、集体合同的履行情况监督不到位、制度不健全，不能很好地监督劳动关系双方权益受保护的程度。对劳动关系运行监管不足，导致劳动关系当事人对自身行为产生的不利后果存在侥幸心理，在冲突的萌芽状态也不能很好地化解矛盾，最后演变为劳动争议。

第2节 劳动争议预防的意义和措施

劳动争议的预防，通常是指劳动行政机关、企业主管部门、工会以及劳动争议处理机构依照相关法律、法规，事先采取各种有效措施，积极防范和制止劳动争议发生的活动。同劳动争议处理相比，劳动争议的预防是解决劳动纠纷的前置活动，是为了防止劳动争议的发生及矛盾激化而预先采取的防范性措施，是一项解决劳动争议的积极措施。

一、劳动争议预防的意义

劳动争议主要涉及员工的切身利益和用人单位的经济利益，因此，劳动争议的发生不仅会对当事人双方产生消极的影响，降低员工的工作积极性，还会影响用人单位生产效率的提高以及用人单位的发展。同时，争议的解决也需要经过劳动争议仲裁、诉讼程序，耗费社会公共服务资源。此外，即使劳动争议最终得到妥善解决，但争议所带来的各项损失都已经发生，这是无法挽回的损失。因此，预先采取有效的措施避免和减少劳动争议的发生，在劳动争议处理中具有十分重要的意义。

1. 有利于保护员工的合法权益，增加员工福利

从我国目前发生的劳动纠纷案件来看，大部分争议是由于员工的合法权益受到侵害，有的表现为经济损失，有的直接为身体损伤。劳动争议发生后，员工一般都会诉诸仲裁或司法程序，不仅会耗费大量的时间和精力，也会进一步加重其经济负担，使得本来就处于弱势地位的员工处境更加艰难。因此，采取劳动争议的预防措施，避免和控制劳动争议的发生，或者尽量减少劳动争议的发生，员工就能把更多的精力投入到更有益的事情上，从而增加员工的福利。

2. 有利于用人单位经济效益的提高和用人单位的发展

劳动争议一旦发生，双方当事人在坚持自身利益以及劳动争议处理的过程中，必然会对员工的工作积极性和用人单位正常的生产经营与发展造成不同程度的影响，甚至导致用人单位的生产经营陷入停滞状态。因此，通过适当的预防措施，避免和减少劳动争议发生，可以提高用人单位员工的生产积极性和劳动生产率，保证用人单位经营管理活动顺利进行，促进用人单位的成长和发展。

3. 有利于降低争议解决的成本

我国目前处理劳动争议的机构主要有用人单位劳动争议调解委员会、劳动争议仲裁委员会和法院。劳动争议发生后，需要劳动争议处理机构按照法律程序进行解决，一般需要经历调解、仲裁或诉讼等一系列司法程序，耗费大量的人力和时间。在西方发达的市场经济国家，出现劳资纠纷后，大多在用人单位层面通过内部协商的方式加以解决，而政府的精力主要是放在执法监督上，很少对其直接干预，这样不仅有利于节约社会公共服务资源，同时也有利于劳资双方的沟通与合作。因此，采取适当的预防措施，就会使多数可能的劳动纠纷在用人单位层面得到解决，从而节约争议解决的成本。

4. 有利于保持劳动关系的和谐、稳定

劳动争议源于劳动关系双方主体的矛盾和摩擦，因此，劳动争议的产生同劳动关系的和谐、稳定息息相关。一方面，劳动争议本身就是劳动关系不和谐的表现；另一方面，劳动争议的产生也会影响劳动关系的稳定性。而有效的劳动争议预防措施，有助于缓和争议双方主体的矛盾和摩擦，消除对立，预防劳动争议的发生，促使用人单位内部形成相互尊重、平等协商、共谋发展的态势和格局。

二、劳动争议预防的措施

有效的劳动争议预防需要多方作出努力，尤其是政府、相关机构以及用人单位，需要各方采取措施积极预防劳动争议案件发生，运用各项措施避免用人单位和员工产生矛盾和纠纷。根据主体的不同，我们可以将劳动争议预防的措施概括为以下几个方面。

（一）政府及有关部门

1. 加强并完善劳动立法

虽然近年来我国颁布实施了一系列劳动法律法规，但这些法律法规在操作性与可执行性方面都还存在不足，部分存在问题但没有相应立法调整的领域也没有纳入劳动法律调整范围内。因此，政府及相关部门需要进一步完善劳动立法，对现有的劳动法律法规加以修改和补充，减少法律“真空地带”。同时，对于已不适用的、容易对劳动争议解决造成混乱的法律法规应进行修改或废止，尽量避免和消除法律法规之间的不一致性。

2. 加强法律法规的宣传、教育

大力开展劳动法制教育、宣传工作，有利于提升员工和用人单位的法律意识和法制观念，从而有效地预防劳动争议的发生。劳动法律意识和法制观念是人们对劳动法律的认识和态度，劳动法律意识与法制观念的提高，将会增强用人单位和员工遵守劳动法的自觉性，使用人单位和员工双方能够做到知法、懂法和守法。这样，劳动关系双方在维护自己的劳动权益时就不会侵犯对方享有的劳动权益，从而避免劳动争议的发生。

3. 建立并完善劳动监督检查制度

劳动监督检查是指法定监督主体为保护员工合法权益，依法对劳动法主体遵守劳动法的情况进行监督和检查的活动。该制度是以国家公权力对劳动关系的干预，从而保证劳动法律、法规的贯彻执行和劳动关系的协调稳定。我国《劳动法》第八十五条规定，县级以上各级人民政府劳动行政部门依法对用人单位遵守劳动法律、法规的情况进行监督检查，对违反劳动法律、法规的行为有权制止，并责令改正。在我国，劳动行政部门、其他行政部门和工会部门的监督构成了一道保护双方当事人权益的“安全网”。建立并完善劳动监督检查制度，对违反劳动法律、法规的行为进行矫正和处罚，能够有效地预防劳动争议的发生，做到防患于未然。

（二）用人单位

1. 依法制定并完善用人单位规章制度，注重制度化管理

基于对劳动关系的理解，用人单位的规章制度是管理用人单位与员工之间的权利义务关系的重要工具。实质上，用人单位的规章制度就是用人单位管理员工的“内部法”，是用人单位进行员工关系管理的主要依据，如招聘制度、加班制度、考勤制度、薪酬福利制度、培训制度和保密制度等。因此，制定完善的规章制度，对于用人单位而言，不仅能够保证生产经营活动的顺利进行及预期目标的实现，也能调动员工的积极性和创造性。制度化管理对规范用人单位的管理起着至关重要的作用。

2. 加强劳动合同管理，注重契约化运行

我国《劳动合同法》第七十三条规定，国务院劳动行政部门负责全国劳动合同制度实施的监督管理。县级以上地方人民政府劳动行政部门负责本行政区域内劳动合同制度实施的监督管理。县级以上各级人民政府劳动行政部门在劳动合同制度实施的监督管理工作中，应当听取工会、企业方面代表以及有关行业主管部门的意见。

劳动关系双方的权利义务一般都在劳动合同中作出约定，并以合同条款的形式体现，是处理劳动争议的重要依据。因此，加强劳动合同管理对预防劳动争议发生、保持劳动关系和谐稳定具有积极作用。加强劳动合同管理主要包含三个方面的内容：首先，用人单位必须签订书面劳动合同，在管理上注重劳动关系的契约化；其次，签订劳动合同要符合法律规定，坚持平等自愿、协商一致的原则，明确界定劳动合同双方的权利和义务，合同语言表述要准确、避免歧义，以免在合同中埋下发生纠纷的隐患；最后，劳动合同的履行、变更、解除、终止及续订，都要按照法定的程序和要求办理。

3. 加强用人单位民主管理

用人单位民主管理，是指员工通过法定的职工代表大会以及工会等形式，依法参与用人单位的生产和经营管理、监督用人单位经营管理者以及协调劳动关系的活动。我国的劳动法规中规定，用人单位必须建立职工代表大会或工会，并且要支持职工代表大会或工会的工作，接受其监督。职工代表大会以及工会可以激发员工的主人翁责任感，保证用人单位的重大决策能够代表广大职工的利益，同时，还可以对用人单位的行为进行有效监督，预防员工权益受到侵害，减少和防止劳动争议的发生。此外，用人单位实行民主管理还需要建立民主的渠道，以便用人单位和员工沟通、协调，例如设立投诉信箱、投诉专线，不定期举办用人单位与员工的座谈会等。

（三）职工

1. 提高职工的自主维权意识

职工由于缺乏法律知识，在劳资关系中往往处于不利地位，导致劳动争议不能得到有效预防。因此，政府和用人单位应发挥各自优势，积极开展法律法规以及用人单位制度规定的宣传、培训工作，帮助广大职工学习了解相关法律法规知识以及用人单位的相关制度规定，提高自主维权意识，学会运用法律手段维护自身合法经济权益，推动和谐劳动关系在用人单位的形成和发展，从而有效地预防劳动争议的发生。

2. 合理引导职工诉讼诉求

职工诉讼诉求往往关系到职工的切身利益，这些诉讼诉求涉及劳动合同、劳动工资、劳动安全与劳动卫生、劳动保护、劳动保险、休息休假、职业病防治、学习培训等，处理不好就会导致劳资关系紧张，进而演化为劳动争议。因此，各方应重视职工的诉讼诉求，保证用人单位同员工、工会同员工之间拥有畅通的信息沟通渠道，建立健全适应职工需求的诉求表达机制，从而预防劳动争议的发生。一方面，应使职工的诉求能够获得及时传达，用人单位及相关部门也能够及时关注职工诉求并进行合理的引导，例如在用人单位内部建立职工诉求机制或成立职工诉求接待中心等，通过用人单位职工代表大会向用人单位高层反映职工诉求；另一方面，相关政府机构应积极运用其法律资源维护职工的合法权益，合理引导职工诉讼维权，如设立法律援助站、法律热线等。

精选案例

深圳市坪山新区建立劳资纠纷联动预防机制

首先，信息化主导，智囊机构助力。

一是通过量化分析方式设计劳动关系评价体系，以政府、企业、劳动者视角设计出三套科学的调查问卷，在数据输入、问卷调查的基础上使用计算机系统统计数据结果并形成评估报告。

二是中国社科院及深圳大学作为智囊机构在评价体系资料基础上，分析劳资合作与劳资整合的形成机制、劳资矛盾的根源、劳资关系和谐企业的先进经验等，构建理论模型，总结劳动关系与产业之间关系，探索建立适合产业型功能区的预防劳资纠纷路径，同时为新区产业结构调整、升级提供可靠建议。

其次，动态监测，准确预测。

最后，用好一张网络。加强与“织网工程”对接工作，提升劳资纠纷调解信息化服务水平。以坪山新区劳动关系评价指标体系为依托，以评价报告为指引，引入专业社会组织为评价报告中发现的企业“软问题”，做实劳资纠纷预防出“药方”，将社会组织的“柔性服务”与政府的“刚性管理”相结合，将劳资纠纷化解在萌芽状态，服务企业劳资关系。

三、集体劳动争议预防的措施

（一）预警防范

预警防范主要包括三个环节：排查、评估和预警。

1. 建立劳动关系重大问题的信息排查网络

“防”在“治”先，从源头介入，促进企业用工更加规范、劳动关系协调制度更加健全，及时化解劳动关系苗头性、倾向性问题，有效防范重大恶性劳资纠纷，是减少劳动关系领域不和谐因素的关键。

建立健全劳动关系矛盾信息。例如，北京市要求掌握重点行业动态，严格执行裁员报告制度；昆明市人力资源和社会保障局的相关部门每季度召集一次涉及人力资源社会保障方面的矛盾纠纷排查工作会议，听取劳动信访、仲裁、监察、社会保险经办机构在工作中发现的劳资矛盾纠纷多发用人单位的情况汇报，并将各部门汇报的违法违纪信息进行综合比对，按照案件涉及的多少，按从多到少的顺序排列违纪用人单位名单；江苏省要求建立和畅通信息渠道，及时掌握企业实行平等协商和集体合同制度的情况。

2. 合理评估风险

摸排各方存在的矛盾，要对排摸的劳动关系矛盾纠纷进行风险评估和分级工作，对摸排出来的隐患和问题要进行认真的分析研究。对于重点企业要做到心中有数，要抓紧、抓小、抓苗头，力争从源头上预防和减少突发事件的发生。

例如，昆明市建立了劳资纠纷多发用人单位黄牌警示和红牌干预制度。凡涉及劳资矛盾纠纷的用人单位，人力资源社会保障部门应当加强劳动保障政策法规宣传，规范用人单位用工管理；对一年内涉及3起以上（含）违法情形严重、影响恶劣案件的用人单位，实行黄牌警示，不予通过劳动保障执法年审，并督促其限期整改；对限期不改的，实行红牌干预，记入劳动保障不诚信企业名单，并通报人力资源社会保障部门依法查处。

3. 建立预警和预报制度

要加大对重点地区和重点企业的监控力度，对于排查出来的高风险用人单位，要有应对解决策略。要形成有针对性的预警制度，对一些可能引发群体性纠纷的重点监控企业，应进行主动预报，必要时主动出击，遏制突发事件的苗头。

（二）强化外部监督检查

来自外部的监督检查，是预防集体劳动争议发生的重要手段。可以采取的做法主要包括：

（1）将企业建立和执行劳动标准的情况作为劳动保障监察、劳动用工年检的重要内容，加强执法监督。对企业违反劳动标准的行为，及时依法予以纠正。

（2）开展协调劳动关系三方联合检查，推动并积极参与人大、政协等就劳动标准实施工作开展监督检查和巡视。

（3）发挥激励和约束机制的导向作用。将企业履行劳动标准的情况列入社会信用体系，并作为和谐劳动关系企业评价的条件之一。通过社会联合激励和约束措施引导企业履行集体合同。

四、协调劳动关系三方机制

以国际劳工组织的三方协商组织原则为基础，许多国家都设立了不同类型的三方协商组织机构，采取适合本国实际情况的运作方式，实现三方机制协调劳动关系的职能。我国的协调劳动关系三方机制是通过协调劳动关系三方会议制度来具体实现的。

（一）概述

“三方机制”是近百年来在西方国家逐步形成并推广的一种社会关系和企业劳资关系协调机制。三方机制在调解社会矛盾，解决劳资冲突方面发挥着重要作用，成为各国协调劳资关系、处理劳资纠纷的共同准则。

过去十余年中，我国在建设协调劳动关系三方机制上取得了巨大成就，实现了三方机制从无到有、从浅到深、从点到面的重大突破。2001 年 8 月通过的《关于建立国家协调劳动关系三方会议制度的意见》，标志着国家级协调劳动关系三方会议制度正式建立。随后几年间陆续出台的《工会法》《劳动合同法》《关于建立健全劳动关系三方协调机制的指导意见》等一系列劳动法律法规同样要求在全国各地区建立三方协调机制，共同研究劳动关系方面的重大问题。至此，中国劳资关系调整的三方机制已经在各层级基本建立，三方机制的网络框架基本形成。

（二）三方会议工作原则

我国协调劳动关系三方会议遵循以下工作原则。

1. 合法、公正、及时原则

在三方协商过程中，要以国家法律、法规为依据，要以符合国家政策和法律为前提，所有的政策和规则必须合法；在协调过程中要公正、公平，不能有袒护任何一方的行为；三方协商要及时、迅速，不能久议不决。

2. 相互理解、信任、支持、合作原则

在我国，协调劳动关系三方机制各方的根本利益是一致的，这就是发展社会生产力，不断满足人民群众日益增长的物质文化生活需求。因此，在协调的过程中，要以维护各方利益为出发点，要相互理解、相互信任和相互支持，采取合作的态度，这样才能使三方机制得以正常运作。三方协商中，各方都必须考虑对方意见和共同利益，相互理解、相互妥协，以促进用人单位和员工共同发展为目标，不能以损害对方利益为条件。协商中，劳资双方任何一方不得有过激行为，不得互相攻击和采取不合作态度。

3. 兼顾国家、企业、职工三方利益原则

协调劳动关系要注重兼顾国家、企业和职工三方利益，任何决策不能损害国家利益，同样也不能损害企业集体和职工个人利益，这是三方协商的出发点和前提条件。

4. 平等协商原则

三方代表以平等的身份参加民主协商，并做到利益兼顾，共同发展。任何一方不能凌驾于其他方之上，这是保证协商能够顺利进行的重要条件。

（三）三方机制的运行规则

我国国家级三方会议制度对三方的协商规则和程序作了如下规定：

（1）三方会议原则上每四个月召开一次。如有需要，可临时召开。

（2）三方会议的例会轮流在三方机关或其他地点召开。每次召开会议前两周，各方向三方会议办公室提出议题，办公室将各方确定的议题报告给会议主席和副主席。临时会议召开的时间、地点、议题等，由提议方提出并由办公室与另两方协商确定。会议由主席或主席委托副主席主持。

(3) 每次召开三方会议，指定专人记录并形成会议纪要。根据议题的重要程度，可将会议纪要上报或下发。

各地的三方机制运行模式，基本遵循了国家级三方会议制度对三方协商规则和程序的规定。一些地区还结合当地的实际情况，进行了创新。上海市把日常管理、人员培训、信息发布、紧急约见、监督巡视、定期汇报作为三方机制的基本制度；大连市三方协调机制建立了定期例会、定期检查、定期报告、信息通报、工作部门碰头会、重大争议协商会等六项制度。

(四) 三方协商的职责和内容

三方机制的任务是组织三方代表共同讨论经济和社会政策，讨论涉及劳动关系的重大问题，就有关劳动关系问题达成一致意见，为政府制定和颁布劳动关系政策、法律与法规服务。

1. 职责任务

我国协调劳动关系三方会议制度的职责任务有以下五项：(1) 研究分析经济体制改革政策和经济社会发展计划对劳动关系的影响，提出政策意见和建议；(2) 通报交流各自协调劳动关系工作中的情况和问题，研究分析劳动关系状况及发展趋势，对劳动关系方面带有全局性、倾向性的重大问题进行协商，形成共识；(3) 对制定并监督实施涉及调整劳动关系的法律、法规、规章和政策提出意见及建议；(4) 对地方建立三方协调机制和企业开展平等协商、签订集体合同等劳动关系协调工作进行指导、协调，指导地方的劳动争议处理工作，总结推广典型经验；(5) 对跨地区或在全国具有重大影响的集体劳动争议或群体性事件进行调查研究，提出解决的意见和建议。

2. 协调内容

三方协调的内容主要有以下七项：(1) 推进和完善平等协商、集体合同以及劳动合同制度；(2) 企业改制改组过程中的劳动关系；(3) 企业工资收入分配；(4) 最低工资、工作时间和休息休假、劳动安全卫生、女职工和未成年工特殊保护、生活福利待遇、职业技能培训等劳动标准的制定和实施；(5) 劳动争议的预防和处理；(6) 雇员民主管理和工会组织建设；(7) 其他有关劳动关系调整的问题。

3. 三方机制的实践

截至 2019 年 3 月，国家协调劳动关系三方会议已召开 24 次，就解决当前劳动关系中带有全局性、倾向性的一些重大问题进行协商，达成共识，并形成文件和经验材料，指导地方开展协调劳动关系工作。三方会同有关部门共同制定并下发了《关于建立健全劳动关系三方协调机制的指导意见》《关于进一步推行平等协商和集体合同制度的通知》《关于加强兼职劳动仲裁员队伍建设有关问题的意见》《关于劳动能力鉴定有关问题的通知》《关于贯彻实施〈集体合同规定〉的通知》《关于进一步推进工资集体协商工作的通知》《关于构建和谐劳动关系的意见》等，共同参与了《劳动合同法》《社会保险法》《企业最低工资规定》《集体合同规定》等法律、法规的制定与修改。为推动三方机制工作的深入开展，国家三方共同或独立开展了多次国内调研活动，对北京、上海、广东、福建、江西等全国大部分省和市、县推进三方机制的建设情况进行摸底，解决当地在协调劳动关系工作中存在的实际问题，及时总结地方工作经验，树立典型，为各地更好地开展协调劳动关系三方机制工作提供借鉴。

各地省、市级三方根据实际情况，联合出台了一些对推动地方三方机制工作、贯彻劳动合同和集体合同、加强兼职劳动仲裁员队伍建设等方面的文件，如《上海市外来从业人员综合保险暂行办法》《江西省职工代表大会条例》《江西省企业劳动争议处理实施办法》《陕西省企业工资支付条例》《北京市工资支付规定》《北京市集体合同条例》《福建省企业女职工劳动保护条例》《厦门市企业工资支付条例》《山西省劳动合同条例》《山西省职工劳动权益保障条例》《黑龙江省集体合同条例》《安徽省劳动合同条例》等。这些劳动法规和条例的实施，不仅保护了职工合法权益，而且规范了企业用工，促进了企业可持续发展。各省三方机制还在调整劳动仲裁委员会，落实、完善劳动仲裁三方原则，加强对兼职劳动仲裁员培训、管理，提高兼职劳动仲裁员办案参与率等方面发挥了重要作用。

五、中国情境下的和谐劳动关系治理体制

新中国成立以来，以改革开放为标志，中国的劳资冲突管理机制经历了两个截然不同的发展阶段：第一阶段的典型代表是“鞍钢宪法”，集中体现了社会主义特质和本土特色的企业经济民主思想；第二阶段是在市场经济条件下在社会宏观层面上建立协商民主。2015 年 3 月《关于构建和谐劳动关系的意见》下发，将我国劳动关系工作的要点总结为

依法保障职工基本权益、健全劳动关系协调机制、加强企业民主管理制度建设、健全劳动关系矛盾调处机制、营造构建和谐劳动关系的良好环境等。

首先，构建和谐劳动关系过程中要保证中国特色的党政领导体制，不应当简单套用西方集体谈判理论，脱离党委和政府谈工会。要在党和政府主导的维护职工权益机制中发挥工会的特点和优势，具体体现为加快健全党委领导、政府负责、社会协同、企业和职工参与、法治保障的工作体制。

其次，中国工会存在双重角色甚至多重角色。“既维护职工利益又维护全国总体利益”“既代表职工又代表党和政府”的双重角色决定中国劳资关系调节机制不会采用西方的三方协调机制，在研究中不能简单将西方工会相关的概念、职责、理论简单套用在我国工会上。

最后，中国存在形式多样而内涵统一的企业民主管理与冲突解决机制。在公有制企业领域，工会组织建设的主要任务是组织的完善、职能的落实和民主要素的增进；但是在非公有制企业中，工会组织建设工作或者说企业民主的建立工作还不够充分，目前基本任务是组建工会与扩充会员。在工作场所民主管理、化解劳资纠纷的理念与制度扩展到类型更广泛的企业中时，主要的体现形式有团队自主管理机制、职工代表大会、共同治理制度、员工持股计划等。

本章小结

劳动争议是多种原因共同作用造成的，社会经济总体运行环境、劳动关系双方不同的利益追求、劳动合同和集体合同履行不规范、对劳动关系运行监管不足分别是产生劳动争议的客观原因、根本原因、直接原因与间接原因。

劳动争议的预防，通常是指劳动行政机关、企业主管部门、工会以及劳动争议处理机构依照相关法律法规，事先采取各种有效措施，积极防范和制止劳动争议发生的活动。劳动争议的预防有利于：(1) 保护员工的合法权益，增加员工福利；(2) 用人单位经济效益的提高和用人单位的发展；(3) 降低争议解决的成本；(4) 保持劳动关系的和谐、稳定。有效的劳动争议预防需要政府、有关部门、用人单位以及职工等多方采取措施并作出努力。

我国的协调劳动关系三方机制是通过协调劳动关系三方会议制度来具体实现的，三方会议的工作遵循：(1) 合法、公正、及时原则；(2) 相互理解、信任、支持、合作原则；(3) 兼顾国家、企业、职工三方利益原则；(4) 平等协商原则。

中国情境下的和谐劳动关系治理要保证中国特色的党政领导体制、掌握中国工会存在的双重角色或多重角色、建立健全企业民主管理与冲突管理机制。

关键词

劳动争议　原因　预防　三方机制

复习与思考题

1. 劳动争议产生的原因有哪些?
2. 劳动争议预防的意义是什么?
3. 劳动争议预防的措施有哪些?
4. 三方会议有什么工作原则?
5. 如何在中国情境下进行劳动关系治理?

实践前沿

人力资源社会保障部对政协十三届全国委员会第一次会议第1971号（社会管理类170号）提案的答复

您提出的关于加强和创新劳动关系三方机制建设，尽快实现劳动关系三方机制实体化的提案收悉，经商中央编办、财政部、全国人大常委会法工委、全国总工会、全国工商联，现答复如下。

一、关于推进三方机制建设

国家高度重视协调劳动关系三方机制建设。2001年，根据有关国际公约并借鉴国际经验，在劳动关系领域建立了国家层面的三方社会对话渠道和协调机制，即国家协调劳动关系三方会议制度，之后逐步建立起国家、省级、地市级、县级和街道、乡镇（社区）五级三方机制组织体系。为充分发挥专家学者在开展研究、提供咨询方面的作用，全国协调劳动关系三方会议还成立了工资等专业咨询委员会，由相关领域知名专家担任委员会成员。2015 年中共中央、国务院印发《关于构建和谐劳动关系的意见》，进一步提出要建立健全由人社部门会同工会和企联、工商联等企业代表组织组成的三方机制，共同研究解决劳动关系重大问题。截至 2017 年 9 月底，全国共有各级三方机制组织 22 185 个，其中省级 32 个，地市级 364 个，县级 2 564 个，街道（乡镇）和工业园区三方机制 15 282 个。20 个省（区、市）成立了协调劳动关系三方委员会。但正如您所说，我国的三方机制建设与协调劳动关系的要求还不相适应，有关法律规定过于原则，三方协调范围较窄、工作制度不健全、机制运行不够规范，专业委员作用发挥不足等。下一步，我们将按照党的十九大报告提出的完善政府、工会、企业共同参与的协商协调机制的要求，会同有关部门指导各地进一步加强三方机制建设，完善工作机制，健全工作制度，推进专业委员会建设，更好发挥三方机制在构建和谐劳动关系中的作用。

关于您提出的推进三方机制实体化的建议，根据机构编制工作实行中央统一领导、地方分级管理的体制，应由地方党委、政府结合本地实际研究确定。

二、关于保障三方机制工作经费

目前，我国三方机制运行的基本形式是会议制。三方对劳动关系方面的重大问题，定期或不定期召开会议进行研究，共同商议解决问题的办法和措施。三方会议办公室设立在各级人力资源社会保障部门，负责日常事务。三方会议及其办公室工作经费通常列入财政预算。下一步，财政部将会同有关部门根据三方机制组织机构建设情况，研究完善三方机制经费保证措施，确保三方机制正常运行。

三、关于加强三方机制法制建设

当前，我国《劳动合同法》《劳动争议调解仲裁法》《工会法》对三方机制作出了相应规定。《劳动合同法》第五条规定，县级以上人民政府劳动行政部门会同工会和企业方面，建立健全协调劳动关系三方机制，共同研究解决有关劳动关系的重大问题。《劳动争议调解仲裁法》第八条规定，县级以上人民政府劳动行政部门会同工会和企业方面代表建立协调劳动关系三方机制，共同研究解决劳动争议的重大问题。《工会法》第三十四条规定，各级人民政府劳动行政部门应当会同同级工会和企业方面代表，建立劳动关系三方协商机制，共同研究解决劳动关系方面的重大问题。对于您提出的加强法制建设，确立三方机构法律地位并赋予明确职能等具体建议，全国人大法工委将会同有关方面进一步认真研究，在修改完善相关法律时统筹考虑。

感谢您对人力资源和社会保障工作的理解和支持。

人力资源社会保障部

2018年9月30日

资料来源：人力资源社会保障部对政协十三届全国委员会第一次会议第1971号（社会管理类170号）提案的答复．（2018-09-30）．http：//www.mohrss.gov.cn/gkml/zhgl/jytabl/tadf/201812/t20181210_306572.html.

第 4 章

劳动保障监察

学习目标

学完本章后，你应该能够：

- 了解劳动保障监察制度。
- 熟悉劳动保障监察的职责。
- 掌握劳动保障监察的原则。

开篇引例

用人单位不得无理阻挠劳动保障监察

某市劳动保障监察大队在常规巡视检查中发现某饭店存在擅自招用外来劳动力、不签订劳动合同等劳动违法行为，并向其下达了限期改正指令书。但该店以业务太忙为由推托搪塞，在限期内没有采取任何整改措施。为维护法律的严肃性，该市劳动局对其无理阻挠劳动保障监察行为作出罚款决定。该饭店收到处罚决定书后，在规定的期限内既不缴纳罚款，也不申请行政复议或提起行政诉讼。该市劳动局向人民法院申请强制执行，收缴了罚款及因到期不缴纳罚款的加处罚款。

【评析】

劳动保障监察是劳动保障行政部门依法对用人单位遵守劳动和社会保

障法律法规的情况进行监督检查，对违法行为进行制止并给予处罚的劳动保障行政执法行为。根据《劳动法》第八十五条，劳动行政部门向存在劳动保障违法行为的用人单位下达限期改正指令书是其行使法律赋予的劳动保障监察权的一种基本方式，用人单位必须严格按照限期改正指令书的期限和内容进行整改，无正当理由逾期不进行整改就是无理阻挠劳动行政部门行使劳动保障监察权。第一百零一条规定，用人单位无理阻挠劳动行政部门、有关部门及其工作人员行使监督检查权，打击报复举报人员的，由劳动行政部门或者有关部门处以罚款。因此本案中劳动局对某饭店的行政处罚是完全合法的。

本案中某饭店拒不缴纳罚款是违反《行政处罚法》的行为。《行政处罚法》第四十六条规定，当事人应当自收到行政处罚决定书之日起十五日内，到指定的银行缴纳罚款。对于当事人逾期不履行罚款处罚决定的，《行政处罚法》规定，作出行政处罚决定的行政机关可以每日按罚款数额的百分之三加处罚款。

资料来源：用人单位不得无理阻挠劳动保障监察．(2004－03－11). http：//china. findlaw. cn/info/case/ldal/5688. html.

第1节 劳动保障监察制度概述

劳动监察制度是监督检查劳动基准实施情况、保障劳动者基本权利的主要方式。根据国际劳工组织《劳动监察公约》的规定，劳动监察包括职业卫生、劳动安全和劳动关系三个方面的监督检查职能。在我国，上述三项职能分别由职业卫生监察部门、安全生产监察部门和劳动保障监察部门三个机构行使。

自1993年以来，我国逐步建立了劳动保障监察制度。2004年11月1日，国务院发布了《劳动保障监察条例》，劳动保障监察的法律依据从部门规章上升为行政法规，标志着我国的劳动保障监察进入了一个新的发展阶段。《劳动保障监察条例》的颁布实施确立了劳动保障监察工作在维护劳动者合法权益、构建社会主义和谐社会方面的重要地位，规范了劳动保障监察程序，提升了劳动保障监察能力，推动了劳动保障监察工作的制度创新，促进了劳动保障法律法规和国家劳动标准的贯彻落实。

一、劳动保障监察的实施者

（一）劳动保障监察机构

我国各层级劳动保障监察机构包括中央、省级、地（市）级和县（区）级四级架构，县以下为分支机构，一般不再设立单独的劳动保障监察机构。

中央一级是在人力资源和社会保障部下设劳动监察局，根据国务院办公厅《人力资源和社会保障部主要职责内设机构和人员编制规定》，其职责为：拟订劳动监察工作制度；组织实施劳动监察，依法查处和督办重大案件；指导地方开展劳动监察工作；协调劳动者维权工作，组织处理有关突发事件以及承担其他人力资源和社会保障监督检查工作。

各省、自治区、直辖市是在该级政府人力资源和社会保障厅（或局）下设劳动监察处或劳动监察局。在劳动监察行政机构之外，有些省还设立了事业单位性质的劳动保障监察总队作为受委托的劳动保障监察执法机构，具体负责监察执法工作。

各县（区）级人民政府的人力资源社会保障行政部门一般不设立独立的劳动监察部门，而是将劳动监察和法制等相关职能放在一个部门内。具体的劳动保障监察执法活动则委托事业单位性质的劳动保障监察大队执行。目前全国很多地区在县以下设立分支机构，即在街道、乡镇依托于劳动保障所设立劳动保障监察中队。

（二）劳动保障监察人员

根据《劳动保障监察条例》的规定，劳动保障监察员分为两类，分别是专职劳动保障监察员和兼职劳动保障监察员，此外，还有劳动保障法律监督员和劳动保障监察协管员作为监察工作的辅助力量。专职劳动保障监察员是劳动保障行政部门专门从事劳动保障监察工作的人员，依法能够行使法律赋予劳动保障监察人员的全部监督检查职权。兼职劳动保障监察员是劳动行政部门内部，非专职从事劳动保障监察工作的人员，即劳动行政部门中，劳动关系、社会保险、就业管理、职业培训等其他职能机构的工作人员，主要负责与其业务有关的单项监察。须对用人单位处罚时，应会同专职劳动保障监察员进行。劳动保障法律监督员是指县级以上人力资源社会保障行政部门，从有关政府部门和工会、妇联、共青团、新闻单位、企业等单位的工作人员、新闻工作者、劳资管理人员中聘请的，对劳动保障法律法规贯彻实施情况进行监督的人员。劳动保障监察协管员是指各地协助劳动监察机构进行监督管理的非正式人员。这些人员通常是利用公益性岗位招用的就业困难人员或大中专毕业生，其主要工作职能通常是街道乡镇或社区村组等劳动保障监察机构未能完全覆盖的区域，从事用人单位信息采集、法律宣传和提供咨询服务等工作，是劳动保障监察员了解用人单位执行劳动法律法规情况最基础、最直接的信息来源。

二、劳动保障监察的方式

劳动保障监察的方式主要有三种：主动监察、投诉举报和特别监察。主动监察是指人力资源社会保障行政部门按照其职权，根据工作计划安排，对用人单位遵守劳动保障法律、法规和规章情况进行检查的行政执法活动。主动监察包括日常巡视检查、书面审查和专项检查等三种方式。投诉举报是我国劳动保障监察发现用人单位违法行为的重要方式之一。特别监察是指基于案件性质、社会影响等因素按照专门工作要求实施的劳动保障监察方式，主要是对于重大劳动保障违法案件的查处和报告制度。重大劳动保障违法案件一般是指“违法性质恶劣、情节严重、社会危害性极大、社会影响极坏”的重大违反劳动保障法律法规的案件。上一级人力资源社会保障行政部门视情况参与下级劳动监察机构的重大案件查处。对在全国范围有重大影响的重大案件，人力资源和社会保障部负责指导、协调和监督。

三、劳动保障监察处理程序

（一）立案

劳动保障监察立案是人力资源社会保障行政部门决定对劳动保障监察案件进行调查处理的活动，是案件调查处理开始的标志，是每个案件处理都应经过的法定阶段。

劳动保障监察案件主要有三个来源渠道：一是人力资源社会保障行政部门在开展日常巡视检查、专项执法检查和审查用人单位报送的书面材料等主动执法时发现的违法行为；二是接受举报投诉获得的违法线索；三是上级机关交办、有关部门移送、下级机关报送的用人单位违反劳动保障法律法规或者规章行为的材料反映的违法问题。

（二）调查与检查

违反劳动保障法律法规或者规章行为立案后，人力资源社会保障行政部门应按规定指派监察人员对案件进行调查和检查。

（三）处罚与处理

人力资源社会保障行政部门在法律规定期限内调查完成后，应当根据调查的事实和相关的法律规定，对案件作出相应的行政处罚和处理。

（四）执行

根据《行政处罚法》的规定，行政处罚决定依法作出后，当事人应当在行政处罚决定的期限内予以履行。当事人对行政处罚决定不服申请行政复议或者提起行政诉讼的，行政处罚不停止执行，法律另有规定的除外。

根据最高人民法院的司法解释，如果用人单位不服行政处理决定和行政处罚决定，在法定期限内不申请行政复议或不起诉，又不履行的，人力资源社会保障行政部门可根据有关规定，在决定起诉期限届满之日起180日内向人民法院申请强制执行。

（五）相对人的权利保护与救济措施

相对人的权利保护与救济措施包括申请听证、申请行政复议和提起行政诉讼。

第2节 劳动保障监察的职责和范围

一、劳动保障监察的职责

（1）宣传劳动保障法律法规和规章，督促用人单位贯彻执行。

宣传相关法律法规，增强劳资双方的法律意识，提高其对法律规定的应用能力，是劳动保障监察重要的工作职责之一。每一名劳动保障监察员不仅是劳动保障法律法规和规章的执行者，同时也是劳动保障法律法规和规章的宣传者。我国各级人力资源社会保障行政部门以及劳动保障监察机构除了广泛利用新闻媒体进行宣传以外，还通过开办用人单位法定代表人和人力资源管理人员培训班、提供咨询服务、曝光严重违法行为、发放宣传手册等多种方式进行宣传。例如，江苏省规定，每年在向用人单位发放年检通知的同时，需将省劳动保障监察机构统一编写的《用工手册》发到用人单位，告知用人单位雇用劳动者时应遵守的法律法规和注意事项。

(2) 检查用人单位遵守劳动保障法律法规和规章的情况。

劳动保障监察作为行政执法者，其基本职责之一，就是通过日常主动巡视监察、突击性和常规性专项检查、审查用人单位按照要求定期或不定期报送的书面材料等各种检查方式，了解用人单位遵守劳动保障法律法规和规章的情况，及时发现违反劳动保障法律法规或者规章的行为。

(3) 受理举报、投诉。

依法受理和查处对违反劳动保障法律法规或者规章行为的举报、投诉，既是人力资源社会保障行政部门实施劳动保障监察的一项重要职责，也是实施劳动保障监察的主要方式之一。

举报是指公民或者单位发现用人单位存在违反劳动保障法律法规或者规章的行为，向劳动保障监察机构检举、报告，要求依法查处违法行为、追究违法责任。受理举报是中国劳动保障监察机构扩大监察视野，动员全社会的力量监督用人单位遵守法律情况的重要方式。按照《劳动保障监察条例》的要求，各级人力资源社会保障行政部门应当依法受理对违反劳动保障法律法规或者规章行为的举报，并根据举报所提供的信息和线索的真实性和重要性，有计划地实行重点监察、调查。

投诉是指劳动者认为用人单位违反劳动保障法律法规或者规章，侵害了其合法权益，向人力资源社会保障行政部门投诉，寻求保护或救济。投诉与举报的区别在于，举报人不一定是违法行为的受害人，而投诉人是违法行为的受害人。对于符合法定条件的投诉，人力资源社会保障行政部门依法受理，并进行调查处理。

(4) 依法纠正和查处违反劳动保障法律法规或者规章的行为。

依法纠正和查处违反劳动保障法律法规或者规章的行为，是指人力资源社会保障行政部门实施劳动保障监察时，对发现的违反劳动保障法律、法规、规章的行为依法责令改正、作出行政处理或者行政处罚，这是劳动保障监察维护劳动保障法律法规和规章的尊严，切实维护劳动者合法权益的重要职能。

二、劳动保障监察的事项范围

劳动保障监察事项包括用人单位规章制度制定及执行，劳动合同订立和解除，禁止使用童工，女职工和未成年工特殊劳动保护，工作时间和休息休假，劳动者工资支付和最低工资标准执行，社会保险参加和缴费，职业中介、职业技能培训及职业技能考核鉴定、其他劳动保障监察事项等方面的内容。

(1) 用人单位制定和执行内部劳动保障规章制度的情况。

用人单位规章制度是用人单位根据其经营管理的需要制定的，有关行政管理、生产操作、工作时间、工资福利等方面的各种规则、章程和制度的总称，是具体确定劳动者和用人单位权利义务的规定。根据《劳动合同法》的规定，人力资源社会保障行政部门应依法对用人单位制定的直接涉及劳动者切身利益的规章制度及其执行情况进行监督检查，发现直接涉及劳动者切身利益的规章制度违反法律法规规定的，由人力资源社会保障行政部门责令改正，给予警告。

(2) 用人单位与劳动者订立和解除劳动合同的情况。

根据《劳动合同法》及其实施条例、《劳动保障监察条例》等的规定，人力资源社会保障部门依法对用人单位与劳动者订立和解除劳动合同的情况进行监督检查。

(3) 用人单位遵守禁止使用童工规定的情况。

根据《劳动法》《禁止使用童工规定》等法律法规的规定，人力资源社会保障行政部门负责禁止使用童工规定执行情况的监督检查。在我国，童工是指用人单位招用的不满 16 周岁的未成年人。

如果用人单位使用童工，由人力资源社会保障行政部门按照每使用 1 名童工每月处 5 000 元罚款的标准给予处罚，并责令用人单位限期将童工送回原居住地交其父母或者其他监护人；逾期不送交的，从责令限期改正之日起，按照每使用 1 名童工每月处 1 万元罚款的标准处罚，并由工商行政管理部门吊销其营业执照或者由民政部门撤销民办非企业单位登记；用人单位是国家机关、事业单位的，由有关单位依法对直接负责的主管人员和其他直接责任人员给予行政处分或者纪律处分。单位或者个人为不满 16 周岁的未成年人介绍就业的，由人力资源社会保障行政部门按照每介绍1人处5 000元罚款的标准给予处罚。此外，用人单位未按照规定保存录用登记材料，或者伪造录用登记材料的，每发现1人（件）次处1万元罚款。

（4）用人单位遵守女职工和未成年工特殊劳动保护规定的情况。

我国对女职工和未成年工实行特殊劳动保护。《劳动法》《未成年人保护法》《未成年工特殊保护规定》《女职工劳动保护规定》《女职工禁忌劳动范围的规定》等法律法规和规章对女职工和未成年工禁忌从事的劳动范围，女职工经期、孕期、产期、哺乳期的特殊保护等方面作了明确规定。

根据《劳动法》《劳动保障监察条例》等的规定，用人单位有违反女职工、未成年工特殊劳动保护规定行为的，由人力资源社会保障行政部门责令改正，并按照受侵害的劳动者每人1 000元以上5 000元以下的标准计算，处以罚款。

（5）用人单位遵守工作时间和休息休假规定的情况。

《劳动法》根据我国宪法关于保护劳动者休息权方面的规定，在其第四章对工作时间和休息休假作了具体规定。用人单位遵守工作时间和休息休假规定的情况是劳动保障监察的重要内容之一。根据《劳动法》《劳动保障监察条例》的规定，用人单位违法延长劳动者工作时间的，由人力资源社会保障行政部门给予警告，责令限期改正，并可以按照受侵害的劳动者每人100元以上500元以下的标准，处以罚款。对于不安排职工休年休假又不依法支付年休假工资报酬的，由人力资源社会保障行政部门依据职权责令限期改正；对逾期不改正的，除责令该用人单位支付未休年休假工资报酬外，用人单位还应当按照未休年休假工资报酬的数额向职工加付赔偿金。

（6）用人单位支付劳动者工资和执行最低工资标准的情况。

实施劳动保障监察，应依法对用人单位支付劳动合同约定的劳动报酬和执行最低工资标准的情况进行检查。根据《劳动法》《劳动合同法》《劳动保障监察条例》的规定，对用人单位存在未按照劳动合同约定或者国家规定及时足额支付工资、低于当地最低工资标准支付工资、安排加班不支付加班费等行为之一的，由人力资源社会保障行政部门责令限期支付工资、低于最低工资标准的差额部分或者加班费；逾期不支付的，责令用人单位按应付金额百分之五十以上百分之一百以下的标准向劳动者加付赔偿金。

（7）用人单位参加各项社会保险和缴纳社会保险费的情况。

根据《劳动合同法》《劳动保障监察条例》《社会保险费征缴暂行条例》

等的规定，人力资源社会保障行政部门依法对用人单位参加各项社会保险和缴纳社会保险费的情况进行监督检查，并且对于用人单位在办理社会保险登记、社会保险费申报缴纳等方面的违法行为进行查处。

（8）职业中介机构、职业技能培训机构和职业技能考核鉴定机构遵守有关规定的情况。

（9）其他劳动保障监察事项。

除上述八项职责外，根据《就业促进法》《残疾人保障法》《工会法》等法律、行政法规的规定，劳动保障监察事项还包括：

1）用人单位遵守《工会法》有关规定的情况；

2）用人单位遵守外国人和台港澳居民就业管理规定的情况；

3）用人单位遵守反就业歧视规定的情况。

根据《就业促进法》《劳动合同法实施条例》《就业服务与就业管理规定》等的规定，对用人单位实施劳动保障监察，还涉及在招用人员时是否违反国家有关规定，这其中就包括对于用人单位在招用劳动者时违反就业歧视有关规定情况的监督检查。这里所称的就业歧视情形包括：对于残疾人的歧视行为、对于乙肝病毒携带者的歧视行为以及其他《就业促进法》中规定的就业歧视行为。

为了促进公平就业，保护残疾人劳动者的平等就业权，《残疾人保障法》明确规定“禁止基于残疾的歧视”“国家保障残疾人劳动的权利”，以及“在职工的招用、转正、晋级、职称评定、休息休假、劳动报酬、生活福利、社会保险等方面，不得歧视残疾人”。对于用人单位违反上述规定，在职工的招用、聘用方面歧视残疾人的，人力资源社会保障行政部门有权责令改正。

第3节 劳动保障监察的原则[①]

一、保护劳动者权益的原则

用人单位掌握招收录用权、岗位分配权、工资报酬决定权，劳动者处

① 张建明，等. 劳动标准与劳动监察：政策与实务. 北京：北京大学出版社，2008.

于相对弱势地位。各级政府及劳动行政部门有责任对弱势群体提供法律保护，使他们享有的劳动保障权益得到有效落实，切实保护好劳动者的合法权益。

二、合法原则

劳动保障监察执法主体及权限必须符合条例规定，违反规定的主体或超越权限实施监察都是无效的。实施监察必须正确适用有关法律法规和规章，适用法律错误将会构成实体上的违法，劳动保障监察执法程序也必须符合《劳动保障监察条例》及有关法律规定。实体违法与程序违法都将导致劳动保障监察执法行为无效。

三、公开原则

公开原则要求劳动保障监察执法活动除法律有特殊规定外，应当向社会公开。一是劳动保障监察依据的法律法规和规章都应当公布，未经公布不得作为监察执法依据。二是劳动保障监察的职责及内容应当公开，监察机构的举报、投诉电话、地址等也都应向社会公开。三是监察执法的程序和处理时限要公开。坚持公开原则使劳动保障监察工作不断提高透明度，通过全社会的监督，有助于预防和减少工作中的失误和偏差，规范监察执法行为。

四、公正原则

坚持公正原则主要体现在劳动保障监察执法必须以事实为依据，以法律为准绳，并注意权利与义务、个人利益与国家利益、集体利益之间的平衡。实施监察时应当平等地对待所有行政相对人，不能因地域、性质不同而对行政相对人采取不同的标准。合理行使自由裁量权，严格按照违法情节和损害后果等因素确定具体罚款数额。

五、高效、便民原则

劳动保障监察的高效、便民原则，主要是指在监察执法活动中创造条件，为用人单位和劳动者提供方便快捷的服务，尽可能不影响用人单位正常的生产和经营活动，及时处理违法行为。劳动保障监察机构和人员应做到广泛开辟和畅通举报投诉渠道，提供优质服务，方便劳动者；以属地管辖为主，既便于用人单位报送资料、接受监察，也便于劳动者维权。严格在法定时限内完成监察事项，并尽量缩短时间，提高工作效率。

六、教育与处罚相结合原则

一是不能只处罚不教育。明确处罚的目的是促使用人单位认清违法后果，自觉遵守法律法规。处罚是手段不是目的，不能为处罚而处罚，也不能以罚代管、以罚代教，更不得为个人和小团体利益借处罚牟取私利。对发现用人单位存在违法行为，应予处罚的，也要贯彻说服教育原则，告知违法者违法行为和处罚的法律依据，以便其吸取教训，不再发生此类行为。二是不能只教育不处罚。在监察执法活动中，大力开展法律法规的宣传和普及活动，帮助公民、法人和其他组织知法懂法和自觉守法。但不能用教育代替处罚，只教育不处罚不能产生制止违法行为的理想结果。

七、保障行政相对人权利原则

劳动行政部门作出行政处罚或者行政处理决定前，应当听取行政相对人的陈述和申辩，保障其充分行使权利；对依法需要听证的事项，必须依法告知行政相对人有权提出听证；作出行政处罚决定或者行政处理决定后，应当告知行政相对人依法享有申请行政复议或者提起行政诉讼的权利。劳动行政部门和劳动保障监察员违法行使职权，侵犯用人单位、个人合法权益造成损害的，依法承担赔偿责任。保障行政相对人的权利，能够对行政权力起到制约作用，有助于劳动监察依法行政。

八、监察执法与社会监督相结合原则

在贯彻实施劳动保障法律法规的过程中，需要劳动行政部门与政府有关部门及社会组织相互支持、密切配合，共同推进劳动保障法律监督制度建设。加强工会、妇联、共青团等组织的监督，充分发挥这些组织的劳动法律监督作用；加强新闻监督，曝光违法侵权的用人单位和有关组织，宣传全面落实法律规定、维护职工权益的先进典型，营造守法光荣、违法可耻的社会氛围；发挥群众监督作用，建立举报奖励制度，鼓励劳动者和广大群众举报违法行为，以便及时纠正并依法处理。

本章小结

劳动监察制度是监督检查劳动基准实施情况、保障劳动者基本权利的主要方式。根据国际劳工组织《劳动监察公约》的规定，劳动监察包括职业卫生、劳动安全和劳动关系三个方面的监督检查职能。在我国，上述三项职能目前分别由职业卫生监察部门、安全生产监察部门和劳动保障监察部门三个机构行使。

我国各层级劳动保障监察机构包括中央、省级、地（市）级和县（区）级四级架构，县以下为分支机构，一般不再设立单独的劳动保障监察机构。劳动保障监察员分为两类，即专职劳动保障监察员和兼职劳动保障监察员。劳动保障法律监督员和劳动保障监察协管员是监察工作的辅助力量。劳动保障监察的方式主要包括主动监察、投诉举报和特别监察。劳动保障监察处理程序包含立案、调查与检查、处罚与处理、执行、相对人的权利保护与救济措施。

劳动保障监察的职责包含：(1) 宣传劳动保障法律法规和规章，督促用人单位贯彻执行；(2) 检查用人单位遵守劳动保障法律法规和规章的情况；(3) 受理举报、投诉；(4) 依法纠正和查处违反劳动保障法律法规或者规章的行为。

劳动保障监察的事项范围包括：(1) 用人单位制定和执行内部劳动保障规章制度的情况；(2) 用人单位与劳动者订立和解除劳动合同的情况；(3) 用人单位遵守禁止使用童工规定的情况；(4) 用人单位遵守女职工和未成年工特殊劳动保护规定的情况；(5) 用人单位遵守工作时间和休息休假规定的情况；(6) 用人单位支付劳动者工资和执行最低工资标准的情况；(7) 用人单位参加各项社会保险和缴纳社会保险费的情况；(8) 职业中介机构、职业技能培训机构和职业技能考核鉴定机构遵守有关规定的情况；(9) 其他劳动保障监察事项。

劳动保障监察要遵循保护劳动者权益，合法，公开，公正，高效、便民，教育与处罚相结合，保障行政相对人权利，监察执法与社会监督相结合等原则。

关键词

劳动保障监察　制度　职责　原则

复习与思考题

1. 试述劳动保障监察的实施者与监察方式。
2. 试述劳动保障监察处理的程序。
3. 劳动保障监察的职责是什么？
4. 劳动保障监察有哪些具体的事项范围？
5. 如何理解劳动保障监察的八项原则？

实践前沿

用人单位单方解除劳动合同，是否需提前通知工会

2006 年 10 月 8 日，张某入职某管理公司并担任区域销售总监。在工作中，由于张某工作年限比较长且出于管理需要，在成立北京分公司时，管理公司曾安排张某担任该公司北京分公司负责人。

2014 年 3 月 1 日，管理公司以张某不胜任本职工作为由单方面解除劳动关系。张某认为，自己是北京分公司的工会主席，管理公司解除劳动关系却未提前通知工会解除理由。因此，张某以管理公司违法解除劳动合同为由申请劳动争议仲裁，要求恢复劳动关系。在仲裁过程中，张某出示了工会主席证书，该证书记载自 2011 年 9 月起，张某经民主选举、报上级工会批准，任该公司北京分公司工会主席，并加盖了“北京市工会法人资格登记专用章”。

管理公司认可该证书的真实性、合法性，但否认关联性，主张公司本身并未建立工会，北京分公司工会系非法成立，张某作为北京分公司实际行政负责人，依法不能担任该工会的工会主席。所以，管理公司单方解除张某的劳动合同无须通知北京分公司工会。

仲裁委员会认为，虽然管理公司否认张某提交的工会主席证书的关联性，但是认可此证书的真实性、合法性，故仲裁委员会对该证据予以采信。管理公司主张因张某不胜任岗位而单方面解除劳动关系，但未举证事先将

理由通知张某所在的北京分公司工会，故仲裁委员会依据《劳动争议调解仲裁法》第六条之规定，认可张某有关管理公司未事先通知工会的主张。因此，管理公司单方面解除劳动关系的行为违反了《工会法》第二十一条、《劳动合同法》第四十三条之规定，系违法解除劳动合同，应根据张某要求，继续履行劳动合同。

【评析】

《工会法》第二十一条明确规定，企业、事业单位处分职工，工会认为不适当的，有权提出意见。企业单方面解除职工劳动合同时，应当事先将理由通知工会，工会认为企业违反法律法规和有关合同，要求重新研究处理时，企业应当研究工会的意见，并将处理结果书面通知工会。职工认为企业侵犯其劳动权益而申请劳动争议仲裁或者向人民法院提起诉讼的，工会应当给予支持和帮助。《劳动合同法》第四十三条规定，用人单位单方解除劳动合同，应当事先将理由通知工会。用人单位违反法律、行政法规规定或者劳动合同约定的，工会有权要求用人单位纠正。用人单位应当研究工会的意见，并将处理结果书面通知工会。

本案中，张某作为管理公司的职工，其参加了该公司北京分公司工会并任工会主席，而该公司作为张某的用人单位，在单方面解除劳动关系前，是否应当通知张某所在的北京分公司工会？

实际上，管理公司与北京分公司属于总公司与分公司之间的关系。虽然该公司自身并未建立工会，但是安排张某担任北京分公司负责人，所以理应了解北京分公司工会的基本情况。在此种情况下，该公司却未事前通知北京分公司工会解除理由，因此，该解除行为应当撤销。

资料来源：案例｜用人单位单方解除劳动合同，是否需提前通知工会？.（2019－10－29）. http://www.mohrss.gov.cn/tjzcgls/TJZCdianxingal/201710/t20171029_280258.html.

第 5 章

劳动争议协商

学习目标

学完本章后，你应该能够：

- 理解劳动争议协商的概念、类型与作用。
- 理解劳动争议协商的特征和原则。
- 掌握劳动争议协商的实施程序与步骤。
- 掌握和解协议的法律效力和救济途径。
- 理解劳动争议协商、调解、仲裁与诉讼的关系。

开篇引例

合法合理调整工作岗位和地点，不属于未按约定提供劳动条件

孙某于 2014 年 7 月 1 日入职某模具公司，双方订立了无固定期限劳动合同，约定孙某的工作地点为北京，岗位为“后勤辅助岗”，具体工作内容为“事务、预算管理和领导安排的其他工作”，并约定模具公司可以根据生产经营的需要及孙某的工作能力和表现等，调整其工作岗位、工作内容及工作地点。入职后，孙某被安排在模具公司位于某城区的开发中心从事财务、人事等辅助性工作。2016 年 7 月，基于公司生产经营需要，为了减轻各部门的工作负担，模具公司将由各部门承担的财务工作统一转回公司财务部管理。据此，孙某办理了开发中心全部财务凭证的交接。模具公司与孙某沟通协商，提出安排其到开发中心其他岗位工作，但被孙某拒绝。后模具公司安排孙某到位于另一城区的公司总部从事人事相关工作。2017年1月，孙某提出仲裁申请，要求模具公司按照劳动合同的约定提供劳动条件，在原岗位及原工作地点履行劳动合同。

仲裁委员会审理后认为，双方在劳动合同中约定模具公司可以根据生产经营的需要及孙某的工作能力和表现等，调整其工作岗位、工作内容及工作地点，模具公司基于财务统一管理的需要对其工作岗位和工作地点进行调整，调整时亦与孙某进行了沟通协商，并给出几个方案供其选择，其中包括原工作地点的其他岗位，但均遭到拒绝；调整后的人事岗位与孙某原先的岗位均属于从事后台或辅助工作，该岗位调整本身对孙某不具有侮辱性或歧视性；从实际履行情况来看，孙某完全能够胜任新的岗位；调整后的工作地点亦同样位于北京城区，且处于商业繁华区域，公共交通系统较为便利，虽然较之前上下班时间有所增加，但不足以认定侵害了其合法权益，故裁决驳回了孙某的仲裁请求。

因此，工作岗位和地点并非完全不可变更，合法合理进行调整劳动者应接受。按照《劳动合同法》的规定，用人单位与劳动者协商一致，可以变更劳动合同约定的内容。虽然用人单位与劳动者在劳动合同中约定可对工作岗位及工作地点进行调整，但调整前应当综合考虑用人单位经营必要性、目的正当性，调整后的岗位对劳动者不具有侮辱性或歧视性，调整后的岗位为劳动者所能胜任、工资待遇无不合理的变化、调整后的工作地点对劳动者的生活无明显不利的影响或采取相应的弥补措施等。如果上述调整符合合法性及合理性要求，则劳动者应当接受。

资料来源：郝江．京人社局发布2018年劳动争议十大典型案例．(2018-10-23). https：//new.qq.com/omn/20181023/20181023F1CNON.html? pgv_ref=aio2015&ptlang=2052.

从经济学角度看，成本最低的纠纷解决方式是争议当事人通过协商自行解决争端。具体到劳动争议领域，最有效率的解决方式就是通过协商来化解劳动争议，这也是在我国劳动争议处理体制中设立劳动争议协商制度的初衷。

第1节 劳动争议协商概述

一、劳动争议协商的概念

劳动争议协商是指劳动者与用人单位为解决劳动争议，通过平等自愿、互谅互让的沟通商谈，在认清事实、明辨是非的情况下，化解矛盾达成共识的过程。双方当事人这种自主化解争议的方式，是当事人解决争议的首要途径，并贯穿争议处理全过程。

《劳动争议调解仲裁法》第四条规定，发生劳动争议，劳动者可以与用人单位协商，也可以请工会或者第三方共同与用人单位协商，达成和解协议。第四十一条规定，当事人申请劳动争议仲裁后，可以自行和解。达成和解协议的，可以撤回仲裁申请。由此可见，协商可以贯穿劳动争议处理的各个环节，是一种灵活便利的解决劳动争议的方式。

二、劳动争议协商的类型

（一）个别劳动争议协商

个别劳动者与用人单位之间发生争议而协商解决的，存在劳动关系维持和终结两种情况或前提。一种是在劳动关系维持的情况下，由于用人单位与劳动者还存在管理与被管理的关系，劳动关系的从属性决定了此种个别协商在劳动争议处理上难有很大的作为，此时的“个别协商”与人力资源管理上的“双方沟通”在本质上有相同之处。另一种是在发生劳动争议后，并且在劳动关系终结的情况下，劳动者已经摆脱与用人单位之间管理与被管理的关系，重新获得与用人单位平等的协商地位。

（二）群体性劳动争议协商

我国劳动立法中规定了群体性劳动争议，但是并没有对群体性劳动争议协商作出专门规定。群体性劳动争议协商通常是指由职工一方推选出若干名代表，代表全体发生争议的职工与用人单位进行协商。由于法律法规没有规定相应的协商程序，在代表被推选出来后，代表与用人单位依个别劳动争议协商程序进行协商。

（三）集体合同劳动争议协商

目前，我国对不同时段发生的集体合同劳动争议采取不同的处理制度：在签订集体合同过程中发生争议的，按《劳动法》和《集体合同规定》处理，由当事人双方协商解决，协商不成的，由当地人民政府劳动行政部门组织有关各方协调处理；在履行集体合同过程中发生争议的，按《劳动法》的规定处理，当事人协商解决不成的，可以向劳动争议仲裁委员会申请仲裁，对仲裁裁决不服的，可以自收到仲裁裁决书之日起十五日内向人民法院提出诉讼。上述规定表明，因集体合同的签订和履行而发生的劳动争议，当事人必须进行协商。

三、劳动争议协商的作用

（一）快速解决劳动争议

劳动争议协商并非解决劳动争议的必经程序，选择协商并达成和解协议都必须基于劳动争议双方当事人的自愿。劳动争议发生后，当事人可以在完全自愿的基础上，通过互谅互让，达成一个双方都愿意接受的和解协议，然后分别履行协议的内容。以协商的方式处理劳动争议，有利于构建和谐的劳动关系，有利于纠纷的迅速解决。以协商的方式解决劳动争议，通常没有第三方参与，不需要经过别人调解，也不需要经过仲裁和诉讼程序，可以大大节省争议双方的时间、财力和精力。

（二）引起时效中断

《最高人民法院关于审理劳动争议案件适用法律若干问题的解释（二）》第一条规定，劳动关系解除或者终止后产生的支付工资、经济补偿金、福利待遇等争议，劳动者能够证明用人单位承诺支付的时间为解除或者终止劳动关系后的具体日期的，用人单位承诺支付之日为劳动争议发生之日。因此，如果用人单位与劳动者因工资争议达成和解协议，用人单位又不履行和解协议的，时效就应从和解协议约定的履行日期开始计算，而不再从劳动争议发生之日起计算。《劳动争议调解仲裁法》第二十七条也规定，仲裁时效，因当事人一方向对方当事人主张权利，或者向有关部门请求权利救济，或者对方当事人同意履行义务而中断。从中断时起，仲裁时效期间重新计算。当事人就劳动争议进行协商，就是“向对方当事人主张权利”的证明。当事人通过协商达成和解协议，就是“对方当事人同意履行义务”的最好证明。因此，争议当事人进行协商，无论是否达成和解协议，都将导致时效的中断。

（三）转化争议性质

《最高人民法院关于审理劳动争议案件适用法律若干问题的解释（二）》第三条规定，劳动者以用人单位的工资欠条为证据直接向人民法院起诉，诉讼请求不涉及劳动关系其他争议的，视为拖欠劳动报酬争议，按照普通民事纠纷受理。因此，用人单位与劳动者因工资产生争议，通过协商达成和解协议，用人单位为劳动者提供欠条的，如果用人单位又不履行和解协议，劳动者可以持欠条直接向法院起诉。这样一来，原来的劳动争议就直接转化为普通民事争议。争议性质的转变将带来两个法律后果：一是劳动者可以越过劳动争议仲裁前置程序，直接按照普通债权债务关系向法院起诉；二是时效不再是《劳动争议调解仲裁法》规定的一年，而是《中华人民共和国民法通则》（以下简称《民法通则》）规定的两年。

（四）和解协议可以作为证据使用

《企业劳动争议协商调解规定》第十一条规定，协商达成一致，应当签订书面和解协议。和解协议对双方当事人具有约束力，当事人应当履行。经仲裁庭审查，和解协议程序和内容合法有效的，仲裁庭可以将其作为证据使用。但是，当事人为达成和解的目的作出妥协所涉及的对争议事实的认可，不得在其后的仲裁中作为对其不利的证据。由此可见，当事人双方通过协商达成的和解协议，在劳动争议仲裁审理阶段可以作为证据使用。

第2节 劳动争议协商的特征和原则

一、劳动争议协商的特征

作为由争议双方自行解决纠纷的重要途径，劳动争议协商的特征包括自愿性、双方性、灵活性以及非选择性等。

（一）协商必须出于当事人双方完全自愿

没有内外压力、自愿是劳动争议协商的基础和前提条件。协商的自愿性主要表现在：通过协商达到消除矛盾、解决争议是当事人双方的共同意愿和要求，是双方主动的自觉行为，不受任何第三方和外界因素的制约和干扰；经协商达成的和解协议是双方意志的体现，由当事人自觉履行。当事人不愿协商或协商不成时，一方不能强迫另一方接受其不愿接受的条件；达成和解协议后，对于和解协议必须由当事人自觉自愿履行，一方不能强迫另一方履行和解协议；当事人不愿协商或者协商不成时，有权自主决定申请调解或仲裁，任何组织或个人无权干涉；如果当事人不是完全自愿的，就不可能进行协商，协商中也难以达成和解，对和解协议也不会自觉履行。

（二）协商应当建立在相互信任和尊重的基础上

相互信任和尊重是当事人协商劳动争议的必要条件。协商能够形成的重要原因之一就在于劳动争议的双方当事人主观上均不想使矛盾扩大，都希望经双方的共同努力，使争议及时、妥善解决，以便以后更好地合作共事。只有双方当事人在协商过程中都能坦诚相见，并做到互谅互让，才有助于对解决争议的主张给予充分尊重，使争议在不伤和气的气氛中合理解决，从而促进双方关系的和谐融洽。因此，在协商过程中当事人只有相互信任和尊重，才能坦诚相见、互谅互让，使争议得到圆满解决。

（三）劳动争议的协商具有灵活性

劳动争议双方可以在法律规定的范围内就争议事项进行协商，只要其协商的事项不违背法律法规的强制性规定即可。也就是说，劳动争议发生后，当事人双方可以自由选择协商的方式、时间、地点，在达成和解协议后虽然要求制定书面的协议书，但不像仲裁、诉讼那样要求特定的制作格式。由于劳动争议的解决事关劳动者的就业和家庭生活，关系到用人单位正常有序的经营活动，因此，灵活简便的协商方式充分体现了柔性化的原则，有利于消除对抗，营造和谐的处理气氛。由于不是法定的劳动争议解决步骤，因此协商也没有严格的程序化规定，劳动争议发生后，当事人双方可即时就具体事项进行协调和商谈，在较短时间内使争议得到妥善解决。

（四）协商不是处理劳动争议的必经程序

协商是处理劳动争议的简易程序，通过协商可以简便、快捷地使一些争议得到解决，有利于企业生产和维护职工利益。国家提倡劳动关系当事人双方发生争议后，首先主动协商，但是协商并不是处理劳动争议的法定必经程序。当事人双方可以自愿协商，国家提倡但不强迫；不愿意协商或者协商不成的，争议一方可以向企业劳动争议调解委员会申请调解，或直接向劳动争议仲裁委员会申请仲裁。对于因签订集体合同发生争议，当事人协商解决不成的，应由劳动行政部门组织有关各方协调处理。

二、劳动争议协商的原则

（一）平等原则

在平等的前提下进行协商是劳动争议协商的重要原则和条件。根据《劳动法》的规定，用人单位和劳动者作为劳动关系的主体，其法律地位是平等的，双方应互为权利与义务。当发生劳动争议并进行协商时，双方都应以平等的态度对待对方，绝不允许给对方施加压力，或以某种手段相要挟。协商劳动争议时应遵循平等原则，劳动争议当事人双方互不从属，没有高低、主次之分，双方法律地位平等。

（二）自愿原则

自愿原则是指劳动争议协商必须以双方当事人自愿为基础。主要表现在双方是否愿意以协商方式解决争议，是否愿意达成和解协议并自愿履行，当事人有不经过协商而申请调解、仲裁乃至诉讼的权利。

（三）合法原则

合法原则是劳动争议处理的基本原则，也是协商的基本原则之一。该原则是指劳动争议协商的当事人必须是符合劳动法律的规定，与该争议有直接利害关系的劳动关系双方，即用人单位和劳动者，当然，劳动者可以要求所在基层工会参与或者协助其与用人单位协商，工会也可以主动参与劳动争议协商的处理，维护劳动者的合法权益。集体合同争议作为劳动争议的一种特殊形式，其主体一方是用人单位，另一方必须是代表劳动者利益的工会或职工代表。

第3节 劳动争议协商的实施

作为劳动争议处理的第一道防线，劳动争议协商有望将大量劳动争议案件化解于用人单位内部。2012年1月1日，《企业劳动争议协商调解规定》施行。该规定针对企业内部劳资双方沟通机制普遍缺失、劳动者的利益诉求表达渠道不畅、企业劳动争议调解委员会作用弱化等比较突出的问题，明确提出建立企业内部劳资双方沟通协商机制，并对协商的主体、方式、时限、效力等也都有细化的明确规定。

一、劳动争议协商的程序

（一）协商前的准备

1. 查明争议事实

劳动争议发生后，负责协商的人员应及时查明争议产生原因、规模、性质等，并对争议可能带来的后果作出判断。针对不同原因、不同性质的劳动争议，应采取不同的应对措施和手段。

根据劳动争议的性质划分，在我国，目前将劳动者一方人数十人及十人以上的劳动争议确立为集体劳动争议，集体劳动争议解决不好可能直接影响企业的正常生产经营秩序，甚至影响社会的和谐稳定。根据劳动争议产生的原因，一些争议是由于员工的切身利益甚至基本生存权利受到了侵害，例如，劳动报酬、工伤医疗费、赔偿争议等，负责协商的人员应引起足够重视并正确估计事态后果。一些争议是由于企业无法满足员工职业发展的需要，例如培训、福利、升职等，这类争议矛盾冲突相对较小，比较容易通过协商的方式解决。

2. 熟悉相关法律法规

我国颁布并实施的与劳动争议相关的法律法规有很多，例如，《劳动法》《劳动合同法》《劳动争议调解仲裁法》《劳动人事争议仲裁办案规则》《企业劳动争议协商调解规定》等。发生劳动争议的双方应充分学习、了解相关的法律法规，才能在协商过程中做到有理、有据、有节。在更有效地维护自身合法权益的同时，也能考虑到对方的利益。这样，更有利于双方通过协商的方式解决劳动争议。

3. 选择协商人员

在个别劳动争议中，劳动者一方一般为发生劳动争议的当事人本人。企业一方选择协商人员时通常应考虑三点要求：尽量与该劳动争议无利害关系；具备相应法律知识、经验；在企业和员工中具有一定声望。在集体劳动争议中，劳动者一方通常选择能够代表员工利益且沟通应变能力较强的劳动者作为代表。《劳动争议调解仲裁法》第七条规定，发生劳动争议的劳动者一方在十人以上，并有共同请求的，可以推荐代表参加调解、仲裁或者诉讼活动。

另外，《劳动争议调解仲裁法》第四条规定，发生劳动争议，劳动者可以与用人单位协商，也可以请工会或者第三方共同与用人单位协商，达成和解协议。由此可见，协商人员除了劳动者和用人单位代表外，还有可能出现第三方，只不过与劳动争议调解程序相比，这个第三方是由劳动者聘请的，并不是完全保持中立地位，也不主导整个协商过程。

4. 确立协商的目标

在对劳动争议事件有了一定了解后，准备进入协商过程的双方当事人应初步确立其预期或期望达成的目标。我们可以将劳动争议协商的目标划分为三个层次：一是必须达成的目标，是协商不成也不能放弃的目标，即进行协商可以接受的底线；二是预期达成的目标，在迫不得已的情况下也可以选择放弃；三是期望达成的目标，在必要时可以放弃。

操作示例

协商目标的确定

【案情】

某学校应届毕业生小王2018年4月到A公司实习，双方约定待小王正式毕业后签订劳动合同。2018年6月底小王正式毕业，向A公司提出签订正式的劳动合同，A公司未予以回应，小王也就不再理会。2018年10月中旬，小王未履行请假手续就离开了公司。2018年11月5日，A公司以小王无故旷工为由，做出了与小王解除劳动关系的决定。2018年12月初，小王回到A公司，提出如下要求：

（1）A 公司支付 2018 年 10 月、11 月的工资。

（2）A 公司未签订劳动合同，支付 2018 年 7—11 月的双倍工资。

（3）A 公司违法解除劳动关系，应支付一个月工资作为赔偿金。

【思考】

如果小王与 A 公司进行协商，应如何确定各自的协商目标?

【分析要点】

本案比较明确的事项有：A 公司已经实施用工行为，但未与小王签订劳动合同，这是 A 公司的责任；小王未履行请假手续就离开 A 公司，这是小王的责任。

本案还需进一步明确的事项有：当小王未履行请假手续离开 A 公司时，A 公司是否采取过敦促其上班的措施；A 公司以无故旷工为由，是否有相关的劳动规章制度作为支持；小王离开 A 公司时，领取劳动报酬的截止日期等。

协商不是裁判，不一定完全按照仲裁或诉讼的预期结果来确定协商目标。不过，在厘清事实、找出争议发生原因的基础上，更利于确定合理的协商目标。

（二）协商的具体实施

劳动争议协商的过程就是劳动争议的双方当事人表明各自观点、交换意见以达成共识的过程，可以看作双方当事人参与协调劳动关系的过程。同其他三种劳动争议处理程序相比，协商目前还没有特别严格的程序和时间的规定或要求。《企业劳动争议协商调解规定》只是作了一个简单的规定，在实践中协商往往是一个反复的过程，需要多次才可能达成最终的协议。

1. 协商的方式

《企业劳动争议协商调解规定》第八条规定，发生劳动争议，一方当事人可以通过与另一方当事人约见、面谈等方式协商解决。协商的方式具有多样性、灵活性的特点，双方当事人可以因此制定、选择合适的方式进行协商。

2. 协商的参加人

在劳动争议的双方当事人中，通常情况下劳动者一方的力量较弱，因此《企业劳动争议协商调解规定》仅仅对劳动者一方的协商参与人进行了规定。以个别劳动争议为例，劳动者一方可以采用以下几种方式进行协商：

(1) 劳动者本人独自参加协商；

(2) 劳动者要求所在基层工会参与或者协助其参与协商；

(3) 基层工会主动参与协商处理；

(4) 劳动者可以委托其他组织或者个人作为其代表进行协商。

3. 协商的过程

根据《企业劳动争议协商调解规定》，一方当事人提出协商要求后，另一方当事人应当积极作出口头或者书面回应。5 日内不作出回应的，视为不愿协商。协商的期限由当事人书面约定，在约定的期限内没有达成一致的，视为协商不成。当事人可以书面约定延长期限。

本着快速方便解决问题的原则，在协商的过程中，参与协商的当事人都应当本着实事求是、相互照顾的原则，通过相互之间摆事实讲道理，力求通过协商达成和解协议。一般来说，协议双方当事人可以首先阐述己方的要求或意见，然后提出可行的具体方案，双方本着诚实善意的原则，将自己的理由和困难如实陈述，以求获得对方的谅解，赢得对方的尊重。需要注意的是，当事人在坚定自己的立场和目标的同时，应当冷静分析，避免不顾一切且于事无补的大吵大闹。

（三）协商的结果

一般来说，协商的结果有三种：第一种为协商失败，双方未能达成有效的协议；第二种为双方达成和解协议，但和解协议未能被有效执行；第三种为双方达成和解协议，并且和解协议得到双方的积极履行。

值得注意的是，协商双方当事人通过合意达成和解协议并不意味着协商获得了成功，只有和解协议得到积极有效的履行后才能代表协商获得成功。具体来说，如果在协商的过程中，双方当事人发现分歧较大无法达成和解协议，则协商结果为失败；如果已经达成了和解协议，但在规定期限内不履行，则协商结果也为失败。这是因为双方达成的和解协议并不具有法定效力，一方不能申请强制执行和解协议的内容，即和解协议不履行也同样意味着协商失败。

操作示例

劳动争议协商过程

【案情】

陈某与某公司签订了三年期限的劳动合同，合同约定陈某从事秘书岗位工作，工作时间为法定标准工作时间。陈某入职后，工作勤勉，对于当天未完成的任务，通常主动加班完成。陈某经常通过邮件向主管汇报工作完成进度，并对需要加班完成的工作予以说明。

一年后，陈某主动提出解除劳动合同，但要求公司支付一年的加班工资，并出具了一年的上下班打卡记录以及涉及加班的相关工作汇报。

公司表示，公司有具体的加班管理制度，陈某加班是个人自愿行为，不是公司安排的。因此，公司拒绝了陈某要求支付加班工资的请求，并对此表示十分遗憾。

【争议焦点】

本案争议的焦点在于陈某个人自愿加班，是否可以要求公司支付加班工资？

【参与协商人员】

公司派出人力资源经理代表公司与陈某进行协商，陈某邀请一名公司外部人员作为顾问，参与协商。

【协商经过】

人力资源经理首先表示：陈某工作确实很努力，工作未完成的情况下主动留下来完成后再离开；但是公司不鼓励劳动者加班，通常安排的工作任务都是在标准工作时间内能够完成的，如果员工确实需要加班，根据公司的劳动规章制度，需要履行审批手续，经公司同意批准后的加班，公司才能支付加班工资。

陈某认为：自己经常超时工作，有据可查，已经构成加班事实，如果公司以没有经过审批为由拒绝支付加班工资，对自己来说很不公平。

顾问向人力资源经理询问具体的劳动规章制度，人力资源经理出示了《加班管理办法》，该文件规定了加班审批流程，并明确规定没有经过审批的加班行为，公司可以拒绝支付加班工资。

顾问询问陈某是否了解这个《加班管理办法》。陈某表示：入职时接受过劳动规章制度的培训，下发的培训资料里有这个文件，但自己并没有太重视。

人力资源经理表示：组织新员工进行劳动规章制度培训后，每位新员工都签字确认，表示知悉公司劳动规章制度的内容。

顾问向陈某表示：根据目前的情况来看，公司不支付陈某加班工资确实有充分的依据，即使陈某因此申请仲裁，败诉的可能性也比较大。但顾问仍建议陈某努力争取一下。

陈某表示：经常没有履行审批手续而加班，虽然主要原因是由于自己的疏忽，但人力资源管理部门对此也没有任何质疑，上级主管也没有提醒自己应当按照正确的流程来工作，完全让自己承担这个不利后果，确实难以接受，仍希望得到公司的补偿。

人力资源经理表示：公司严格按照劳动规章制度处理并无不妥，如果单纯满足陈某的要求，对公司的其他同事来说会有不好的示范效应。但是考虑到陈某在职期间工作的确勤勉，公司愿意对陈某进行一些补偿，只是不能以加班工资的名义发放，金额也比陈某提出的加班工资数额要少。

看到公司主动让步，陈某十分高兴，立即表示同意。随后，双方签署了和解协议。

【协商启示】

(1) 协商人员可能只有双方，也有可能出现第三方，但第三方不是居中裁判者。

(2) 协商不能脱离事实依据和法律依据，但也不限于此，还可以进行情理分析。

(3) 在双方互谅互让基础上达成的协商结果，有可能不同于第三方居中裁判的结果。

二、和解协议

(一) 和解协议及法律效力

劳动争议协商中签订的和解协议，通常是指发生劳动争议的双方当事人在平等自愿的基础上，通过自行协商，或请工会及第三方与用人单位进行的为解决劳动争议达成的协议。

和解协议对劳动争议双方当事人具有约束力，当事人应当履行。但是，和解协议并不是在特别正式的情形下达成的，没有权威机构的参与，法律上更没有强制执行的效力。当事人如果反悔，不履行和解协议，该劳动争议即没有解决，还需要通过其他方式继续解决。当事人可以申请调解，还可以直接申请仲裁。

（二）和解协议的法律救济

由于协商是解决劳动争议的首推程序，因此在发生劳动争议时，当事人首先应当协商，不愿协商、协商不成或者达成和解协议不履行的，可以向劳动争议仲裁委员会申请仲裁。而对于当事人达成和解协议后另一当事人不履行而向劳动争议仲裁委员会申请仲裁的，仲裁委员会会首先审查和解协议是否有效，对于有效的和解协议，仲裁委员会将裁决不履行一方当事人继续履行和解协议所约定的义务，或者依法承担违约责任。

操作示例

制作劳动争议和解协议书

【背景】

某公司与职工因解除劳动合同发生争议，职工到劳动争议仲裁机构申请仲裁。后双方达成协议，劳动合同解除，并由公司支付给职工一定的补偿，职工从劳动争议仲裁机构撤回仲裁申请。

【任务】

制作劳动争议和解协议书。

【方案】

劳动合同协商解除协议书

用人单位：××有限公司

个人：　　　　（身份证：　　　　　　　　　　）

双方就××有限公司与××个人解除劳动合同后的处理，及个人在××劳动仲裁委员会提出的劳动仲裁请求等事宜，本着平等、自愿、协商一致的原则，达成以下协议：

第一条　双方友好协商对一切用工期间及结束后产生的争议问题予以谅解并一次性解决。

第二条　公司给予个人一次性补偿费用××元。

第三条 个人在收到补偿费用后对提出的仲裁申请进行撤回，确认双方劳动关系履行时的权利义务从协议签订之日起即行终止，并无任何未了事宜与异议。双方确认对协商解决的补偿费用、协商解除劳动合同程序及结果均无任何异议，保证不再提出任何仲裁和诉讼请求。

协议双方签字确认：

年　月　日

协议签字地点：

本人已收到本协议第二条约定的补偿费用。

个人补偿费用数额确认签字：

三、协商与调解、仲裁和诉讼的关系

劳动争议协商、调解、仲裁和诉讼是我国解决劳动争议纠纷的四种方式。在实践中，协商与调解程序并非必经程序。

（一）协商与调解的区别

协商是指发生劳动争议的双方当事人在平等自愿的基础上，通过自行协商，或请工会及第三方与用人单位进行协商，达成和解协议的一种争议解决方式。调解是指在第三方主持下，双方自愿达成协议，广义的调解不仅包括劳动争议的基层调解，还包括仲裁中的调解和诉讼中的调解。

虽然协商与调解都是在双方当事人自愿协商下解决劳动争议的方式，但是二者也有很多不同之处，主要表现在四个方面：一是主持主体不同。和解是在没有第三人参与的情况下，双方自行协商、互谅互让、平等自愿的基础上对原纠纷作出的妥协性处理；而调解则是在仲裁庭的主持和帮助下达成协议。二是发生阶段不同。和解可以发生在庭审中，也可以发生在庭审外；而调解只能发生在基层调解阶段、仲裁庭作出裁决前、法院作出判决前的那一段时间。三是结案方式不同。以劳动争议仲裁为例，达成和解协议后，争议双方当事人撤回仲裁申请的，劳动争议即可宣告结案；而调解达成调解协议后仲裁庭制作调解书的，劳动争议以调解书为准结案。四是程序不同。仍以劳动争议仲裁为例，仲裁庭不可以主动要求当事人和解，但可在作出裁决前先行调解。当事人自愿调解的，仲裁庭应当调解；调解不成的，应当及时作出裁决。

此外，当事人在没有收到仲裁庭的裁决书、调解书之前，都可以反悔；而仲裁庭根据当事人的和解协议制作了调解书或裁决书，当事人也收到了调解书或裁决书，就不得再反悔，调解书具有法律上的强制执行力。

（二）协商、调解、仲裁和诉讼的联系

在我国的具体实践中，一个典型的劳动争议案件可能要经过多个程序：劳动争议协商程序、调解程序、仲裁程序，不服劳动争议仲裁裁决向人民法院起诉的一审程序，不服一审的上诉二审程序。劳动仲裁是诉讼的前置程序和必经程序，只有对仲裁裁决不服时才可向人民法院提起诉讼。就是说，如果想向人民法院起诉，必须先经过劳动仲裁，否则人民法院是不会受理的。因此，这种制度也被称为“一调一裁二审”或“先裁后审”。

同时，《企业劳动争议协商调解规定》第十二条作了更详细的规定，发生劳动争议，当事人不愿协商、协商不成或者达成和解协议后，一方当事人在约定的期限内不履行和解协议的，可以依法向调解委员会或者乡镇、街道劳动就业社会保障服务所（中心）等其他依法设立的调解组织申请调解，也可以依法向劳动人事争议仲裁委员会（以下简称仲裁委员会）申请仲裁。

本章小结

劳动争议的协商是指劳动者与用人单位为解决劳动争议，通过平等自愿、互谅互让的沟通商谈，在认清事实、明辨是非的情况下，化解矛盾达成共识的过程。双方当事人这种自主化解争议的方式，是当事人解决争议的首要途径，并贯穿争议处理全过程。劳动争议协商可以分为个别劳动争议协商、群体性劳动争议协商和集体合同劳动争议协商。

劳动争议协商应当遵循平等原则、自愿原则与合法原则。通过劳动争议协商，可以快速解决劳动争议，如果达成和解协议，该协议可以作为证据使用，并有可能将劳动争议的性质转化为普通民事争议。

劳动争议协商准备工作包括查明争议事实、熟悉相关法律法规、选择协商人员和确立协商的目标等方面。和解协议对劳动争议双方当事人具有约束力，当事人应当履行。经仲裁庭审查，和解协议程序和内容合法有效

的，仲裁庭可以将其作为证据使用。但是，当事人为达成和解的目的作出妥协所涉及的对争议事实的认可，不得在其后的仲裁中作为对其不利的证据。

发生劳动争议，当事人不愿协商、协商不成或者达成和解协议后一方当事人在约定的期限内不履行和解协议的，可以依法向调解组织申请调解，也可以依法向劳动争议仲裁机构申请仲裁。协商、调解、仲裁和诉讼都是我国解决劳动争议纠纷的方式，但是在实践中，一个典型的劳动争议案件可能要经过多个程序：劳动争议协商程序、调解程序、仲裁程序，不服劳动争议仲裁裁决向人民法院起诉的一审程序，不服一审的上诉二审程序。协商与调解程序并非必经程序。

关键词

劳动争议协商　概述　原则与实施　和解协议

复习与思考题

1. 如何区分劳动争议的不同类型？
2. 试述劳动争议协商的重要性。
3. 试述劳动争议协商的具体特征和原则。
4. 如何实施劳动争议协商？
5. 试述和解协议的内涵与作用。
6. 试述协商与调解、仲裁和诉讼的关系。

实践前沿

公司以职工未通过专业资格考试为由，违法延长试用期应承担赔偿责任

陈某于 2016 年 6 月 2 日与某证券公司建立劳动关系，双方签订了期限自 2016 年 6 月 2 日至 2019 年 6 月 1 日的书面劳动合同，并约定试用期从 2016 年 6 月 2 日起至 2016 年 9 月 1 日止，试用期工资为 2 000 元/月。2016 年 9 月 27 日，证券公司以陈某未通过专业资格考试为由，要求延长陈某的试用期。陈某同意后双方劳动关系继续保持。2017 年 3 月 23 日，陈某通过专业资格考试后，某证券公司才同意其转正并批准转正薪酬及福利自 2017 年 4 月开始执行。陈某实际履行了 10 个月试用期，转正后基本工资

为 4 500 元/月。2017 年 8 月 11 日，证券公司因撤点原因，决定与陈某解除劳动关系。陈某要求该公司支付违法延长试用期的赔偿金时遭到拒绝，遂申请劳动争议仲裁，申请证券公司支付违法延长 4 个月试用期的赔偿金 14 500 元。

仲裁委员会审理认为，某证券公司因陈某未通过专业资格考试延长试用期，导致陈某实际履行了 10 个月的试用期，超过《劳动合同法》对于试用期限最长不得超过 6 个月的强制性规定，因此对已经履行的超过法律规定的 4 个月试用期，要求证券公司以试用期满月工资的标准向陈某支付赔偿金 18 000 元（4 500×4），其中证券公司已支付 3 500 元，尚有 14 500 元（18 000－3 500）未支付，证券公司应予以支付。

【评析】

本案中，陈某与证券公司签订了 3 年期限的劳动合同，按照法律规定试用期不得超过 6 个月，而陈某实际履行了 10 个月试用期，超过的 4 个月部分应视为证券公司违反法律规定与劳动者约定试用期。因该违法约定的试用期已经实际履行，按照《劳动合同法》第八十三条的规定，证券公司应向陈某支付 4 个月的违法延长试用期赔偿金。此外，《劳动合同法》第三十九条规定，劳动者在试用期间被证明不符合录用条件的，用人单位可以选择解除劳动合同。因此，如果用人单位与劳动者协商一致延长试用期，则延长期限不得超过法律规定。

资料来源：案例 | 公司以职工未通过专业资格考试为由，违法延长试用期应承担赔偿责任．(2018－12－29). http：//www.mohrss.gov.cn/tjzcgls/TJZCdianxingal/201812/t20181229_307939.html.

第 6 章

劳动争议调解

学习目标

学完本章后，你应该能够：

- 理解劳动争议调解的概念、原则与特征。
- 掌握劳动争议调解组织的类型。
- 了解中国特色的新型调解形式。
- 掌握劳动争议调解的程序和策略。
- 了解调解协议的性质与效力。
- 掌握调解、仲裁与诉讼的衔接。

开篇引例

用人单位涂改劳动合同无法作出合理解释，法院采信劳动者的主张

黄某与某科技网络公司于 2015 年 7 月签订劳动合同，担任数据中心部门算法工程师，合同期限 3 年。2016 年 9 月 26 日，某科技网络公司以客观情况发生重大变化为由，提出解除劳动合同，通知黄某 30 日内办理离职手续。黄某于 2016 年 9 月 27 日办理了离职手续，随后双方产生纠纷诉至法院。

黄某主张，科技网络公司系违法解除劳动合同，要求支付违法解除劳动合同赔偿金。科技网络公司认为，黄某自2016年9月28日至30日连续旷工3天，违反了公司员工手册规定，故与黄某解除劳动合同，不应支付违法解除劳动合同赔偿金。

法院认为，科技网络公司以电子邮件形式向黄某发出解除劳动关系通知书，黄某已办理离职交接后，又以黄某旷工为由，向黄某邮寄解除劳动关系通知，属于严重的不诚信行为。且科技网络公司未能举证证明发送解除劳动合同电子邮件中主张的解除理由，应承担不利后果，故科技网络公司解除与黄某的劳动合同缺乏事实和法律依据，属于违法解除。

在认定黄某工资标准时，双方产生分歧。黄某提交的劳动合同显示月工资为35 000元，每年发14薪。科技网络公司提交的劳动合同显示“试用期满后，员工提供正常劳动的月劳动报酬为税前人民币叁万伍仟元”字样，但该条内容后未显示“14薪”字样。经法院核实，该条内容后有明显刮除痕迹，纸张明显比同页其他纸张薄，而科技网络公司未作出合理解释，法院结合科技网络公司的一系列不诚信行为，对劳动合同中约定的14薪，予以采信。

在现代市场经济中，诚实信用是道德底线，已经上升为基本法律原则。本案中，科技网络公司先以客观情况发生重大变化为由向黄某提出解除劳动合同，当其意识到该解除行为属违法解除需要向劳动者支付经济补偿时，在黄某已经办理完离职手续后又编造事实，以黄某连续旷工3天，违反公司员工手册规定为由，再次向黄某邮寄解除劳动关系通知，该行为实属严重的不诚信行为。

此外，科技网络公司擅自涂改劳动合同，企图少支付劳动者应得的工资数额，弄虚作假损害劳动者利益，应予以严惩。用人单位和劳动者在行使权利和履行义务时，都应当以“诚实信用原则”为基本要求，实现建立和谐的劳动关系、弘扬良好社会风气的目标。

资料来源：高铭．北京市法院劳动关系诚信建设十大典型案例．(2018-12-03). http://www.rmfz.org.cn/dfzcontents/120/173907.html.

虽然当事人通过协商自行解决劳动争议是最快捷最经济的方式，但在当事人不愿意协商或者无法协商一致时，如果具有一定专业素养的中立的第三方参与进来，并不进行居中裁判，而是通过教育劝说等方式，促使双方达成一致意见，也不失为一种有效率的争议解决方式。劳动争议调解制度因此产生。

第1节 劳动争议调解概述

一、劳动争议调解的概念

劳动争议调解是指在第三方主持下，依据法律规范和道德规范，劝说争议双方当事人，通过民主协商，互谅互让，达成协议，从而消除争议的一种方法与活动。

劳动争议调解制度是我国建立的社会主义新型劳动制度的一项重要内容，也是妥善处理劳动争议的一种有效途径，它和劳动争议仲裁制度、司法裁判制度相配合，及时、有效、稳妥地处理了大量劳动争议，为稳定劳动关系、化解劳动矛盾、构筑和谐的劳动用工关系发挥了积极作用。

1993年的《企业劳动争议处理条例》正式建立了企业劳动争议内部调解制度，规定了企业劳动争议调解委员会的组织形式和调解规则。1995年施行的《劳动法》对企业劳动争议调解制度再次进行了确认和完善，并且把调解原则扩大到劳动争议仲裁和诉讼程序中。《劳动争议调解仲裁法》总结了以往劳动争议调解工作的经验，对劳动争议调解制度进行了完善，较为系统、全面地建立了具有中国特色的劳动争议调解制度体系和机制。

二、劳动争议调解的原则

（一）自愿原则

劳动争议调解组织应当依照法律，遵循双方当事人自愿的原则进行调解。经调解达成协议的，制作调解协议书，双方当事人应当自觉履行；调解不成的，当事人在规定的期限内，可以向劳动争议仲裁委员会申请仲裁。当事人的双方自愿原则体现在如下几个方面。

1. 申请调解自愿

是否向劳动争议调解组织申请调解，由双方当事人自行决定，对任何一方不得强迫。企业及民间调解组织的调解，在我国劳动争议处理机制中不是必经程序。所以，是否向调解组织申请调解，可由劳动争议双方当事人自愿选择。但是，如果一方当事人向劳动争议调解组织申请调解，另一方当事人向劳动争议仲裁机构申请仲裁，则劳动争议仲裁机构应当受理。

2. 调解过程自愿

在调解过程中，始终贯彻自愿协商的原则，调解是一个自愿协商的过程，双方当事人法律地位平等，任何一方不得强迫另一方。调解组织作为调解机构，本身并无决定权，劳动争议的解决主要依靠双方自愿。经调解是否达成协议，由当事人自愿，不得强迫，调解机构在调解过程中不能强行调解或者勉强达成调解协议，更不允许包办代替。

3. 履行调解协议自愿

经劳动争议调解组织达成的调解协议，没有强制执行的法律效力。调解协议的履行，依靠当事人的自觉，不得强制执行。如果调解违反自愿原则，不是在双方当事人自愿的基础上进行的，而是通过勉强和强制达成的，则即使达成协议，也不能发生法律效力。

（二）耐心疏导、民主说服原则

劳动争议调解组织既不是国家审判机关，也不是国家行政机关；既没有司法审判权，也没有行政执法权和仲裁权。调解劳动争议时，劳动争议调解组织要充分听取双方当事人对事实和理由的陈述，耐心疏导，运用民主讨论的方法，不断开展说服教育，在双方认识一致的前提下，动员其自愿协商后达成协议。坚持耐心疏导、民主说服的原则，是由劳动争议调解组织的性质决定的，要反对强迫命令、用权势压服当事人的做法。

（三）公正原则

劳动争议调解组织应当坚持公正原则，这是合理解决争议的基本前提。该原则要求劳动争议调解组织在调解劳动争议时，要秉公处理，不徇私情，保证双方当事人处于平等的法律地位，具有平等的权利义务。调解结果应当合法、合情、合理，不超越本地区和企业的实际情况，切实可行。

强调坚持公正原则对正确调解劳动争议有着重要意义，这是因为在劳动关系中，劳动者与用人单位存在隶属关系，用人单位有权对劳动者进行管理和指挥，劳动者应当服从。显然，这种管理与被管理的关系使劳动者在劳动过程中处于较弱势的地位，与用人单位不对等。但这种不对等的关系不能带入劳动争议调解程序，一旦发生劳动争议，进入争议调解程序，劳动者和用人单位就是平等的主体。劳动争议调解组织就要坚持公正原则，保证争议双方都能平等地享有法律赋予的权利，承担法律规定的义务，任何一方没有超越另一方的特权。这也是达成符合双方利益调解方案的一个前提条件。

（四）及时调解原则

劳动争议和其他争议一个重要的区别就是，劳动争议与劳动者的生活、用人单位的生产经营活动密切相关，一旦发生劳动争议，不仅影响用人单位正常的工作秩序，而且直接影响劳动者及其家人的生活，甚至影响社会的稳定。因此，对劳动争议必须及时处理，及时保护权利受侵害一方的合法权益，以协调劳动关系，维护正常的秩序。根据《劳动争议调解仲裁法》的规定，自劳动争议调解组织收到调解申请之日起十五日内未达成调解协议的，当事人可以依法申请仲裁。这就要求劳动争议进入调解程序后，劳动争议调解组织要及时处理，不得拖延时间或阻挠当事人依法申请仲裁。

三、劳动争议调解的特征

（一）自愿性

根据《劳动争议调解仲裁法》，劳动争议调解不是劳动争议处理的必经程序，当事人具有申请调解和直接申请仲裁的程序选择权。程序的启动与进行均应充分体现当事人的意愿，调解机构不得强行要求当事人进行调解，而是奉行“不告不理”原则。

（二）独立性

劳动争议调解是一种独立程序，在劳动争议处理的制度体系中与仲裁、诉讼等程序并列，并在实施主体、步骤设计以及工作方法等方面有明显的区别。调解的进行不以其他程序的存在为前提，同时在时序上较仲裁、诉讼先行。

（三）群众性

劳动争议基层调解组织既不属于司法、仲裁机构，也不是行政机关。

以企业劳动争议调解委员会为例，它是在职工代表大会领导下，依法成立的专门处理本企业劳动争议的职工群体性调解组织。它的组织成分及调解活动不仅建立在广泛的群众基础之上，而且需要职工的直接参与。

（四）自治性

在我国，劳动者的主人翁地位决定了人民可以依法通过各种途径和形式管理国家事务，管理经济文化事业，管理社会事务。劳动争议基层调解组织的自治性便是对劳动者这一地位的体现。以企业劳动争议调解委员会为例，它具有自治属性，不受个人、企业行政和其他组织或单位的干预，是依法独立调解劳动争议的组织。企业劳动争议调解制度是企业内部群众实行自我管理、自我教育、自我服务的一种有效形式和途径，是企业民主管理的重要内容。

（五）非诉讼性

劳动争议调解与仲裁、诉讼活动不同，属于一种诉讼外制度。其活动的开展没有严格详尽的法定程序，活动的参加人不具有诉讼活动中的权利和义务。劳动争议基层调解组织没有对劳动争议的强制处理权。经调解达成的协议在未经司法确认时不具备法律强制力，如一方当事人反悔拒不履行义务，另一方当事人与调解机构都不能强制当事人执行。

第 2 节 劳动争议调解组织

健全劳动争议调解组织是劳动争议调解作用得到充分发挥的重要保障。《劳动争议调解仲裁法》的颁布进一步推动了我国劳动争议基层调解组织的发展，明确规定了三类劳动争议调解组织，分别为企业劳动争议调解委员会、依法设立的基层人民调解组织以及在乡镇、街道设立的具有劳动争议调解职能的组织。

一、企业劳动争议调解委员会

（一）企业劳动争议调解委员会的设置

企业劳动争议调解委员会是在企业内部设立的调解组织，负责解决本企业发生的劳动争议。

关于企业劳动争议调解委员会的设置，《劳动争议调解仲裁法》并未明确规定，但是《企业劳动争议协商调解规定》第十三条规定，大中型企业应当依法设立调解委员会，并配备专职或者兼职工作人员。有分公司、分店、分厂的企业，可以根据需要在分支机构设立调解委员会。总部调解委员会指导分支机构调解委员会开展劳动争议预防调解工作。调解委员会可以根据需要在车间、工段、班组设立调解小组。第十四条规定，小微型企业可以设立调解委员会，也可以由劳动者和企业共同推举人员，开展调解工作。

由此可见，设置企业劳动争议调解委员会，法律采取的是倡导并不干预的态度，把是否设立的决定权交予企业。随着劳动争议调解在处理劳动争议程序中发挥的作用越来越大，政府开始倡导企业设置劳动争议调解委员会，充分发挥调解环节的作用，甚至对大中型企业强制规定建立劳动争议调解委员会。不过《企业劳动争议协商调解规定》并没有对大中型企业的明确界定，也没有规定大中型企业不建立劳动争议调解委员会的法律责任，因此其强制程度还是很有限的。

（二）企业劳动争议调解委员会的组成

根据《劳动争议调解仲裁法》的规定，企业劳动争议委员会由职工代表和企业代表组成。职工代表由工会成员担任或者由全体职工推举产生，企业代表由企业负责人指定。企业劳动争议调解委员会主任由工会成员或者双方推举的人员担任。

《企业劳动争议协商调解规定》第十五条也进一步明确，调解委员会由劳动者代表和企业代表组成，人数由双方协商确定，双方人数应当对等。劳动者代表由工会委员会成员担任或者由全体劳动者推举产生，企业代表由企业负责人指定。调解委员会主任由工会委员会成员或者双方推举的人员担任。

在《劳动争议调解仲裁法》出台以前，企业劳动争议调解委员会的组织构成实行的是三方原则。《劳动法》第八十条规定，劳动争议调解委员会由职工代表、用人单位代表和工会代表组成。按照此条规定，职工代表、用人单位代表、工会代表为相对独立的三方，各自代表不同利益，从而实现了调解组织构成的三方原则。这一做法发挥了一定作用，不过《工会法》

第二条规定，工会是职工自愿结合的工人阶级的群众组织。中华全国总工会及其各级工会组织代表职工的利益，依法维护职工的合法权益。由此可知，工会事实上应是职工利益的代表，职工的利益与工会的利益相互统一，两者之间并无独立于对方之外的自身利益，这就与《劳动法》规定的三方原则产生了冲突。因此，《劳动争议调解仲裁法》对这一情况进行了修正，调整了企业劳动争议调解委员会的组成，使其人员构成更符合实际需要。

企业劳动争议调解委员会由工会代表和企业代表两部分人员组成，也就是将原来法律规定的职工代表和工会代表合为一方，这样更能体现工会本来的性质。

（三）企业劳动争议调解委员会的职责

1. 宣传劳动保障法律法规和政策

企业劳动争议调解委员会调解劳动争议，要依据劳动法律法规、规章政策，其工作人员需要具有一定的法律知识和政策水平，是开展劳动保障法律法规和政策宣传的合适人员。同时，企业是劳动争议的发源地，企业劳动争议调解委员会的宣传教育工作能够有效地预防劳动争议的发生。

2. 对本企业发生的劳动争议进行调解

劳动争议发生后，若双方当事人共同提出调解申请，企业劳动争议调解委员会应当及时受理，依据法律法规与相关政策，以客观事实为基础，坚持平等自愿的原则，对劳动争议进行调解，推动纠纷解决的进程。这是企业劳动争议调解委员会最基本、最重要的职责。

3. 监督和解协议、调解协议的履行情况

劳动争议双方当事人和解以后，或者在劳动争议的调解协议达成之后，企业劳动争议调解委员会可以通过回访和后续的跟进了解，检查、督促当事人执行和解协议、调解协议。当发现协议未被及时履行时，可适当采用说服教育的手段，督促双方当事人认真履行和解协议、调解协议。

4. 聘任、解聘和管理调解员

劳动争议调解组织的调解员应当由公道正派、联系群众、热心调解工作，并具有一定法律知识、政策水平和文化水平的成年公民担任。企业劳动争议调解委员会应负责对调解员进行甄选，聘任合格的调解员，并对在岗的调解员加强业务培训，提高其调解水平。

5. 协助企业建立劳动争议的预防预警机制

企业劳动争议调解委员会要在日常工作中积极宣传各项劳动法律法规

和相关政策，注重劳动法制观念的渗透，使企业和员工明确自己在劳动问题上享有的权利及义务。同时，还应注重观察，及时了解企业内劳动关系运行过程中出现的新问题、新情况，并采取相应措施，有针对性地加强政策法规教育，做好有关的咨询工作和说服劝导工作，防止矛盾进一步扩大，以避免和减少劳动纠纷的发生。最后还要能够从宏观、长远的角度把握企业劳动关系的运行状况及有关劳动争议的特点，及时总结经验，并将这些认识与相应采取的措施同企业劳动关系管理实践相结合，帮助企业完善各项规章制度，减少劳动争议的发生。

二、依法设立的基层人民调解组织

（一）我国法律对于设置基层人民调解组织的要求

根据我国相关法律法规的规定，居民委员会、村民委员会下设的人民调解委员会是依法设立的基层人民调解组织。

2011年1月1日起施行的《中华人民共和国人民调解法》（以下简称《人民调解法》）是我国第一部专门、系统、完备地规范人民调解的法律，全面确立了人民调解制度，在我国人民调解制度和人民调解事业发展史上具有里程碑的意义，为人民调解工作的发展带来了新的契机。目前，我国人民调解委员会主要设立在下列部门或单位组织：

（1）农村村民委员会、城市（社区）居民委员会。

（2）乡镇、街道。

（3）企事业单位。

（4）行业性组织。

其中，第一种是传统的、基本的、狭义的人民调解组织，其他则是广义的、拓延的人民调解组织。当前，由于纠纷诉讼外解决的社会需求以及各级政府的重视，人民调解组织在社会矛盾平息、纠纷化解中发挥的积极作用日益凸显，也因此逐渐蓬勃发展壮大。

（二）基层人民调解组织的职责

第一，调解民间纠纷，借助规劝疏导等方式促使当事人互谅互让，防止矛盾激化。

第二，宣传法律法规、规章和相关政策，教育公民遵纪守法，遵守社会公德，预防和减少民间纠纷发生，维护社会安定团结。

第三，向村民委员会、居民委员会、所在单位和基层人民政府反映民间纠纷和调解工作的情况。

三、在乡镇、街道设立的具有劳动争议调解职能的组织

（一）我国法律的规定

根据《劳动争议调解仲裁法》的规定，可以在乡镇、街道设立具有劳动争议调解职能的组织。其目的在于赋予这些调解组织应有的法律地位，明确其基本职责，推动劳动关系领域的矛盾纠纷在基层即得到化解，最大限度地减少维权成本，促进经济发展，维护社会稳定。在乡镇、街道设立的具有劳动争议调解职能的组织主要包括在小型非公有制企业和非正规就业人员比较集中、劳动争议多发的区、县、乡镇、街道、开发区、社区及行业设立的区域性、行业性劳动争议调解组织。多年来，我国在乡镇、街道设立的劳动争议调解组织得到了很大发展。2009年，《关于加强劳动人事争议调解工作的意见》进一步明确指出，要在个体经济、私营经济比较集中的地区，在地方党委、政府的统一领导下，大力推动乡镇、街道劳动保障服务所（站）和工会、企业代表组织设立的劳动争议调解组织建设，不断完善工作机制，落实工作经费，将调解职能向企业比较集中的村和社区延伸。这为该类组织的发展提供了更为有力的指导与支持。

（二）组织职责

1. 指导、监督所辖区域内企业劳动争议调解委员会的工作

这包括对企业劳动争议调解委员会的劳动法律法规和政策的指导、工作方法的指导、对具体劳动争议调解的指导以及对劳动争议预防工作的指导。注重提高企业劳动争议调解委员会的法律素养、政策水平以及实际业务工作能力，引导企业劳动争议调解委员会将预防劳动争议的工作放在重要的位置，帮助解决企业劳动争议调解委员会在实践中遇到的困难。

2. 调解所辖区域内未建立企业劳动争议调解委员会的企业的劳动争议

伴随着经济的发展，非公有制企业不断增多。在这些企业中，很多外商投资企业、私营企业和乡镇企业尚未建立内部的劳动争议调解委员会。

与此同时，这些企业在员工规模不断扩张的过程中面临劳动纠纷日渐增多的态势。因此预防和调解这一类劳动争议有着十分迫切的需要。在乡镇、街道设立的具有劳动争议调解职能的组织应积极调解这些企业的劳动争议，注意总结该类企业劳动争议发生的规律，研究预防政策，把争议解决在萌芽状态。除此之外，还应采取措施帮助企业尽快建立劳动争议调解委员会，以协调和稳定劳动关系，最大限度地防止劳动争议的发生。

3. 配合上级工会和劳动争议仲裁委员会的工作

其具体内容主要包括：及时向本区域内劳动争议调解委员会传达上级工会的指导意见；如实向上级工会反映本区域内企业劳动关系状况、劳动争议情况和劳动争议调解工作的情况；推动上级工会指导意见在所辖范围内的落实等。

（三）组织调解作用的发挥

随着社会与经济的发展，劳动关系领域的矛盾纠纷呈现出新的特点，劳动争议案件不断增多。一些地区为适应劳动争议案件发生的新形势，及时解决事关群众切身利益的基层劳动争议，开始探索劳动争议解决的新途径，并作出了一些有益的尝试。这些在乡镇、街道设立的不同类型的调解组织依托各自的独特优势，从不同角度扩展了地方劳动争议调解职能的发挥，成为劳动争议调解组织的重要组成部分。当前我国以《劳动争议调解仲裁法》为主的劳动争议调解法律法规及政策体系肯定这些符合发展需要的区域性调解组织，并鼓励现行的区域性调解组织在处理劳动争议方面加强调解职能的发挥，对工作领域不断丰富、完善，以求在实践中发挥最大效用。

根据当前的人力资源社会保障相关法律法规及指导意见的要求，我国在乡镇、街道设立的劳动争议调解组织主要包括以下五种模式：

第一，依托于乡镇、街道的劳动就业社会保障公共服务平台设立的调解组织。

第二，依托于地方工会设立的调解组织。

第三，依托于地方企业代表组织设立的调解组织。

第四，由地方司法部门设立的调解组织。

第五，由地方党委、政府主导，人力资源社会保障有关部门设立的调解组织。

第 3 节 中国特色的新型调解形式

一、劳动行政调解

（一）劳动行政调解的概念

劳动行政调解并非一个确定的概念和统一的制度，而是一种劳动纠纷的综合解决机制。它至少包含以下几点内容：（1）劳动行政机关在专门性劳动争议解决机制中（包括行政裁决和行政复议）对当事人双方的劳动争议所进行的调解；（2）劳动行政机关及其所属机构（如劳动保障事务所、街道劳动保障派出机构、劳动监察、信访等）在日常行政执法和管理活动中对当事人之间的劳动纠纷进行的调解；（3）劳动行政机关通过信访、行政投诉等机制协调处理各类劳动争议的活动；（4）在劳动行政机关的组织或主持下，以购买服务等方式，依托人民调解、消费者协会、行业协会等社会组织运作的准劳动行政性调解等；（5）党和政府主持或主导的突发性群体性重大劳动纠纷的行政调解。

劳动行政调解以当事人双方自愿为基础，赋予当事人自主意思表示，体现出行政的权威性和当事人之间的平等性。在当前的经济和社会生活中被越来越广泛地运用，被西方人作为“东方经验”加以推崇。

（二）劳动行政调解的优势

与其他调解方式（人民调解、司法调解）相比，劳动行政调解具有以下优势：

（1）劳动行政执法与劳动纠纷解决（服务功能）相结合，具有权威性、彻底性和正当性。相较于人民调解，行政调解更具权威性。行政主体在居中主持纠纷调解时，容易把握当事人之间的纠纷事实，在此基础上进行劝导、疏通，使当事人在经过利益博弈后达成调解协议，形成“双赢”状态。这有利于当事人信服行政主体主持下达成的调解协议，彻底化解当事人之间的矛盾。劳动行政调解具有彻底性的另一因素来自民众信任或敬畏行政机关的传统心理和文化基础。我国民众始终存在“有事找政府”的惯性心理，认为政府能够最终解决他们的各种纠纷。即使在当下我国行政权和司法权截然区分的背景下，很多人仍然认为法院解决不了的事情政府可以解决。

劳动行政性纠纷解决机制的法律地位一般由立法或行政法规确立，具有主体的专门性、程序和职权的法定性，处理结果具有法律效力等特点。同时，行政机关拥有调查权和一定的自由裁量权，具有查明事实、作出判断、适用法律乃至进行处罚的职权和能力，比司法程序更适于处理一些常规性、多发性、社会性、群体性和新型纠纷，尤其是有利于直接维护弱势群体劳动者的权益。因此，很多国家都将各种新型社会性纠纷的管辖处理权赋予劳动行政性纠纷解决机制，将其设立为法定前置解决程序或专属性机制。

(2) 在劳动纠纷解决中具有高效、及时、直接、经济等效益优势。司法实践是一种高度程序化的过程，当事人和国家都需为此支付相应的制度成本。而行政调解则无须当事人经过复杂诉讼程序，也无须支付诉讼费用，是纠纷解决过程中程序正义和利益平衡的产物。由于它不片面追求程序正义最大化，因此简化了解决纠纷的程序，为当事人节省了大量成本，为解决劳动纠纷提供了一种更有效的途径。通过行政调解提供低成本的纠纷解决途径，可以把通过司法改革造成的社会负担风险减小。

劳动行政调解多被赋予政府和行政机关的专门职能，作为由政府财政支持的公共资源，基本上对当事人免费，不仅可以极大地减轻当事人的负担，还可以有效替代司法程序，整体降低社会治理和纠纷解决的公共成本，产生巨大的社会效益。

(3) 具有专业性和专家优势。由劳动行政主管部门主持或参与纠纷解决，具有专业性和针对性。作为行政主体，负责处理纠纷的人员一般都具有相应资质，并具有专业知识和纠纷解决的丰富经验。可以综合考量纠纷产生的法律和政策性问题，针对纠纷的特殊性提出合理的解决方案，从而弥补司法程序中法官法律专业外知识的不足。

同时，还能动员社会力量组成专家委员会或专案调查处理机构，在处理复杂疑难案件或新型案件中，可以综合考量技术问题、专门法律问题和政策性问题，以及公共利益、劳动者权利和个案特殊情况，提出合理的解决方案。

(4) 有利于积累经验、形成政策和行政规章。劳动行政性纠纷解决机制不仅可进行事后救济，还可以在特定类型纠纷的解决过程中，尤其是在法律规则和相关制度尚未定型的情况下，或主管机关监管缺位、错位以及制定的政策不科学的情形下，通过调解或协调寻求社会公共利益及各方当事人利益之间的平衡，探索合理的规则和标准。不仅能够及时进行社会关系的调整，形成快速的反馈和治理机制，而且有助于促进政策、法律和制度的形成，预防同类纠纷的反复发生。

（5）程序的规范性与灵活性。劳动行政调解本身形式多样，其中既有正规的准司法程序，也包括大量灵活机动的行政处理方式。总体而言，行政主体的纠纷解决活动和具体方式较民间机制而言更为规范，受到行政机关权限和公务员行为准则的双重约束，而且受到司法审查等监督制约并拥有救济途径，其公正性基本上是有保障的。

（三）劳动行政调解的形式——以深圳市坪山新区为例

深圳市坪山新区建立了“一个中心、三大机构、四级网络”的调解模式。“一个中心”即深圳市坪山新区和谐劳动关系促进会调解中心，“三大机构”就是劳动人事争议仲裁院的仲裁调解、劳动监察的行政调解和信访机构的信访调解。“四级网络”即区、街道、社区、企业全覆盖的劳动争议调解网络。具体在工作中的调解一般有以下三种形式。

1. 劳动行政日常调解

劳动行政日常调解主要包括行政机关的日常工作和行政执法中的调解，包括电话调解、现场调解和正式调解。

2. 委托授权调解

委托授权调解主要包括坪山新区社会建设局委托社会组织调解，购买服务等。委托授权调解流程的规定如下：

（1）劳动行政机关受理的劳动争议，经双方当事人同意，委托深圳市坪山新区和谐劳动关系促进会调解中心进行调解，并将《委托调解函》和有关案卷材料移交深圳市坪山新区和谐劳动关系促进会调解中心。

（2）深圳市坪山新区和谐劳动关系促进会调解中心对接受调解的案件，应当自收到《委托调解函》之日起七日内，就其调解结果制作《委托调解情况复函》，连同有关案件材料送回委托调解的机构。

（3）经调解达成调解协议的，深圳市坪山新区和谐劳动关系促进会调解中心可以指引当事人向仲裁机构申请仲裁。仲裁机构受理后，对经审查确认程序和内容合法有效的调解协议，可以置换为仲裁调解书。

3. 群体性事件和重大事件的应急调解

深圳市坪山新区社会建设局对群体性事件和重大事件的应急调解的规定是2014年12月出台的《坪山新区劳资纠纷预防与处置工作实施方案》。该方案规定，当发生劳资纠纷突发事件时，要按照“谁主管、谁牵头、谁负责”、属地管理、分级负责、快速处理、就地解决的原则，以最快的速度，尽最大的努力处理问题，最大限度地避免和减少不必要的社会影响。

二、联合调解

（一）联合调解概述

在我国的行政调解实践中，多种基层调解组织的建立和发展，不可避免地会产生调解资源浪费的可能性。同时由于各类调解组织隶属的职能部门不同，接受指导的程度不同，调解组织的规范化程度差别很大，也可能带来一案多调或互相推诿，影响了调解力量的发挥和案件的规范化处理，对调解的公信力产生不利影响。在各地各部门大力推进基层劳动争议调解组织建设的同时，松散型的调解机制恐怕难以面对复杂的争议发展趋势，也不利于对劳动者和用人单位合法权益的及时、有效保障。因此，我国有些地区成立了劳动争议联合调解中心，很好地整合了各方调解资源，并通过工作机制形成了有效合力。

（二）联合调解的形式——以宁波市北仑区为例

宁波市北仑区非公有制经济发达，近几年来劳动争议案件呈现井喷态势，群体性事件也时有发生。为有效调处劳动争议，宁波市北仑区创建了劳动争议多元化调处网络。其最大的特点是“设立县区劳动争议联合调解中心，搭建五级劳动争议调处平台”。主要做法如下：

一是设立区县劳动争议联合调解中心。在机构设置上，成立由党政领导牵头的区劳动争议人民调解指导委员会。成员由工会、劳动保障、司法、信访、人民法院、工商联、企业家协会等部门组成，统筹、协调、指导区域内劳动争议调解工作。委员会下设区劳动争议联合调解中心作为日常办事机构，于2009年3月正式挂牌成立并运作。劳动争议联合调解中心的职责主要是：承办区域内日常劳动争议调解工作；参与协商解决争议；负责劳动争议及其处理方法的法律法规及政策咨询；管理区劳动争议人民调解指导委员会的文书、档案、印鉴；接受劳动争议仲裁机构、人民法院委托，调解仲裁诉讼程序内的劳动争议案件；根据区劳动争议人民调解指导委员会的授权，指导区域内各级劳动争议调解组织和调解员培训工作等。

二是成员单位选派代表统一入驻办公。联合调解中心以区劳动仲裁院和区总工会维权中心为主，各成员单位选派代表统一入驻办公，整合社会调解资源，负责日常劳动保障法规咨询、调解申请受理、调查调处工作。各成员单位及各自职责详见图 6－1。

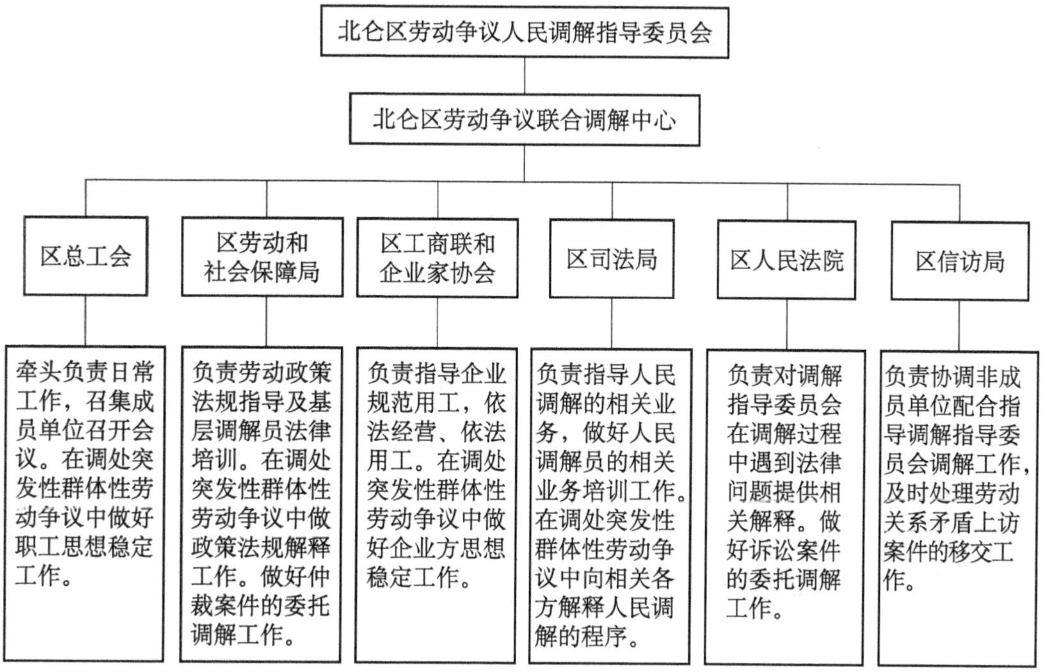

图 6－1　宁波市北仑区劳动争议联合调解中心成员单位及各自职责

三是形成五级劳动争议调处平台（见图 6－2）。北仑区以建立区、乡镇街道劳动争议调解组织为重点，以建立健全村（社区）和企业基础调解组织为基础，形成了“区仲裁委员会/区人民法院-区联合调解中心-乡镇（街道）-村（社区）-企业内部”五级劳动争议调处平台，形成快速、灵活、高效的劳动争议预防、预警和化解机制。具体落实上，在企业内部着眼预防主动出击，突出发挥引导作用（引导建立劳动争议预警报告制度，引导加强调解意愿，引导企业规范用工）；在村（社区）扎根基础加强联系，通过建立管理员（文书或调解员）联系企业制度，各社区实现辖区企业劳动争议调解专门管理制度；在乡镇、街道发挥属地优势，推动劳动调解的网格化、网络化建设，加强劳动协管员和调解员队伍建设，将乡镇街道劳动争议调解工作纳入区政府年终考核范围；在区劳动争议联合调解中心整合各方调解资源，突出发挥联动效应；而区劳动争议仲裁委员会则通过培训等方式加强对基层调解工作的指导。

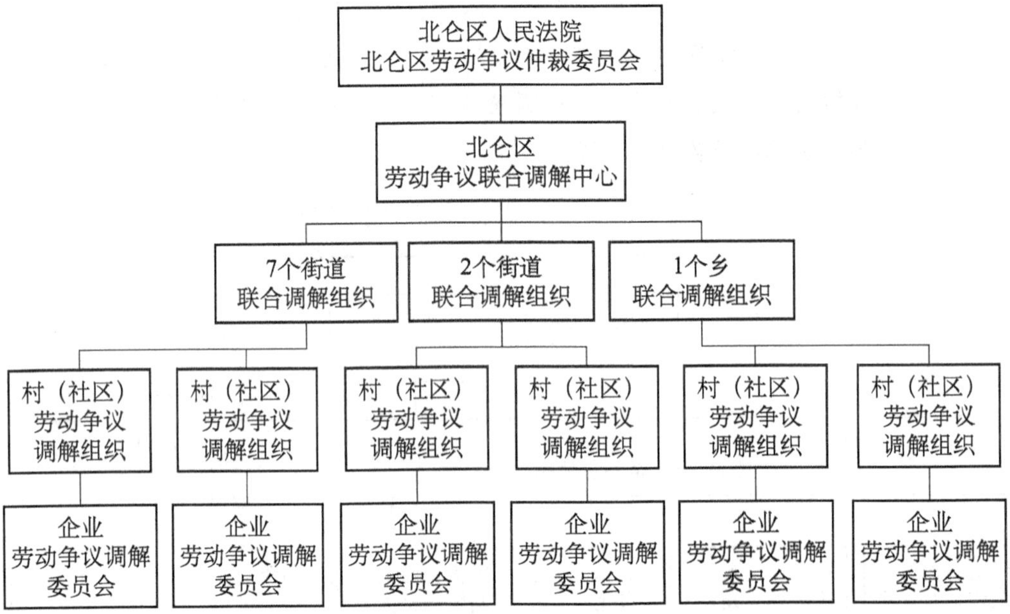

图 6－2　宁波市北仑区五级劳动争议调处平台

第4节　劳动争议调解的程序

目前我国可以调解劳动争议的组织类型呈现出多样化的特点，《企业劳动争议协商调解规定》仅以企业劳动争议调解为例规定了劳动争议调解的一般程序，其他劳动争议调解组织参照执行。

一、申请调解

根据《劳动争议调解仲裁法》的规定，当事人申请劳动争议调解本着自愿的原则，可以书面申请，也可以口头申请。口头申请的，调解组织应当当场记录申请人基本情况，申请调解的争议事项、理由和时间。

《企业劳动争议协商调解规定》第二十一条规定，发生劳动争议，当事人可以口头或者书面形式向调解委员会提出调解申请。申请内容应当包括申请人基本情况、调解请求、事实与理由。口头申请的，调解委员会应当当场记录。

调解属于第三方介入的纠纷解决机制，而第三方解决的效力和威信来自争议双方当事人的选择和认同，是启动调解程序时当事人意思的体现，也符合自愿调解的原则。因此调解组织一般不主动介入。

通常情况下，当事人可以通过填写“劳动争议调解申请书”来提出调解申请并表达自己的利益诉求。如果当事人没有提出调解申请，则视为未申请调解。但是本着把矛盾化解在基层的目的，《企业劳动争议协商调解规定》第二十三条规定，发生劳动争议，当事人没有提出调解申请，调解委员会可以在征得双方当事人同意后主动调解。特别要注意的是，这种所谓的“主动”，也应当在征得双方当事人同意后才进行，而不是强制调解。

此外，还应注意，劳动争议的劳动者一方在十人以上，并有共同请求的，可以推举代表参加调解、仲裁和诉讼活动。

操作示例

制作劳动争议调解申请书

【背景】

谢天是长虹化工厂职工。某日，生产设备发生故障，需要抢修。于是车间全体员工停产抢修，所有的职工都需加班。谢天提出家住得太远，小孩需要照顾，故不能加班。同时，谢天认为，加班加点应征得职工本人同意，所以不愿加班不领加班费是可以的。化工厂则认为，谢天的岗位职责与抢修有关，不参加加班将影响整个抢修进度。最终谢天坚持不加班。经研究，厂方给予谢天扣发半年奖金并给予警告处分的处罚。谢天对此不服。

厂方认为，谢天在厂表现较差，一贯不服从领导，多次与车间主任顶撞，车间主任多次要求厂里将谢天调离本车间，但由于谢天具有一定的技术水平，故一直未调整。在此次生产设备发生故障事件中，谢天提出按国家有关规定，加班需征得本人同意。而企业认为，谢天家距厂仅有骑自行车 25 分钟的路程，且小孩已满 14 岁，所以谢天的理由并不充分。而谢天所提的加班加点必须征得职工同意没有法律依据。当时厂方对谢天进行了解释和劝说，谢天置之不理，第二天谢天托人交上一张事假条就休息了三天。工厂无奈便未安排谢天加班。由于谢天的缺席，抢修受到了一定影响。鉴于谢天拒不服从企业的工作安排，给企业造成了一定的损失，为严肃劳动纪律，经研究决定给予谢天警告处分并扣发其半年的奖金。

【任务】

以谢天的名义起草一份劳动争议调解申请书。

【方案】

劳动争议调解申请书

申请人：谢天（长虹化工厂机修车间工人）

被申请人：长虹化工厂（地址：北京长虹路甲一号）

法定代表人：闫明（厂长）

委托代理人：李青（长虹化工厂人力资源部经理）

因被申请人扣发我奖金及给予处分一事，与被申请人产生争议，特申请调解。

调解请求：

(1) 被申请人补发我被扣发的半年奖金 1 800 元；

(2) 撤销对我的警告处分。

事实与理由：

××年××月××日，长虹化工厂要求全体职工加班，我由于家住得较远，孩子又小，因此没有同意单位的加班要求，厂方遂扣发了我半年的奖金，并给予警告处分。本人认为，按照《劳动法》的规定，加班加点应征得职工本人的同意。本人有特殊情况，不能加班，单位不能强迫职工加班，更不能以不加班作为处分和扣发奖金的依据。

为此，特向长虹化工厂劳动争议调解委员会申请调解，请依法调解。

申请人：谢天

××年××月××日

二、调解受理

申请人以书面或口头形式向企业劳动争议调解委员会提出申请后，调解委员会应当依法进行审查，然后根据不同情况，分别作出决定。《企业劳动争议协商调解规定》第二十二条规定：调解委员会接到调解申请后，对属于劳动争议受理范围且双方当事人同意调解的，应当在 3 个工作日内受理。对不属于劳动争议受理范围或者一方当事人不同意调解的，应当做好记录，并书面通知申请人。

调解委员会审查，主要应从以下几个方面着手：

（1）审查申请调解的争议是否属于劳动争议，当事人是否向对应的调解组织提出申请。

（2）审查调解申请人是否合格，即必须是与劳动争议有直接利害关系的当事人。

（3）审查申请调解的劳动争议是否符合该调解机构接受申请的范围和条件。

（4）审查是否有明确的被申请人以及具体的调解请求和理由。

（5）审查申请调解的劳动争议是否已经经过仲裁裁决或法院判决，对未经过仲裁裁决或法院判决的，需征询对方当事人的意见，对方当事人不愿调解的，应做好记录，并通知申请人。对已经过仲裁裁决或法院判决的，调解委员会不应受理，应当告知当事人按照申诉办理。

调解机构应在规定时间内作出受理或不受理申请的决定。对不受理的案件，调解机构应向申请人说明理由。

三、调解前准备

调解委员会对决定受理的申请，应及时指派调解员对该劳动争议事项进行全面调查核实，调查应做好笔录，并由调查人签名或盖章。调解前的准备工作主要包括：了解与争议有关的劳动法律法规、规章、政策，劳动者与用人单位签订的劳动合同，以及用人单位相关的规章制度；弄清争议的基本事实，即劳动争议产生的原因、发展过程、主要矛盾等；对调查中得到的材料进行综合分析研究，并结合劳动法规的有关规定和劳动合同的约定，判断其中的是非曲直，确定当事人双方各自承担的责任，拟定调解方案和调解意见；召开调解员会议，通报调查情况，讨论确定调解方案，在公平公正的基础上确定调解意见；与劳动争议当事人谈话，进行有关劳动法律法规及政策的教育，通过有针对性的说服劝导，开展耐心细致的思想工作，为调解奠定良好的思想基础。

操作示例

调解案件的准备工作

【背景】

针对前一操作示例的情况，企业劳动争议调解委员会开始着手调解工作。

【任务】

为企业劳动争议调解委员会拟定一个准备工作的清单。

【方案】

准备工作包括：

(1) 对申请手续和申请书的内容进行审查。

(2) 通知被申请人，征询被申请人的意见。如果被申请人不同意对该纠纷进行调解，可以告知申请人用其他方式解决纠纷。

(3) 调查和收集证据：包括谢天家与工厂的距离、谢天孩子的年龄、厂方作出处理决定的依据（厂方的规章制度）、厂方安排职工加班的理由及程序。

上述调查的内容应事先拟订一个调查提纲，列出调查的主要问题及具体的调查时间和调查方法。调查的材料应制作笔录。

四、实施调解

（一）实施调解的方式

调解委员会调解劳动争议一般不公开进行。但是，双方当事人要求公开调解的除外。调解委员会根据案件情况指定调解员或者调解小组进行调解，在征得当事人同意后，也可以邀请有关单位和个人协助调解。调解员应当全面听取双方当事人的陈述，采取灵活多样的方式方法，开展耐心、细致的说服疏导工作，帮助当事人自愿达成调解协议。

（二）实施调解的程序

实施调解可通过召开调解会议的形式进行，可由调解委员会主任主持，具体可采取下列程序：

(1) 会议主持人宣布会议开始，书记员向主持人报告到会人员情况。

(2) 主持人宣布调解的目的和纪律，告知当事人注意事项，并宣布申请人请求调解的争议事项。

(3) 当事人陈述：先由申请人宣读申请书或口头陈述事实及理由，再由被申请人陈述。

(4) 主持人宣讲与争议有关的法律法规。

(5) 公布调解委员会对案件的调查核实情况。

(6) 由双方当事人对调解委员会宣布的事实、证据发表意见。

(7) 调解委员会依据查明的事实，提出调解意见，征求双方当事人意见。如果双方当事人均表示可以接受调解意见，可以补充内容，调解成功。如果一方或双方当事人均不能接受调解意见，也未提出和达成其他一致意见，则调解不成功。

五、调解终结

(一) 调解终结的方式

调解终结的具体方式如下。

1. 当事人自行协调

在调解或仲裁过程中，当事人双方可以自行协商达成协议，劳动争议调解随即结束。经企业劳动争议调解委员会调解达成协议的，应当制作调解协议书，调解协议书对双方当事人具有约束力，双方当事人应自觉履行。

2. 当事人撤回申请

如果当事人在调解过程中撤回自己的调解申请，调解委员会应当准许，并终结调解。

3. 当事人拒绝调解

在调解过程中，当事人有权拒绝调解，这时调解委员会应当尊重当事人的权利，终止调解。

4. 当事人在法定期限内未能达成调解协议

调解委员会调解劳动争议，应当自劳动争议调解组织收到调解申请之日起十五日内结束。十五日内未达成调解协议的，视为调解不成，当事人可以依法申请仲裁。但是，如果双方当事人调解的意愿比较强烈，《企业劳动争议协商调解规定》也允许当事人协商一致延长调解的期限。

调解期间的起算从劳动争议调解组织收到当事人提出申请之日计算，不是从劳动争议调解组织决定受理之日起计算，也不是从对方接受调解之日起计算。实务操作中应注意确定“申请日”。

劳动争议调解委员会调解不成的，应出具调解意见书并做好记录，在调解意见书上说明情况。调解意见书要写明当事人的姓名（单位、法定代表人）、年龄、性别、职务，争议的事实，调解不成的原因，调解委员会的意见；调解意见书由调解委员会主任签名、盖章，并加盖调解委员会印章。调解意见书一式三份（争议双方当事人、调解委员会各一份），及时送达当事人，并告知当事人可以在规定的期限内向当地劳动争议仲裁委员会申请仲裁。

《劳动争议调解仲裁法》第十四条规定，经调解达成协议的，应当制作调解协议书。调解协议书由双方当事人签名或者盖章，经调解员签名并加盖调解组织印章后生效，对双方当事人具有约束力，当事人应当履行。自劳动争议调解组织收到调解申请之日起十五日内未达成调解协议的，当事人可以依法申请仲裁。

双方达成调解协议的，制作调解协议书；未达成协议的，制作调解意见书。

（二）制作调解协议书和调解意见书应注意的事项

制作调解协议书和调解意见书要做到陈述翔实，说理清楚，适用法律正确，调解结果明确具体。

调解协议书和调解意见书通常由五部分构成。

1. 首部

首部是对案件情况的基本说明。这部分内容要依次写明案件编号、调解参加人的基本情况，还可以写明调解委员会的组成人员。

2. 事实

事实是调解过程中所查明的案件发生、发展的客观经过，这部分内容应当明确揭示案件的本来面貌，确切表达案件争议的焦点。实践中，这部分内容根据需要可繁可简。

3. 理由

理由是对事实部分的综合评述，也是调解结果的重要依据，这部分要根据查明的事实和争议的焦点阐述理由。针对性要强，要注意论点和论据之间的内部联系并对此进行合理分析，适用法律要正确，防止错引或漏引。实践中，应达成一致意见的双方当事人的要求，这部分内容也可以从略。

4. 调解结果

要在查明事实和说明理由的前提下，对申请人的请求逐项进行调解，调解内容和过程一定要明确、具体、完整，不能有遗漏或似是而非、模棱两可。

5. 尾部

尾部写明双方当事人的权利和义务，有调解委员会的落款和签章，并注明调解日期。

操作示例

劳动争议调解协议书

〔　　〕字第　号

申请人：××　性别：×　地址：××　职务（岗位）：××

法定代表人：××　职务（岗位）：××

委托代理人：××

被申请人：××　性别：×　地址：××　职务（岗位）：××

法定代表人：××　职务（岗位）：××

委托代理人：××

上列双方因××引起争议，申请人于××年××月××日向本调解委员会提出请求，经本会主持调解，双方协商，自愿达成如下协议：

1. ……

2. ……

3. ……

劳动争议调解委员会

××年××月××日

操作示例

劳动争议调解意见书

〔　　〕字第　　号

申请人：××　性别：×　地址：××　职务（岗位）：××

法定代表人：××　职务（岗位）：××

委托代理人：××

被申请人：××　性别：×　地址：××　职务（岗位）：××

法定代表人：××　职务（岗位）：××

委托代理人：××

上列双方因××引起争议，申请人于××年××月××日向本调解委员会提出请求，经本会主持调解，双方未能达成协议（或逾期未能调解）。现对此案提出如下意见：

1. ……

2. ……

3. ……

劳动争议调解委员会

××年××月××日

六、劳动争议调解的策略

（一）取得当事人的信任

取得当事人的信任是调解成功的前提和基础，是调解员主持调解应具备的重要能力。一般而言，劳动争议的双方当事人在和调解员开始接触时就在用审慎和怀疑的目光观察调解员的一言一行，并以此来判断调解员的职业水平与公正性。所以调解员在做劳动争议调解工作时要用诚心、热心、耐心和爱心来感化各方当事人，使其消除戒心和疑虑，让各方特别是劳动者感受到调解员是在真心诚意地帮他们解决利益纷争。调解员在调解过程中要善于运用各种方法转化当事人之间的不信任状态，使当事人对调解产生充分的信任感，从而为其自觉接受调解，并最终达成调解打下一个良好的基础。

（二）认真进行调解前的调查

劳动争议调解组织受理劳动争议案件，除了一些事实清楚、是非明确的争议可以在听取双方当事人陈述并加以询问后直接进入调解阶段，更多的争议需要在实施调解前进行调查工作，以查明争议事实、查清真相，这是分清责任、解决争议的前提。具体可采用以下一些调查方法。

1. 询问当事人

调查人员应当认真听取双方当事人的陈述，询问争议原因，了解有关情况，引导当事人讲出真实情况。

2. 询问知情人、证人

劳动争议一般发生在劳动过程中，除了双方当事人之外，还会有其他职工或者群众有可能了解争议的有关情况。调查人员可以要求双方当事人提供知情人，也可以根据争议情况向劳动者周围的职工群众作调查。在调查中，要注意做好被调查人的思想工作，使他们打消顾虑，实事求是地反映所了解的争议情况。

3. 现场调查

对于劳动争议事项涉及的违反规章制度、损坏设备、工伤事故等问题，调查人员可以及时进行现场勘查或调查，取得第一手资料。

4. 调取、收集相关证据

对于争议事实相关的证据，应当依法要求当事人双方举证。对于由用人单位控制、劳动者难以取得的证据，应当要求用人单位提供。

5. 必要的情况下组织专业鉴定

在劳动争议调解过程中，涉及工伤的认定、当事人医疗期满能否从事原工作等争议，应组织专业鉴定。如果不组织专业鉴定，调解工作就失去了必要的基础。

（三）准确分析劳动争议的焦点

根据认定的劳动争议事实，结合当事人双方的意见，准确分析争议的焦点，这是解决劳动争议的关键所在。劳动争议的焦点是当事人双方矛盾的交汇点，是解决劳动争议的关键所在，也是劳动争议调解组织拟订调解方案的起点。调解员要能够通过以下步骤，准确地分析矛盾焦点所在。

1. **确定劳动争议的类型**

劳动争议调解组织受理案件后，应先判断属于哪一类型的劳动争议，是确认劳动关系的争议，还是劳动保护、工资福利、社会保险的争议。一般而言，相同类型的劳动争议，焦点都非常类似。

2. **分析劳动争议原因和症结**

大多数劳动争议比较复杂，有多种矛盾和原因。调解员要善于从众多的矛盾中找出主要矛盾，如解决违反劳动规章制度的争议，就应集中抓住是否存在违反劳动规章制度的事实和用人单位规章制度的具体规定等。

3. **分清是非责任**

分清是非是确定责任的基础，确定责任是让过错方承认错误、接受劳动争议调解意见的基础。因此，要根据法律法规和劳动合同，分清是非，明确当事人的责任，寻找化解劳动争议的突破口，为提出合法合理的调解意见打好基础。

（四）运用多种调解方法和技巧

调解是一项法律性、政策性比较强的工作，它的成功与否，既取决于调查取证和调解准备工作、调解方案是否充分，也取决于调解员在实施调解过程中的能力和水平。作为劳动争议调解组织的调解员，既要有高度的责任感、职业道德和专业知识水平，也需要运用一定的调解方法和调解技巧。

1. **依法调解，切实维护双方合法权益**

调解过程中，要特别关心那些在工作和生活中遇到困难的劳动者，对于劳动者思想认识上的不同见解，应当以与劳动者平等的态度引导他们。如果劳动者的要求是完全正当的、合法的，并且是用人单位可以办到的，就应该及时建议用人单位采取有效措施，依法为劳动者据理力争。如果劳动者的要求部分不合理，调解员应把重点放在协商调解上，做好劳动者的说服教育工作，同时做好用人单位的调解工作，努力把矛盾化解在基层。

2. **消除误解，结合实际确定调解方案**

调解策略贯穿调解过程的始终，体现在调解的每一阶段。调解员在结合实际的基础上对调解策略的正确运用是劳动争议调解能够成功的关键所在。

3. **讲究谈话技巧，注重调解语言运用**

在劳动争议调解中，调解员经常与当事人进行个别谈话，这是调解员的基本功。作为劳动争议调解员，要善于针对争议双方在调解过程中不同的心态，进行艺术性谈话以达到调解的目的。因此掌握谈话技巧，对调解员来说非常重要。

（五）避免错误的做法

1. 防止割裂自愿原则与公正原则

坚持自愿原则，并不是听之任之，让当事人任意签订调解协议。当事人提出有失公平或者损害他人或社会利益的解决意见时，调解人应积极干预和教育引导，并提出公正、合法、合理的解决方案，供双方协商。

2. 防止无原则调和

国家法律和政策是调解劳动争议的依据，只有依照法律和政策，才能分清是非，正确地进行调解和达成有效协议。调解中要避免放弃原则，充当“和事佬”，该支持而不支持，该反对而不反对。调解还要避免不作深入细致的调查研究，不分是非，应付了事。

3. 防止强迫调解

当事人之间发生劳动争议，当事人有权在法律允许的范围内选择解决途径和方式，调解组织不能干涉和阻碍。调解过程中未能达成协议，一方或双方提出劳动争议仲裁申请，劳动争议调解组织不能干预；劳动争议调解达成协议后一方反悔，要求仲裁的，劳动争议调解组织也不能干预。

4. 防止久拖不调，久调不结

对于经过再三调解仍无法解决的争议，要防止久调不结。如果既调解不了，又无法结案，将拖延劳动争议进入仲裁的进程，使当事人的争议长期得不到解决，这不仅影响到当事人的工作和生活，也影响到社会的稳定，是与调解的宗旨相悖的。

第 5 节 调解与仲裁、诉讼的衔接

一、调解协议的性质

劳动争议调解协议是劳动关系双方当事人在劳动争议调解机构的主持下，经过自愿协商达成的，有关设立、变更、终止民事权利和民事义务的协议。其性质因协议达成过程以及参与主体的特殊性，而不同于一般的合

同或协议。因而在确定其性质时需将普遍性与特殊性相结合来进行分析、理解。

一方面，从劳动争议调解机构的性质看，企业劳动争议调解委员会是用人单位在其所在地方工会和地方劳动争议仲裁委员会指导下，设立的调解劳动关系双方当事人之间在劳动关系上相关权益纠纷的自治性组织；基层人民调解组织同样是群众自治的争议解决机构。调解机构的性质决定了调解工作不同于仲裁机构的仲裁、人民法院的审判。因此，主体的自治性在一定程度上决定了调解工作及其达成的调解协议所包含的特殊性。

另一方面，从合同的概念和基本特征看，劳动争议调解协议属于我国合同法规定的民事合同范围，其签订属于双方当事人的民事法律行为。这主要表现为：劳动争议双方当事人进行了订立调解协议的民事法律行为；劳动争议双方当事人虽然在劳动关系上存在一定的权益纠纷，但经过调解之后，自愿达成了调解协议，在符合法律法规和程序规范的情况下，调解协议的内容为双方真实的意思表示；劳动争议双方当事人签订的协议具有民事权利和民事义务的内容。因此，劳动争议调解协议符合我国法律法规关于民事合同的定义，具备民事合同的普遍性法律特征。

二、调解协议的法律效力

调解协议的法律效力主要可从两个层面把握：一是劳动合同性质的约束力；二是经司法确认后的强制执行力。

（一）调解协议具有劳动合同性质的约束力

尊重自愿原则是调解工作的一个重要原则，调解协议也应当体现当事人双方的真实意愿。但是为了切实保护劳动者的权益，推进劳动关系的和谐、良好发展，避免新的争议纠纷的产生，调解协议应当具备一定的强制执行力。如果调解协议不具备这种法律效力，则争议双方可以不遵守调解协议的约定，那么调解工作的效率和效用的发挥便会受到极大影响，调解制度的及时性和便捷性得不到充分发挥，从根本上不利于对劳动争议矛盾的解决，不利于长远的劳动关系管理，同时也是一种对社会资源和法律资源的浪费。

《最高人民法院关于审理劳动争议案件适用法律若干问题的解释（二）》

第十七条规定，当事人在劳动争议调解委员会主持下达成的具有劳动权利义务内容的调解协议，具有劳动合同的约束力，可以作为人民法院裁判的依据。当事人在劳动争议调解委员会主持下仅就劳动争议报酬争议达成调解协议，用人单位不履行调解协议确定的给付义务，劳动者直接向人民法院起诉的，人民法院可以按照普通民事纠纷受理。此外，《劳动争议调解仲裁法》第十六条的规定赋予了部分劳动争议调解协议法律上的强制执行力，也符合保护处于弱势地位的劳动者的原则。

（二）经司法确认的调解协议具有强制执行力

司法确认程序是完善多元纠纷解决机制的重要内容，是指对于涉及民事权利义务的纠纷，经行政机关、人民调解组织、商事调解组织、行业调解组织或者其他具有调解职能的组织调解达成的具有民事合同性质的协议，经调解组织和调解员签字盖章或双方当事人签署后，如果双方认为有必要，共同到人民法院申请确认其法律效力的过程。

2009年7月最高人民法院公布的《关于建立健全诉讼与非诉讼相衔接的矛盾纠纷解决机制的若干意见》规定，经《劳动争议调解仲裁法》规定的调解组织调解达成的劳动争议调解协议，由双方当事人签名或者盖章，经调解员签名并加盖调解组织印章后生效，对双方当事人具有合同约束力，当事人应当履行。双方当事人可以不经仲裁程序，根据本意见关于司法确认的规定直接向人民法院申请确认调解协议效力。人民法院不予确认的，当事人可以向劳动争议仲裁委员会申请仲裁。

2010年8月28日，《人民调解法》正式通过，并于2011年1月1日起施行。该法第三十三条规定，经人民调解委员会调解达成调解协议后，双方当事人认为有必要的，可以自调解协议生效之日起三十日内共同向人民法院申请司法确认。人民法院应当及时对调解协议进行审查，依法确认调解协议的效力。人民法院依法确认调解协议有效，一方当事人拒绝履行或者未全部履行的，对方当事人可向人民法院申请强制执行。这些法律法规的实施表明劳动争议的多元纠纷解决机制改革进入了一个新的发展阶段。

然而需要注意的是，根据《关于建立健全诉讼与非诉讼相衔接的矛盾纠纷解决机制的若干意见》，有下列情形之一的，人民法院不予确认调解协议效力：违反法律、行政法规强制性规定的；侵害国家利益、社会公共利益的；侵害案外人合法权益的；涉及是否追究当事人刑事责任的；内容不明确，无法确认和执行的；调解组织、调解员强迫调解或者有其他严重违反职业道德准则的行为的；其他情形不应当确认的。当事人在违背真实意思的情况下签订调解协议，或者调解组织、调解员与案件有利害关系、调解显失公正的，人民法院对调解协议效力不予确认，但当事人明知存在上述情形，仍坚持申请确认的除外。

三、调解与仲裁的衔接

（一）仲裁委托调解制度

根据《关于加强劳动人事争议调解工作的意见》（人社部发〔2009〕124 号）的规定，劳动争议仲裁机构可以委托调解组织调解劳动争议案件，经当事人同意，可以委托调解组织进行调解。经委托调解达成一致意见的，制发调解协议；在调解期间内达不成协议的，劳动争议处理机构应及时立案。

目前，我国正在探索建立“大调解”工作体系，仲裁委托调解制度则是调裁衔接的一大举措。劳动争议仲裁机构在进行仲裁立案之前，对争议事实比较简单、当事人分歧不大、有较大调解可能的案件，委托独立的调解组织进行调解。此举能够将劳动争议处理的重心前移，降低争议处理成本，提高争议处理效率。

（二）调解建议书制度

调解建议书是调裁衔接的另一举措。劳动争议仲裁机构在进行仲裁立案之前，对争议事实比较简单、当事人分歧不大、有较大调解可能的案件发出调解建议书，引导当事人优先选择调解程序。此举能够加快劳动争议案件处理进程，减轻仲裁机构的压力，同时有效地维护当事人的合法权益，实现一些争议解决在萌芽状态，大部分争议解决在基层，少部分案件进入仲裁，极少案件进入法院的工作目标。

根据《关于加强劳动人事争议调解工作的意见》的规定，对未经调解组织调解，当事人直接申请仲裁的劳动争议，劳动争议仲裁机构可以向当事人发出调解建议书，引导当事人在调解组织进行调解，就近解决劳动争议。逾期未达成调解协议的，可以依法申请仲裁。

（三）调解协议的仲裁审查确认

调解协议书不具有法律上强制执行的效力，并不能说明调解协议书是一纸空文，是无用功。为了提高处理劳动争议的效率，我国各地均开展了调解协议的仲裁审查确认制度。

调解协议的仲裁审查确认，是指劳动争议双方通过调解组织达成了调解协议，为了保障调解协议的顺利履行，捍卫劳动争议调解的成果，经双方协商一致，到当地劳动争议仲裁机构将调解协议书置换为仲裁调解书。按照法律规定，仲裁调解书具有法律上强制执行的效力，可以保障当事人的合法权益得以实现，是确认劳动争议调解成果的有效方法。

（四）当事人不履行调解协议，另一方可申请仲裁

根据《劳动争议调解仲裁法》的规定，劳动争议调解的双方当事人达成调解协议后，一方当事人在约定期限内不履行调解协议的，另一方当事人可以依法申请仲裁。调解协议的履行期限并不由法律统一规定，而是由当事人双方自行约定。

劳动争议调解协议成立，视为劳动争议双方当事人之间形成了一个民事合同关系。调解协议在性质上属于民事合同，不具有法律上强制执行的效力。调解协议的达成，需要双方当事人协商一致，具有很强的自治性，无法判断其是否向仲裁裁决或者法院判决那样遵循了合法、公平的原则，因此不能赋予调解协议强制执行的效力。所以，当事人虽然达成了调解协议，但是一方不履行的，视为劳动争议还没有妥善解决，另一方当事人可以依法申请仲裁，通过仲裁途径来解决劳动争议。这时，该调解协议可作为仲裁的重要参考。

四、调解与诉讼的衔接

（一）法院委托调解制度

当前，各地法院积极探索劳动争议委托调解制度。劳动争议当事人不服仲裁裁决向法院起诉的，立案后经当事人同意，法院可以委托调解组织进行调解。法院出具书面委托函，针对案件适用简易程序还是普通程序而确定不同的委托调解期限。

委托调解达成调解协议的，当事人可以撤回起诉，也可以申请法院对调解协议进行司法审查确认。调解不成的，法院应当及时对该劳动争议进行审判。

（二）调解协议的司法审查确认

根据最高人民法院《关于建立健全诉讼与非诉讼相衔接的矛盾纠纷解决机制的若干意见》的规定，经商事调解组织、行业调解组织、人民调解组织、行政机关或者其他具有调解职能的组织调解达成的具有民事合同性质的协议，经调解组织和调解员签字盖章后，当事人可以申请有管辖权的人民法院确认其效力。

劳动争议调解协议的司法审查确认，可以不经仲裁程序，直接向法院申请确认调解协议效力。法院依法审查后，决定是否确认调解协议的效力。确认调解协议效力的决定送达双方当事人后发生法律效力，一方当事人拒绝履行的，另一方当事人可以依法申请法院强制其执行。法院不予确认的，当事人可以向劳动争议仲裁委员会申请仲裁。

（三）支付令程序

1. 支付令的适用范围

支付令是人民法院依照民事诉讼法规定的督促程序，根据债权人的申请，向债务人发出的限期履行给付金钱或有价证券的法律文书，是人民法院根据债权人的申请，依法作出的督促债务人为一定给付义务的法律文书。这是处理债权债务关系明确的民事、经济纠纷的最好办法，但只能体现在债务人接到支付令之日起十五日内，不向人民法院提出书面异议方可实现。债务人对债权债务关系没有异议，但对清偿能力、清偿期限、清偿方式提出不同意见的，不影响支付令的效力。若人民法院裁定终结督促程序，支付令自行失效，债权人可以提出诉讼。

《劳动合同法》首先在劳动关系领域引入支付令制度，该法第三十条规定，用人单位拖欠或者未足额支付劳动报酬的，劳动者可以依法向当地人民法院申请支付令，人民法院应当依法发出支付令。《劳动争议调解仲裁法》第十六条规定，因支付拖欠劳动报酬、工伤医疗费、经济补偿或者赔偿金事项达成调解协议，用人单位在协议约定期限内不履行的，劳动者可以持调解协议书依法向人民法院申请支付令。人民法院应当依法发出支付令。两部法律规定的申请支付令的范围有所不同，实践中应进行叠加，即申请支付令的范围包括劳动报酬、工伤医疗费、经济补偿、赔偿金等事项。

2. **支付令的申请要求**

债权人申请支付令，必须向人民法院提交书面申请，并附有债权文书。申请书是人民法院受理案件、开始督促程序的前提和依据，也是人民法院审查的重要内容之一，因此申请书必须详细记明下列内容：当事人的自然状况，包括债权人与债务人双方的名称、地址等；请求给付的金钱，有价证券的种类和数量；请求发布支付令所根据的事实和证据，着重写明引起债权债务法律关系的产生、发展的时间，以及债权债务关系的相关事实，并尽可能地提供证据，对事实和理由加以证明。

3. **支付令的审查处理**

人民法院受理申请后，经审查债权人提供的事实、证据，对债权债务关系明确、合法的，应当在受理之日起十五日内向债务人发出支付令；申请不成立的，裁定予以驳回。债务人应当自收到支付令之日起十五日内清偿债务，或者向人民法院提出书面异议。债务人在上述规定的期间不提出异议又不履行支付令的，债权人可以向人民法院申请执行。人民法院收到债务人提出的书面异议后，经审查，异议成立的，应当裁定终结督促程序，支付令自行失效。

根据最高人民法院的司法解释，劳动者依据《劳动合同法》第三十条第二款和《劳动争议调解仲裁法》第十六条规定向人民法院申请支付令，符合《民事诉讼法》第十七章督促程序规定的，人民法院应予受理。但是根据不同的事项，人民法院会有不同的处理结果。

（1）依据《劳动合同法》第三十条第二款规定申请支付令被人民法院裁定终结督促程序后，劳动者就劳动争议事项直接向人民法院起诉的，人民法院应当告知其先向劳动人事争议仲裁委员会申请仲裁。

（2）依据《劳动争议调解仲裁法》第十六条规定申请支付令被人民法院裁定终结督促程序后，劳动者依据调解协议直接向人民法院提起诉讼的，人民法院应予受理。

本章小结

劳动争议调解是指在第三方主持下，依据法律规定和道德规范，劝说争议双方当事人，通过民主协商，互谅互让，达成协议，从而消除争议的一种方法与活动。劳动争议调解应当遵循自愿原则，耐心疏导、民主说服原则，公正原则和及时调解原则。劳动争议调解具有自愿性、独立性、群众性、自治性与非诉讼性。我国的劳动争议调解组织主要包括企业劳动争议调解委员会、依法设立的基层人民调解组织和在乡镇、街道设立的具有劳动争议调解职能的组织。

中国特色的新型调解形式包括劳动行政调解和联合调解。劳动行政调解以当事人双方自愿为基础，赋予当事人自主意思表示，体现出行政的权威性和当事人之间的平等性；联合调解则能够很好地整合各方调解资源，并通过工作机制形成有效合力。

目前我国可以调解劳动争议的组织类型呈现出多样化的特点，《企业劳动争议协商调解规定》仅以企业劳动争议调解为例规定了劳动争议调解的一般程序，其他劳动争议调解组织参照执行。具体程序包括申请调解、调解受理、调解前准备、实施调解和调解终结几个步骤。

劳动争议调解协议是劳动关系双方当事人在劳动争议调解机构的主持下，经过自愿协商达成的有关设立、变更、终止民事权利和民事义务的协议。调解协议的法律效力体现在劳动合同性质的约束力与司法确认后的强制执行力。当事人在劳动争议调解委员会主持下达成的具有劳动权利义务内容的调解协议，具有劳动合同的约束力，可以作为人民法院裁判的依据。劳动争议调解的双方当事人达成调解协议后，一方当事人在约定期限内不履行调解协议的，另一方当事人可以依法申请仲裁。因支付拖欠劳动报酬、工伤医疗费、经济补偿或者赔偿金事项达成调解协议，用人单位在协议约定期限内不履行的，劳动者可以持调解协议书依法向人民法院申请支付令。人民法院应当依法发出支付令。

关键词

劳动争议调解　概述　调解组织　策略　衔接

复习与思考题

1. 试述劳动争议调解的原则与特征。
2. 劳动争议调解组织有哪些？
3. 试述中国特色新型调解形式的特点和优势。

4. 试述劳动争议调解的程序。

5. 如何理解调解、仲裁与诉讼的衔接?

实践前沿

企业资金链断裂拖欠职工工资，此案如何调解

某投资公司由于领导层投资失误，公司资金链断裂，自 2014 年 1 月到 2016 年 2 月长达两年的期间，单位迟延发放职工工资达 20 次之多，且有拖欠缴纳社会保险费及住房公积金的行为。2016 年 3 月，部分职工以单位拖欠工资为由向单位提出解除劳动合同，同时要求单位支付 N+1 倍经济补偿、2016 年 2—3 月的工资、迟发工资的经济补偿等。经双方同意，该案进入调解程序。

本案争议的焦点是：第一，职工是否能以单位拖欠工资为由解除劳动关系并要求经济补偿? 第二，职工申请拖欠迟发工资的经济补偿是否能够得到支持?

关于争议焦点一，《劳动合同法》第三十八条规定，用人单位未及时足额支付劳动报酬的，劳动者可以解除劳动合同；《劳动合同法》第四十六条规定，劳动者依照该法第三十六条规定解除劳动合同的，用人单位应当向劳动者支付经济补偿。经济补偿的标准按照劳动者在本单位工作的年限，每满一年支付一个月工资；六个月以上不满一年的，按一年计算；不满六个月的，向劳动者支付半个月工资的经济补偿。因此，公司应当支付经济补偿。

由于单位拖欠职工工资过错在先，经过调解员向单位认真讲述上述法律规定，单位同意按照职工入职的工作年限给予经济补偿。但是由于涉案人数较多，单位无法一次性支付完成，希望分批次履行义务。经调解员与职工协商，职工同意单位的要求。

关于争议焦点二，单位存在迟延发放职工工资的行为达 20 次之多，但单位已将前 18 次拖欠的金额结清，目前仅拖欠职工 2016 年 2—3 月工资，那么单位是否需要为上述拖欠工资行为产生的经济补偿“买单”呢?

从情理上讲，单位可以不承担已清偿的拖欠工资的经济补偿。对于仍存在的 2016 年 2—3 月这两次拖欠工资的行为，单位是否有义务承担经济补偿，则要看是否符合法律规定。

根据《劳动合同法》第八十五条的规定，用人单位未按照劳动合同的约定或者国家规定及时足额支付劳动者报酬的，需要经过劳动行政部门责令限期支付的前置程序，如经劳动行政部门责令改正，单位逾期仍然不支付的，用人单位应按照应付金额的50%以上100%以下的标准向劳动者加付补偿金。

调解员向职工了解得知，他们此前并未到相关劳动行政部门进行投诉，劳动行政部门也未向单位发出限期整改的通知书。但是职工认为单位迟发工资的行为给他们造成了很多负担和经济损失，例如迟发工资导致他们借钱还房贷产生借款利息等。在了解上述情况后，调解员给单位做工作，单位同意对于目前拖欠的两次工资给予职工经济补偿，双方最终握手言和。

在整个案件的调解过程中，调解员运用“同理心原则”对案件进行调解：一方面告诉单位方应该注重考虑到职工的生活成本，尽量提前和缩短支付周期；另一方面也劝说职工考虑单位的实际困难并多给单位一些时间来筹集资金，在单位可以承受的能力范围内，按时分期分拨支付经济补偿。

最后，双方在平和的氛围下顺利签署了调解协议。

资料来源：案例｜企业资金链断裂拖欠员工工资，此案如何调解？.（2017-12-14）. http：//www.mohrss.gov.cn/tjzcgls/TJZCdianxingal/201712/t20171214_283995.html.

第 7 章

劳动争议仲裁

学习目标

学完本章后，你应该能够：

- 理解劳动争议仲裁的概念、特征。
- 了解劳动争议仲裁的受案范围与管辖制度。
- 了解劳动争议仲裁组织的历史沿革与办事机构。
- 了解劳动争议仲裁程序。
- 掌握当事人在仲裁活动中的权利与义务。
- 理解劳动争议仲裁中的证据制度。
- 掌握“一裁终局”的特别规定。

开篇引例

劳动者未申请休年休假，不等同于放弃年休假补偿

孔某于 2012 年 3 月 1 日入职某互联网公司，双方订立了为期 5 年的劳动合同。2017 年 2 月 28 日，劳动合同到期，互联网公司通知不与孔某续订劳动合同。在办理离职手续并领取终止劳动合同经济补偿时，孔某提出，2015—2017 年，因工作繁忙，其未能休带薪年休假，故要求互联网公司支付相应的补偿。互联网公司认为，孔某因自身原因未提出休年休假，按照公司员工手册的规定，每年 12 月 31 日之前未提出休年休假的，属于自动放弃当年年休假，故公司无须支付经济补偿。双方因此发生争议，孔某向仲裁委员会提出仲裁申请，要求互联网公司支付未休年休假的工资报酬。

仲裁委员会审理后认为，互联网公司的员工手册中虽规定每年 12 月 31 日之前未提出休年休假的，属于自动放弃当年年休假，但并无证据表明孔某曾书面提出因个人原因不休年休假，且上述员工手册中的规定也违反了《职工带薪年休假条例》的相关规定，故裁决支持孔某的仲裁请求。

由此可见，非经劳动者书面且系因个人原因提出不休年休假，不等同于其放弃年休假补偿。

《企业职工带薪年休假实施办法》第九条规定，用人单位根据生产、工作的具体情况，并考虑职工本人意愿，统筹安排年休假。用人单位确因工作需要不能安排职工年休假或者跨一个年度安排年休假的，应征得职工本人同意。第十条第二款规定，用人单位安排职工休年休假，但是职工因本人原因且书面提出不休年休假的，用人单位可以只支付其正常工作期间的工资收入。从上述规定可以看出，年休假应由用人单位统筹安排，且在劳动者本人同意的情况下可跨一个年度安排。本案中，孔某虽未提出休年休假，但并未书面提出因个人原因不休年休假，互联网公司虽然在员工手册中有相关规定，但该规定与法律规定相违悖，故不具有相应的效力，互联网公司仍应支付相应的补偿。

资料来源：郝江．京人社局发布 2018 年劳动争议十大典型案例．(2018－10－23). https：//new. qq. com/omn/20181023/20181023F1CNON. html? pgv_ref＝aio2015&ptlang＝2052.

我国的劳动争议仲裁是一种比较特殊的准司法争议解决程序，此环节高效便捷地化解了绝大部分劳动争议，在劳动争议处理体制中发挥了非常重要的作用。

第 1 节 劳动争议仲裁概述

仲裁是国际上比较流行的处理劳动争议的手段。与调解相比，仲裁结果具有更强的权威性和公正性；与诉讼相比，仲裁更加省时、省力。在我国，仲裁是处理劳动争议案件的必经环节，对劳动争议的解决起着重要的作用。

一、劳动争议仲裁的概念

仲裁，从字面上解释，“仲”意为居于中间，即立足于纠纷当事人之间的人；“裁”意为判断和认定，即对纠纷的事实和当事人的责任进行认定和裁决。因此，仲裁是指公认的权威机构依据法律规定和当事人的申请，对双方的争议事项作出裁决的过程和活动。

劳动争议仲裁是仲裁的一种，其仲裁的对象是当事人之间的劳动纠纷。对于劳动争议仲裁的概念，理论界主要有以下几种说法：一是劳动争议仲裁是指劳动争议当事人自愿把劳动争议提交第三者处理，由其就劳动争议的事实和责任作出对双方当事人具有约束力的判断和裁决。二是劳动争议仲裁是指法律授权的专门机构，依据法律法规的规定和劳动争议当事人的申请，以第三者的身份，对争议事项居中调解并作出判断和裁决的法律活动。三是劳动争议仲裁制度是指依照国家劳动法律法规规定成立的劳动争议仲裁委员会作为第三者，遵循法律规定的原则和程序，对劳动关系双方发生的劳动争议进行调解和裁决的一项劳动法律制度。

理解劳动争议仲裁的概念，需要把握以下几点：(1) 仲裁的对象是劳动纠纷。纠纷的种类有很多，如民事纠纷、行政纠纷、劳动纠纷等，只有劳动纠纷才属于劳动争议的受案范围。(2) 仲裁机构具有权威性和公正性。“仲裁”意即“居中公断”，这就要求仲裁机构具有一定的权威性，并保证裁决的公正性。一般而言，劳动争议仲裁机构都是由国家法律授权的专门机构。(3) 自愿提交。劳动争议仲裁是事后监督，不告不究。因此劳动争议当事人应当以书面或口头形式向劳动争议仲裁机构提出仲裁申请，仲裁程序才开始启动。(4) 判决结果具有法律约束力。劳动争议仲裁调解书和裁决书的内容对劳动争议当事人履行义务、承担责任具有制约作用，由法院按照一定程序保障其实施。

劳动争议仲裁包括两种形式，即仲裁调解和仲裁裁决。仲裁调解是指在仲裁员的主持下，双方当事人自愿协商、互让互谅，达成协议解决争议的方式。仲裁裁决是指在仲裁调解不成的情况下，由仲裁员对案件作出具有法律约束力的裁决的方式。

二、劳动争议仲裁的特征

我国劳动争议仲裁制度的历史虽不及一些发达国家长，但也经历了近百年的发展历程。早在20世纪20年代，中华民国政府颁布的《劳资争议法》就对劳资争议的仲裁作出了相关规定。经过近百年的发展，我国的劳动争议仲裁制度日趋完善，特别是2008年起施行的《劳动争议调解仲裁法》作出了重大的突破。

我国当前的劳动争议仲裁制度主要具有以下几个特点。

（一）劳动争议仲裁是诉讼的前置程序

从《劳动争议调解仲裁法》第五条的规定可以看出，协商和调解是在双方当事人自愿的原则下选择进行的，当事人也可以直接申请仲裁，但仲裁实行的是强制仲裁的原则，是诉讼的前置程序，即不经过仲裁处理，劳动争议当事人就无权向人民法院提起劳动争议诉讼。这样做的目的在于缩短劳动争议的解决时间，减少当事人的维权成本，减轻法院的诉讼负荷。因为同诉讼程序相比，仲裁程序更为快捷便利。

（二）合理分配举证责任，特别强调用人单位的举证责任

根据一般民事纠纷的法律规定，当事人对于自己提出的主张有责任提供证据。但是在劳动争议案件中，由于劳动关系具有从属性，用人单位掌握和管理着劳动者的档案、工资、社会保险等材料，劳动者面临举证困难的问题，如果没有强制要求，显然用人单位不愿意提供这些可能对自己不利的证据。为了保护劳动者的合法权益，我国的劳动争议仲裁制度合理地分配了举证责任，强调了用人单位的举证责任。《劳动争议调解仲裁法》第六条规定，发生劳动争议，当事人对自己提出的主张，有责任提供证据。与争议事项有关的证据属于用人单位掌握管理的，用人单位应当提供；用人单位不提供的，应当承担不利后果。

（三）部分案件实行有条件的“一裁终局”

为了防止一些用人单位通过恶意诉讼来拖延时间、加大劳动者的维权成本，《劳动争议调解仲裁法》在仲裁环节规定对部分案件实行有条件的

“一裁终局”。这部分案件包括：(1）追索劳动报酬、工伤医疗费、经济补偿或者赔偿金，不超过当地月最低工资标准十二个月金额的争议；(2）因执行国家的劳动标准在工作时间、休息休假、社会保险等方面发生的争议。发生这类争议时，劳动者在法定期限内不向法院提起诉讼，或者用人单位向法院提起撤销仲裁裁决申请被驳回的情况下，仲裁裁决为终局裁决。裁决书自作出之日起发生法律效力。

（四）处理案件迅速、及时，维权成本低

经济纠纷是引起劳动争议的重要原因，相对于用人单位，劳动者受维权时间和维权成本的影响更大。为了缩短维权时间、降低维权成本，我国的劳动争议仲裁制度都作了相应的安排。例如《劳动争议调解仲裁法》规定，劳动争议仲裁委员会自收到仲裁申请之日起五日内要给申请人答复，予以受理的案件要在受理申请之日起四十五日内作出仲裁裁决。这样的规定就保证了劳动争议案件能够迅速、及时地得到解决，保障当事人的合法权益。同时，《劳动争议调解仲裁法》第五十三条规定，劳动争议仲裁不收费，劳动争议仲裁委员会的经费由财政予以保障。如此直截了当的规定，卸下了维权劳动者肩上的包袱，减少因高昂的费用而放弃维权的可能。

（五）劳动行政部门在劳动争议仲裁中发挥主导作用

我国的劳动行政部门在劳动争议仲裁委员会及其工作中发挥着主导作用。劳动争议仲裁委员会主任由劳动行政部门的代表担任；仲裁委员会的办事机构由劳动行政部门劳动争议处理机构或者依法设立的劳动争议仲裁院充当；省、自治区、直辖市人民政府劳动行政部门对本行政区内的劳动争议仲裁工作进行指导；在实际工作中，劳动行政部门承担着主要的工作量。这一情况是由我国的特殊国情决定的，同时也与现行工会体制还不能充分发挥工会在劳动争议仲裁工作中的作用是分不开的。

三、劳动争议仲裁的受案范围

劳动争议仲裁的受案范围是指法律法规对各级劳动争议仲裁委员会管辖哪些劳动争议案件所作的规定。我国《劳动争议调解仲裁法》第二条对劳动争议案件的内容作了详细的规定，具体包括：(1）因确认劳动关系发

生的争议；（2）因订立、履行、变更、解除和终止劳动合同发生的争议；（3）因除名、辞退和辞职、离职发生的争议；（4）因工作时间、休息休假、社会保险、福利、培训以及劳动保护发生的争议；（5）因劳动报酬、工伤医疗费、经济补偿或赔偿金等发生的争议；（6）法律法规规定的其他劳动争议。

四、劳动争议仲裁的管辖制度

劳动争议仲裁管辖是指劳动争议仲裁机构受理劳动争议案件的权限和范围，即规定当事人应向哪一个仲裁机构申请仲裁，由哪一个机构负责受理的法律制度。明确管辖制度，有利于仲裁机关行使仲裁权和当事人行使申诉权。我国现行的劳动争议仲裁管辖是参照《民事诉讼法》的有关规定，分为地域管辖、级别管辖、移送管辖和指定管辖。劳动争议仲裁管辖的原则是方便原则，为当事人的申诉、应诉提供方便，为劳动争议仲裁委员会审理案件提供方便，避免当事人因仲裁造成过重的负担，影响正常生活。

（一）地域管辖

地域管辖是指同级劳动争议仲裁机关按空间范围确定受理劳动争议案件的分工。地域管辖分为一般地域管辖、特殊地域管辖和专属管辖。

一般地域管辖是指按照当事人的所在地划分案件管辖。《劳动争议调解仲裁法》第二十一条第一款规定，劳动争议仲裁委员会负责管辖本区域内发生的劳动争议。

特殊地域管辖是指某种劳动争议案件依据特定标准，如劳动法律关系产生、变更和消灭的所在地，由某地仲裁委员会管辖。《劳动争议调解仲裁法》第二十一条第二款规定，劳动争议由劳动合同履行地或者用人单位所在地的劳动争议仲裁委员会管辖。双方当事人分别向劳动合同履行地和用人单位所在地的劳动争议仲裁委员会申请仲裁的，由劳动合同履行地的劳动争议仲裁委员会管辖。同时，《劳动人事争议仲裁办案规则》第八条规定，劳动合同履行地为劳动者实际工作场所地，用人单位所在地为用人单位注册、登记地或者主要办事机构所在地。用人单位未经注册、登记的，其出资人、开办单位或主管部门所在地为用人单位所在地……案件受理后，劳动合同履行地和用人单位所在地发生变化的，不改变争议仲裁的管辖。用人单位被吊销营业执照、责令关闭、撤销或者用人单位决定提前解散，以及无营业执照或者未经依法登记、备案的，由用人单位方的当事人所在地或住所地仲裁委员会管辖；出资人为用人单位方的当事人，且有多个出资人且不在同一辖区的，多个出资人住所地的仲裁委员会均有管辖权。

专属管辖是指法定的某国家机关经立法授权，依法确定某种劳动争议案件专属某地仲裁委员会管辖。原劳动部规定，我国公民与国（境）外企业签订的劳动（工作）合同履行地在我国领域内，因履行该合同发生争议的，由合同履行地仲裁委员会受理。

（二）级别管辖

级别管辖是指上下级仲裁委员会之间对于受理劳动争议案件的分工和权限，它主要根据案件的性质、影响范围和繁简程度确定。根据我国法律法规的规定，县、市、市辖区仲裁委员会负责本行政区域内发生的劳动争议案件的受理。设区的市的仲裁委员会和市辖区的仲裁委员会受理劳动争议案件的范围，由省、自治区人民政府规定。国务院劳动行政部门依照《劳动争议调解仲裁法》有关规定制定仲裁规则。省、自治区、直辖市人民政府劳动行政部门对本行政区域的劳动争议仲裁工作进行指导。

（三）移送管辖

移送管辖是指仲裁委员会将已受理的但不属于本仲裁委员会管辖的劳动争议案件移送给有管辖权的仲裁委员会。就其实质而言，移送管辖是对案件的移送，而不是对案件管辖权的移送。它是在管辖发生错误时而采取的一种补救措施。通常发生在同级的劳动争议仲裁委员会之间，但有时也适用于上下级的劳动争议仲裁委员会。《劳动人事争议仲裁办案规则》第九条第一款规定，仲裁委员会发现已受理案件不属于其管辖范围的，应当移送至有管辖权的仲裁委员会，并书面通知当事人。在实践中，受移送的仲裁委员会对接受的移送案件不得再行移送。如果认为自己对接受的移送案件确无管辖权，可以报告劳动行政部门决定是否由它管辖。

（四）指定管辖

指定管辖是指上级劳动争议仲裁委员会以裁定方式，指定下级劳动争议仲裁委员会对某一案件行使管辖权。其目的在于，确保在特殊情况下由指定的劳动争议仲裁委员会审理劳动争议案件，保证案件的及时、正确处理。《劳动人事争议仲裁办案规则》第九条第二款规定，对上述移送案件，受移送的仲裁委员会应当依法受理。受移送的仲裁委员会认为受移送的案件按照规定不属于其管辖，或者仲裁委员会之间因管辖争议协商不成的，应当报请共同的上一级仲裁委员会主管部门指定管辖。

第2节 劳动争议仲裁组织

一、劳动争议仲裁组织的历史沿革

（一）劳动争议仲裁委员会初步建立阶段

中华人民共和国成立初期，为处理私营企业内部的劳资争议，中华全国总工会制定了《关于劳资关系暂行处理办法》以及《劳动争议解决程序的暂行规定》，标志着我国初步建立起劳动争议仲裁委员会制度。1950年，劳动部发布了《劳动争议仲裁委员会组织及工作规则》，使劳动争议仲裁委员会建设进一步得到了规范。随着这几项规章及有关规定的出台、落实，我国的劳动争议处理制度初步形成，劳动争议仲裁委员会初步建立，并在协调劳动关系中发挥了重要作用。

（二）劳动争议仲裁委员会停滞中断阶段

1956年，国家对私营企业的改造基本完成，劳动关系越来越单一，劳动争议案件大幅减少。此后，劳动部陆续撤销了各城市的劳动争议仲裁委员会。1957年5月，中共中央办公厅制定了《关于中央十九个部门接待人民来访的范围（草案）》，规定了劳动争议的来信来访由劳动部门处理。从此，我国劳动争议仲裁委员会陷入了停滞中断阶段。虽然信访部门解决了一些劳动争议案件，但是由于缺乏专门机构及法律程序，争议的解决难度很大，并且缺乏效率。

（三）劳动争议仲裁委员会恢复和发展阶段

随着改革开放的不断深入，用人单位和劳动者之间的劳动关系更加明朗，劳动争议案件也呈现出爆发式增长。在这种形势下，1987年7月国务院颁布了《国营企业劳动争议处理暂行规定》，从此，中断了近30年的劳动争议仲裁委员会得以恢复。

1993年，国务院颁布了《企业劳动争议处理条例》。该条例进一步促进了我国劳动争议仲裁委员会的发展。1994年7月颁布的《劳动法》中专设“劳动争议”一章，对劳动争议的相关内容进行了统一规定。2007年，第十届全国人民代表大会常务委员会审议通过了《劳动争议调解仲裁法》。该法将劳动争议仲裁委员会制度进行了固定和规范，进一步明确了其法律地位，增强了其法律效力。

2017年，人力资源和社会保障部颁布了《劳动人事争议仲裁组织规则》。该规则在过去劳动争议处理制度的基础上，扩大了仲裁的受案范围；提高了调解在争议处理中的地位和作用；对于部分案件实行“一裁终局”制度，有效缩短了仲裁周期；增加了支付令和先予执行的规定，有效地维护了劳动者利益；加大了用人单位的举证责任，明确规定与争议事项相关的证据属于用人单位掌握管理的，应由用人单位予以提供；明确了劳动争议仲裁不收费原则；实行了劳动合同履行地有限原则。

（四）劳动争议仲裁机构实体化建设阶段

我国从2001年开始推行劳动争议仲裁机构的实体化建设。这一进程在《劳动争议调解仲裁法》颁布施行后得以加快。当前，仲裁院的建设覆盖面越来越广，仲裁院的基础设施明显好转。成立较早、级别较高的仲裁院场地基本能够得到保证，仲裁人员的总体规模显著扩大，仲裁院的人员经费基本到位。

二、劳动争议仲裁委员会

（一）劳动争议仲裁委员会的设立

劳动争议仲裁委员会是指依法设立，并依法独立地对劳动争议案件进行仲裁的专门机构。《劳动争议调解仲裁法》第十七条规定，劳动争议仲裁委员会按照统筹规划、合理布局和适应实际需要的原则设立。省、自治区人民政府可以决定在市、县设立；直辖市人民政府可以决定在区、县设立。直辖市、设区的市也可以设立一个或者若干个劳动争议仲裁委员会。劳动争议仲裁委员会不按行政区划层层设立。

由于我国幅员广阔，经济发展不平衡，东部、南部省市经济比较发达，劳动争议相对较多，争议当事人相对集中，而在广大中西部地区，劳动争议则相对较少。因此，在劳动争议仲裁委员会的设立上，允许各省级人民政府根据本地区劳动争议处理工作的实际需要，统筹安排、合理布局本辖区内的劳动争议仲裁委员会。

（二）劳动争议仲裁委员会的组成

《劳动争议调解仲裁法》第十九条规定，劳动争议仲裁委员会由劳动行政部门代表、工会代表和企业方面代表组成。劳动争议仲裁委员会组成人员应当是单数。在实际中，为了保证劳动争议仲裁过程的公平和公正，劳动争议仲裁委员会主要由三方组成，即人力资源社会保障部门代表、同级工会代表以及用人单位方面的代表。劳动争议仲裁委员会的主任由劳动行政部门的主要负责人担任，这种组成形式体现了劳动关系的三方协商机制。

1. 人力资源社会保障部门代表

人力资源社会保障部门代表政府主管劳动和社会保障事务，在把握劳资关系的全局、协调各方利益方面具有很强的优势。以法律的形式将其作为劳动仲裁委员会的一方代表，体现了政府在处理劳资纠纷中的主导作用。

2. 工会代表

在我国，工会是职工自愿结合的工人阶级群众组织，其性质决定了它更了解企业、职工的情况和需求，能更好地代表全体职工的根本利益。因此，工会的参与有利于保护弱势一方劳动者的合法权益。在国家层面，三方协商机制中的工会代表为中华全国总工会。

3. 用人单位方面的代表

用人单位方面的代表即雇主代表组织，在我国主要是指各种形式的企业联合组织，其中主要是中国企业联合会。用人单位方面代表的参与，有利于对相关法律法规的充分理解和对当事人的调解。

《劳动人事争议仲裁组织规则》在仲裁委员会组成基本原则的框架下，结合人事争议仲裁委员会整合后的实际情况，对劳动人事争议仲裁委员会的组成进行了细化规定。仲裁委员会由干部主管部门代表、人力资源社会保障等相关行政部门代表、军队文职人员工作管理部门代表、工会代表和用人单位方面代表等组成。这个规定虽然对仲裁委员会的具体组成单位进行了扩大，但仍然体现了仲裁委员会的三方协商机制。

（三）劳动争议仲裁委员会的职责

劳动争议仲裁委员会的基本职责就是处理本辖区内的劳动争议案件，其裁决劳动争议案件实行仲裁庭制，由仲裁员独立仲裁。根据《劳动争议调解仲裁法》第十九条第二款的规定，我国劳动争议仲裁委员会主要有以下几方面的职责。

1. 聘任、解聘专职或者兼职仲裁员

劳动争议仲裁委员会可以聘任符合法定条件的曾任审判员的人员、专家学者，劳动行政部门、人事行政部门或者其他有关行政部门的人员，工会工作者、律师等为专职或者兼职仲裁员，负责具体劳动争议的仲裁。

2. 受理劳动争议案件

受理劳动争议案件是劳动争议仲裁委员必须履行的法定职责。在受理劳动争议案件中，劳动争议仲裁委员会需要审查是否存在劳动争议，争议是否具备主体资格，争议是否已过仲裁时效等。根据《劳动争议调解仲裁法》的规定，在收到仲裁申请之日起五个工作日内，劳动争议仲裁委员会审核认为符合受理条件的，应当受理，并通知申请人；认为不符合受理条件的，应当书面通知申请人不予受理，并说明理由。

3. 讨论重大或者疑难的劳动争议案件

劳动争议仲裁委员在履行仲裁庭职责的同时，还需要负责讨论仲裁庭提交的少数重大、疑难案件的处理问题。所谓重大案件，是指案情复杂、涉及范围广、争议标的金额较大、案发后案件处理结果影响较大的案件。所谓疑难案件，是指案件的处理依据不明确、法律适用问题存在争议的案件。这两类案件都需要由劳动争议仲裁委员会负责讨论。

4. 对仲裁活动进行监督

我国对民商事仲裁活动和仲裁裁决的监督，除人民法院在执行程序上制约外，主要实行仲裁系统内部监督制度。仲裁委员会对决定重新审理的争议案件，有责任作出终止原裁决执行的仲裁决定。此外，仲裁委员会主任若发现本委员会已经生效的裁决确有错误的、需要复议的，有责任提交委员会讨论，仲裁委员会正、副主任有权决定是否复议。

三、劳动争议仲裁办事机构

（一）劳动争议仲裁委员会办事机构的设立

劳动争议仲裁委员会办事机构，通常是指设立于劳动争议仲裁委员会之下，负责办理劳动争议仲裁委员会日常工作的机构。劳动争议仲裁委员会虽然为常设机构，但其人员以兼职为主，不是常年集中、固定办公的机构，于是便设立了一个专门的办事机构，为劳动争议仲裁委员会这个机构提供服务，负责日常接待、承办受理案件、准备仲裁等工作。

由于受行政部门机构编制的限制，在行政部门内部，专门从事劳动争议案件仲裁工作的机构和人员一直难以满足需求。因此，各劳动争议仲裁委员会的“案多人少”矛盾十分突出。为解决这个突出矛盾，在由人力资源和社会保障部制定的《劳动人事争议仲裁组织规则》中明确规定，仲裁委员会可下设实体化的办事机构，具体承担争议调解仲裁等日常工作。事实上，目前有些省市已经成立了以劳动人事争议仲裁院为主要形式的实体化仲裁委员会办事机构，有效提高了案件处理效率。

（二）劳动争议仲裁委员会办事机构的职责

劳动争议仲裁委员会办事机构的双重身份决定了其双重职责：既要负责处理劳动争议仲裁委员会的日常事务，又要承担劳动法律法规的研究，法律法规、规章政策的咨询、宣传和仲裁监督等工作。从实务来看，劳动争议仲裁委员会的主要职责更多地体现出对办事机构的管理和监督，具体的劳动争议调解仲裁等日常工作依法由办事机构来承担。其主要职责如下。

1. 劳动争议调解仲裁法律法规、政策咨询和接待来访工作

仲裁委员会办事机构具有劳动行政机关和处理劳动争议专门机构的双重身份，这也决定了其担负着向广大人民群众和社会宣传劳动争议处理方面的法律法规的义务。由于现阶段我国正处于社会主义市场经济体制和法律体系的建立及逐步完善过程之中，因此在劳动关系方面出现了许多新情况。不少企业和职工对劳动法律法规和政策并不是十分了解，遇到问题他们首先要向劳动争议处理部门进行咨询，寻求帮助；加之目前宣传手段等方面的限制，使面对面的宣传、咨询成了各级劳动争议仲裁委员会办事机构一项非常重要和繁重的工作。

2. 承办劳动争议案件调解仲裁日常工作，就重大疑难案件向仲裁委员会提出处理意见和建议

劳动争议仲裁委员会办事机构的日常工作主要包括：接待劳动争议当事人并对其仲裁申请进行审查，以确定仲裁申请是否属于受案范围；对不符合规定的仲裁申请书，指导当事人予以修正和补充，并协助争议当事人完成相关的仲裁申请工作；对于经审查符合受理条件的案件，协助当事人完成立案审批表的填写工作，并及时报劳动争议仲裁委员会或其办事机构的负责人审批；指定劳动争议仲裁庭的书记员。此外，还包括承办并审理与案件有关的文书制作和送达等工作，如向申诉人送达决定立案的书面通知，向被诉人送达申诉书副本等。

3. 根据仲裁委员会的授权，组织仲裁庭，对仲裁员进行日常管理

劳动争议仲裁委员会办事机构对仲裁员的管理是日常性的管理，这也是该办事机构的日常主要工作之一，具体工作内容包括对仲裁员登记建档，组织有关人员参加仲裁员的培训和资格考核，为仲裁员制发证书等。

组织仲裁庭是仲裁委员会的另一项重要工作内容，劳动争议仲裁委员会办事机构可以充分利用其受理当事人申诉和审批申诉申请的便利条件，针对具体案情选择不同的仲裁员组成各具特色的仲裁庭。这既可使劳动争议仲裁委员会摆脱过多的行政性、事务性工作，又可提高仲裁庭的办案效率，同时还能使仲裁员在案件处理中发挥自己的专业特长，保证仲裁过程的专业性和公平性。而对于未经劳动争议仲裁委员会授权或重大、疑难案件的组庭工作，仍要由劳动争议仲裁委员会直接负责。

4. 管理仲裁委员会的文书、档案、印鉴，定期向同级仲裁委员会汇报、请示工作

在日常工作中，劳动争议仲裁委员会办事机构需要处理劳动争议仲裁案件审理过程中产生的大量的仲裁文书，如申诉书、答辩书、授权委托书、调查证据、勘验笔录、谈话笔录、开庭通知、仲裁建议书、仲裁决定书、仲裁调解书、仲裁裁决书、立（结）案审批表、请示报告、上级批示，以及与案件有关的劳动争议仲裁委员会会议记录等。上述文书的建档工作由劳动争议仲裁委员会办事机构承担，同时为了给有关人员查阅案卷提供方便，办事机构还必须做好仲裁案卷管理、统计和归档工作。

此外，作为劳动争议仲裁委员会的下属机构，劳动争议仲裁委员会办事机构必须向仲裁委员会负责，它的各项工作应定期向劳动争议仲裁委员会汇报，以充分体现劳动争议仲裁委员会对劳动争议案件处理工作的领导。同时，当遇到案情复杂、争议双方主体规模较大或涉及利益者较多的特殊劳动争议时，办事机构需及时向仲裁委员会做好汇报和请示工作。

5. 办理仲裁委员会交办或授权的其他事项

劳动争议仲裁委员会办事机构还要承担劳动争议仲裁委员会交办或授权的其他工作事项，如收缴仲裁费、管理劳动争议仲裁委员会的经费开支，以及代劳动争议仲裁委员会起草有关请示报告和文件等。办事机构需做好仲裁委员会及下属机构或个人的费用管理工作。此外，经劳动争议仲裁委员会授权，办事机构还需要开展对企业劳动争议调解委员会的业务指导工作，帮助企业劳动争议调解委员会做好劳动争议的预防和调解工作。

（三）劳动人事争议仲裁院概念

根据《劳动人事争议仲裁组织规则》的规定，劳动人事争议仲裁院是劳动争议仲裁委员会的实体化办事机构，具体承担争议调解仲裁等日常工作。仲裁院可以是行政单位，也可以是参照公务员法管理、履行公共服务职能的事业单位。

四、仲裁庭和仲裁员

（一）仲裁庭的组成

仲裁庭是仲裁委员会处理劳动争议案件的基本组织形式，代表仲裁委员会对具体劳动争议案件行使仲裁权，是由经一定程序选出的仲裁员组成的非常设性的处理劳动争议的专门机构。仲裁委员会处理劳动争议案件实行仲裁庭制度，即按照“一案一庭”的原则组成仲裁庭。

仲裁庭的组织形式可分为独任制和合议制两种。独任制是由仲裁委员会指定一名仲裁员独任审理仲裁，适用于事实清楚、案情简单、法律适用明确的劳动争议案件。合议制是指由一名首席仲裁员和两名仲裁员组成仲裁庭，共同审理劳动争议案件。仲裁庭的首席仲裁员由仲裁委员会负责人或其授权其办事机构负责人指定，另两名仲裁员由仲裁委员会授权其办事机构负责人指定或由当事人各选一名。其中不符合规定的，由仲裁委员会予以撤销，重新组成仲裁庭。

（二）仲裁庭的职责

劳动争议仲裁庭在处理劳动争议案件时，应依照法定程序实施仲裁活动并正确行使职权。劳动争议仲裁庭的职责体现在处理劳动争议案件的整个过程。劳动争议仲裁庭并非常设机构，劳动争议仲裁委员会在接受立案后自然成立仲裁庭，结案后仲裁庭将自然撤销，因案而设，案结而销，仲裁庭的职责主要是案件本身的裁决工作。根据《劳动争议调解仲裁法》及其他相关规定，劳动争议仲裁庭的职责主要包含以下几个方面。

1. 依法进行开庭前的各项准备工作

准备工作包括通知当事人仲裁庭组成情况、送达各种仲裁文书（受理、应诉、开庭通知）、组织证据交换等。

2. 先行调解

依照劳动争议处理着重调解的基本原则，仲裁庭应将调解贯穿案件处理的全过程，在开庭前应组织当事人调解。其中，调解主要分为授权调解、委托调解和申请调解三种类型。

3. 依法审理劳动争议案件

仲裁庭在处理劳动争议时，应依法定程序公开开庭审理劳动争议案件，通过对当事人提交的证据进行质证、认证，查明案件事实和争议焦点，在开庭过程中组织当事人调解，并如实将开庭情况记入笔录。

4. 及时对劳动争议进行裁决

对于开庭后仍调解不成的案件，仲裁庭应依法及时裁决，制作裁决书，依法定程序上报仲裁委员会主任审批。对于重大疑难的案件及经仲裁庭合议后形成结论的案件，应提出裁决意见上报仲裁委员会讨论决定。

5. 在法定审理期限内审结案件

根据《劳动争议调解仲裁法》第四十三条的规定，仲裁庭裁决劳动争议案件，应当自劳动争议仲裁委员会受理仲裁申请之日起四十五日内结束。案情复杂需要延期的，经劳动争议仲裁委员会主任批准，可以适当延期并书面通知当事人，但是延长期限不得超过十五日。逾期未作出仲裁裁决的，当事人可以就该劳动争议事项向人民法院提起诉讼。

6. 依法部分先行裁决

部分先行裁决是指仲裁庭在审议劳动争议案件时，对其中已经查明的一部分事实，预先就该部分先行裁决，此职责对保护弱势劳动者当事人的权益尤为重要。在仲裁实务中，有的用人单位无故拖欠、克扣甚至停发劳动者的工资，致使劳动者的基本生活难以保障；还有的用人单位拖欠支付甚至拒不支付劳动者的医疗费用，造成劳动者生活严重困难。这些争议属于用人单位明显违反国家法律法规规定，事实非常清楚，证据非常充分，则仲裁庭即应就该部分先行裁决，以保障劳动者的基本合法权益。

7. 对符合条件的案件裁决先予执行

仲裁庭对于追索劳动报酬、工伤医疗费、经济补偿或赔偿金的案件，根据当事人的申请，可以裁决先予执行，移送人民法院执行。裁决先予执行的案件有两种：一是当事人之间权利义务关系明确的；二是申请人的生活严重困难的。对于符合裁决先予执行的案件，经当事人申请，仲裁庭应裁决先予执行，从而实现对弱势劳动者的合法权益给予及时、有效的保护。

（三）仲裁员的任职条件

仲裁员是指由劳动争议仲裁委员会依法聘任的，可以成为仲裁庭组成人员而从事劳动争议处理工作的人员。根据《劳动争议调解仲裁法》规定，劳动争议仲裁员应符合道德条件和专业条件两个方面的要求。

1. 道德条件

劳动争议仲裁员应当具备道德素养，并将其作为履行职责时应遵守的信念和原则。对于劳动争议仲裁，只有积极拥护党的路线、方针、政策，做到品德高尚、秉公执法、勤政廉洁、作风正派、善于体察民意，才能保证仲裁裁决的质量和公信力。

2. 专业条件

劳动争议仲裁员必须具有一定的法律、劳动关系等专业知识及分析问题、解决问题的能力。因此，在符合道德条件的基础上还应符合以下四个条件：

（1）曾任审判员的。对于曾担任人民法院审判员的人员，在以往的工作中长期接触各种权益纠纷案件，具有较高的法律专业素质和丰富的处理纠纷的经验，因此对其任职年限没有提出要求，只要其曾经担任人民法院的审判员即可。这一条件鼓励了全国各级人民法院曾担任审判员的退休人员广泛地参与到劳动争议仲裁工作中，提升了仲裁员队伍的业务素质，尤其是基层仲裁员的素质。

（2）从事法律研究、教学工作并具有中级以上职称的。从事法律研究、教学工作并具有中级以上职称的专家、学者，在其研究领域积累了丰富的专业知识，具有扎实的理论功底和专业背景，将其聘任为仲裁员可以充分发挥其理论和专业优势，灵活、有效地解决现实中大量复杂的劳动争议案件。

（3）具有法律知识、从事人力资源管理或者工会等专业工作满五年的。具有一定法律知识，在劳动行政部门、人事行政部门、工会或企业联合会等机构工作满五年的人员，可以聘任为劳动争议仲裁员。长期从事人力资源管理、工会维权等工作的人员，在日常工作中会经常涉及劳动争议、纠纷的处理，具有相应的专业能力，同时具有丰富的处理劳动纠纷的实践经验，能够有效地解决实际中的劳动争议、纠纷。

（4）律师执业满三年的。从事律师工作并执业满三年的人员，不仅具有丰富、扎实的法律专业知识，同时具有较强的思辨能力和灵活、公正解决具体案件的实践能力，同时，其职业特点又能保证担任劳动争议仲裁员的时间和精力。因此，聘任律师执业满三年的人员作为劳动争议仲裁员，不仅能够有效地解决实际的劳动纠纷案件，还有助于提高仲裁员队伍的整体素质和业务水平。

（四）仲裁员的聘任

劳动争议仲裁委员会成员，自任命之日起即具备了仲裁员资格，可由劳动争议仲裁委员会根据需要聘任为专职仲裁员或兼职仲裁员，并将聘任的仲裁员按照不同专业设置仲裁员名册。其中，专职仲裁员由劳动争议仲裁委员会从劳动争议仲裁委员会专门从事劳动争议处理工作的人员中聘任；兼职仲裁员由劳动争议仲裁委员会从劳动行政部门、人事行政部门或者其他行政部门的人员，以及曾任审判员的人员、工会工作者、专家、学者和律师中聘任。

另外，劳动争议仲裁是一项准司法性工作，不仅要求仲裁员具备一定的法律知识，还需要熟练掌握劳动人事管理方面的法律法规和政策。为了保证新聘任的仲裁员能更好地胜任工作，人力资源和社会保障部在《劳动人事争议仲裁组织规则》中规定，要对仲裁员进行聘前培训。具体来说，担任地（市）、县（区）仲裁委员会仲裁员的，参加省、自治区、直辖市人力资源社会保障部门组织的仲裁员聘前培训；担任省、自治区、直辖市仲裁委员会仲裁员和副省级城市仲裁委员会仲裁员的，参加人力资源和社会保障部组织的聘前培训。

第3节 劳动争议仲裁程序

我国劳动争议仲裁机构实体化建设的进程正在稳步推进中，因此劳动争议仲裁机构的名称出现了“劳动人事争议仲裁委员会”和“劳动人事争议仲裁院”两种类型，其职能没有本质区别。本节内容中涉及的法律文书一律以“劳动人事争议仲裁院”作为仲裁机构的名称，尚未建立仲裁院的劳动人事争议仲裁委员会同样适用。

一、申请和受理

劳动争议仲裁虽然是一种非司法程序，但和司法程序一样实行“不告不理”原则，即仲裁程序因当事人提出申请而启动。如果没有当事人提出劳动争议仲裁申请，那么劳动争议仲裁机构是不会主动启动仲裁程序的。

（一）仲裁时效

劳动争议申请仲裁的时效为一年。仲裁时效期间从当事人知道或者应当知道其权利被侵害之日起计算。

劳动关系存续期间因拖欠劳动报酬发生争议的，劳动者申请仲裁不受仲裁时效的限制。但是，劳动关系终止的，应当自劳动关系终止之日起一年内提出仲裁申请。

拓展阅读

仲裁时效的中断和中止

仲裁时效的中断

如果一方当事人向对方当事人主张权利，或者向有关部门请求权利救济，或者对方当事人同意履行义务，那么仲裁时效中断。从中断时起，仲裁时效重新计算。导致仲裁时效中断的情形包括：

（1）一方当事人通过协商、申请调解等方式向对方当事人主张权利的；

（2）一方当事人向有关部门投诉的；

(3) 一方当事人向仲裁机构申请仲裁的；

(4) 一方当事人向人民法院起诉的；

(5) 一方当事人向人民法院申请支付令的；

(6) 对方当事人同意履行义务的；

(7) 法律规定导致仲裁时效中断的其他情形。

仲裁时效的中止

因不可抗力或者有其他正当理由的，当事人不能在规定的仲裁时效期间申请仲裁的，仲裁时效中止。从中止时效的原因消除之日起，仲裁时效期间继续计算。

（二）书面仲裁申请

申请劳动争议仲裁，当事人应当亲自或者书面委托代理人到有管辖权的劳动争议仲裁机构提出书面申请，按照申请书上的要求填写后递交给工作人员，然后等待是否受理的通知。

申请劳动争议仲裁应当提交下列材料。

1. 申请书

申请书一式三份，递交劳动争议仲裁机构两份，申请人留存一份。如果被申请人为两个共同当事人的，申请书一式四份，递交劳动争议仲裁机构三份，申请人留存一份。

申请书用蓝黑或者黑色钢笔或签字笔书写，均须本人签名并注明申请日期。申请书除应写明劳动者的姓名、身份证号码、性别、年龄、职业、工作单位、住所、联系电话以及用人单位的名称、住所，法定代表人或负责人的姓名、职务、联系电话等当事人的基本情况外，还应当有明确具体的申请请求及申请所依据的事实和理由。

2. 身份证明

申请人是劳动者的，应携带本人身份证明并提交复印件；有委托代理人的，还应提交授权委托书及委托代理人身份证明等；申请人是用人单位的，应携带单位营业执照副本，并提交复印件以及本单位法定代表人身份证明、授权委托书、委托代理人身份证明等。

3. 劳动关系证明

劳动关系证明包括劳动合同、解除或终止劳动合同证明、工资发放证明、社会保险缴费证明、工作证、出入证等材料及相应复印件等。

4. 被申请人身份证明

申请人在申请劳动争议仲裁时，劳动争议仲裁机构根据立案审查的需要，要求申请人提交能够证明被申请人身份的有关材料的，申请人应尽可能提交。如果被申请人是用人单位的，应当提交其工商注册登记相关情况的证明，包括单位名称、法定代表人、住所地、经营地等；如果被申请人是劳动者的，应当提交其本人户口所在地地址、现居住地、联系电话等。

5. 送达地址确认书

申请人在递交申请书时应填写送达地址确认书，写明自己接收仲裁法律文书的详细地址、邮政编码和联系电话等内容。

（三）仲裁机构受理

劳动争议仲裁机构在立案时，只就申请人是否为本案当事人、所申请内容是否属于劳动争议的受理范围、是否属于该劳动争议仲裁机构管辖等问题进行初步审查。至于申请人的请求是否符合法律的要求，是否有相应的事实依据，则是在后面的仲裁审理活动中要解决的问题。申请人所提交的劳动争议仲裁申请书中所写的请求事项未必一定就是劳动争议仲裁机构最终认定的结果。

劳动争议仲裁机构收到仲裁申请之日起五日内，认为符合受理条件的，应当受理，并通知申请人；认为不符合受理条件的，应当书面通知申请人不予受理，并说明理由。对劳动争议仲裁机构不予受理或者逾期未作出决定的，申请人可以就该劳动争议事项向人民法院提起诉讼。

劳动争议仲裁机构受理仲裁申请后，应当在五日内将仲裁申请书副本送达被申请人。

（四）被申请人的答辩

被申请人收到仲裁申请书副本后，应当在十日内向劳动争议仲裁机构提交答辩书。劳动争议仲裁机构收到答辩书后，应当在五日内将答辩书副本送达申请人。被申请人未提交答辩书的，不影响仲裁程序的进行。对于被申请人而言，答辩是其权利而不是义务，即被申请人可以放弃答辩的权利。被申请人没有在规定的时限内提交答辩书，不影响劳动争议仲裁案件的审理。

拓展阅读

劳动争议仲裁案件的答辩

【任务】

以被申请人的名义制作劳动争议仲裁答辩书，提交给劳动争议处理机构。

【方案】

劳动争议仲裁答辩书

答辩人：天乐公司

答辩请求：驳回申请人的请求，维持公司解除劳动合同的决定。

事实和理由：

申请人于明丽在工作中没有正确处理与同事间的矛盾，反而教唆家属到公司殴打同事，造成很坏的影响。此行为已经严重违反了我公司的劳动纪律，我公司作出解除劳动合同的处理决定并无不当。理由如下：

(1) 无论基于什么理由，对他人进行身体攻击都是违法行为。本案中，殴打张君虽非于明丽本人所为，但其家属来单位殴打张君，如非于明丽指使，家属怎会擅自前往？所以于明丽对此事件有着不可推卸的责任。

(2) 于明丽家属的不理智行为，扰乱了我公司正常的办公秩序，在员工中也造成了很坏的影响。于明丽的行为已经严重违反了我公司的劳动纪律，我公司与其解除劳动合同既有事实上的依据，也有制度上的依据。

综上所述，申请仲裁机构驳回申请人于明丽的请求，维持我公司与其解除劳动合同的决定。

此致

答辩人：天乐公司（签名或盖章）

××年××月××日

（五）本环节的其他法律文书

1. 法定代表人身份证明书

在劳动争议仲裁的申请和受理环节中，当事人一方是用人单位的，需要填写法定代表人身份证明书。

2. 授权委托书

根据法律的规定，劳动争议仲裁案件的当事人有权委托他人参加劳动争议仲裁活动。委托他人参加劳动争议仲裁活动的，必须填写、提交授权委托书。

委托代理制度是劳动争议仲裁中普遍运用的代理制度。在实际生活中，劳动争议的当事人由于某些原因难以亲自参加仲裁活动或不便亲自参加仲裁活动，或者因缺乏劳动法律常识、仲裁经验而需要在仲裁中获得法律帮助，可以委托他人代理参加仲裁活动。

委托代理是根据代理人和被代理人之间的合同成立的代理关系，受当事人委托代为参与仲裁的人，就是委托代理人。当事人在签发授权委托书前，应当就委托代理事项和代理权限同委托代理人达成协议。

委托代理的权限和事项一般由委托人自行决定，委托代理人必须在委托人的授权范围内从事代理活动，委托代理人须以委托人的名义从事仲裁活动，而仲裁活动的后果则由委托人承担。委托代理人不得超越授权委托书中约定的授权范围从事仲裁活动，超越授权范围从事代理活动的，委托代理人应当向委托人一方承担法律责任。

当事人在委托代理人时，必须如实详尽地填写委托事项和权限，委托代理人代为承认、放弃、变更仲裁请求，进行和解，必须有委托人（当事人）的特别授权，该特别授权必须如实记载于授权委托书中方产生法律效力。如果当事人仅授予委托代理人一般代理权，那么在委托事项和权限一栏可写明：代理进行仲裁活动，如进行答辩、申请回避、提供证据等。当事人授予委托代理人的是一般授权还是特别授权，由当事人自己决定。

二、仲裁准备工作

（一）处理时限

仲裁处理时限是指劳动争议仲裁委员会处理劳动争议案件的时间要求，即在法律规定的时间内作出仲裁裁决。根据《劳动争议调解仲裁法》的规定，劳动争议仲裁处理的最长期限为六十天，这有利于案件的快速解决，及时保障当事人的合法权益，体现了劳动争议仲裁快捷的特点。

需要指出的是，由于在案件的审理过程中可能会出现一些特殊情况致使仲裁庭无法继续审理，中止仲裁审理的时间是不计算在上述期限之内的，在中止审理的情形消失之后，劳动争议仲裁审理期限继续计算。《劳动人事争议仲裁办案规则》第四十六条规定，有下列情形的，仲裁期限按照下列规定计算：（1）仲裁庭追加当事人或者第三人的，仲裁期限从决定追加之日起重新计算；（2）申请人需要补正材料的，仲裁委员会收到仲裁申请的时间从材料补正之日起重新计算；（3）增加、变更仲裁请求的，仲裁期限从受理增加、变更仲裁请求之日起重新计算；（4）仲裁申请和反申请合并处理的，仲裁期限从受理反申请之日起重新计算；（5）案件移送管辖的，仲裁期限从接受移送之日起重新计算；（6）中止审理期间公告送达期间、不计入仲裁期限内；（7）法律、法规规定应当另行计算的其他情形。

（二）送达和通知

《劳动争议调解仲裁法》第三十条规定，劳动争议仲裁委员会受理仲裁申请后，应当在五日内将仲裁申请书副本送达被申请人。被申请人收到仲裁申请书副本后，应当在十日内向劳动争议仲裁委员会提交答辩书。劳动争议仲裁委员会收到答辩书后，应当在五日内将答辩书副本送达申请人。被申请人未提交答辩书的，不影响仲裁程序的进行。

劳动争议答辩是指被申请人根据申请人提出的问题，出于维护自身合法权益的目的，有针对性地对其予以反驳，但是答辩并不影响仲裁活动的进行。被申请人可以选择不进行答辩，仲裁委员会会按照程序开展下一步的审理活动。

（三）组建仲裁庭

劳动争议仲裁委员会在作出受理仲裁申请的决定后，应着手建立仲裁庭，确定开庭的时间和地点，并以书面形式告知当事人。根据《劳动争议调解仲裁法》以及《劳动人事争议仲裁办案规则》的相关规定，仲裁委员会应当在受理仲裁申请之日起五日内组成仲裁庭，并将仲裁庭的组成情况书面通知当事人。仲裁庭由三名仲裁员组成，设首席仲裁员。简单劳动争议案件可以由一名仲裁员独任仲裁。

（四）决定回避事宜

在仲裁庭组成之后，劳动争议仲裁委员会要对仲裁员的身份进行审查，要求与本案有利害关系的仲裁员进行回避。回避分为仲裁员主动回避和当事人申请回避两种。《劳动人事争议仲裁办案规则》第十一条规定，当事人申请回避，应当在案件开庭审理前提出，并说明理由。回避事由在案件开庭审理后知晓的，也可以在庭审辩论终结前提出。当事人在庭审辩论终结后提出回避申请的，不影响仲裁程序的进行。当事人因此对仲裁裁决不服的，可以依法向人民法院起诉或者申请撤销仲裁裁决。被申请回避的人员在仲裁委员会作出是否回避的决定前，应当暂停参与本案的处理，但因案件需要采取紧急措施的除外。

回避需要经过严格的程序。《劳动人事争议仲裁办案规则》第十二条规定，仲裁员、记录人员是否回避，由仲裁委员会主任或者其委托的仲裁院负责人决定。仲裁委员会主任担任案件仲裁员是否回避，由仲裁委员会决定。《劳动争议调解仲裁法》第三十四条规定，仲裁员有私自会见当事人、代理人，或者接受当事人、代理人的请客送礼的，或者有索贿受贿、徇私舞弊、枉法裁决行为的，应当依法承担法律责任。劳动争议仲裁委员会应当将其解聘。

三、开庭和裁决

（一）送达开庭通知书

劳动争议仲裁机构裁决劳动争议案件实行仲裁庭制。劳动争议仲裁机构应当在受理仲裁申请之日起五日内将仲裁庭的组成情况书面通知当事人。

仲裁庭应当在开庭五日前，将开庭日期、地点书面通知双方当事人，当事人有正当理由的，可以在开庭三日前请求延期开庭。是否延期，由劳动争议仲裁机构决定。

（二）仲裁庭审流程

劳动争议仲裁案件开庭审理时，仲裁员应当听取申请人的陈述和被申请人的答辩，主持庭审调查、举证、质证和辩论，征询当事人的最后意见，并进行调解。

庭审过程是围绕案件事实进行调查的过程，重点有以下几个环节：

1. **举证**

当事人提供的证据必须真实，如果提供虚假的证据要承担相应的法律责任；提供的证据要与案件争议的焦点有关，不要提供与案件无关的证据；证据的来源应当合法。另外，当事人在庭审过程中举证时，要说明证据的名称、要证明的问题和证明目的等。

2. **质证**

质证是指一方当事人对另一方当事人提供证据的真实性、关联性、合法性发表意见，进行质疑、说明和辩驳；在质证过程中要尊重对方举证和质证的权利，不要打断对方，也不得对对方进行人身攻击。

3. **辩论**

在辩论过程中要注意围绕案件争议的焦点进行辩论，已经陈述过的意见不要反复陈述，要尊重对方，禁止发表攻击对方人格的言论。

4. **调解**

在辩论程序终结后，当事人各方可以选择调解程序，调解达成协议的，仲裁庭应当制作调解书。调解书一经双方当事人签字后，即发生法律效力。如果调解不成，仲裁庭将依法裁决。调解与裁决是处理劳动争议的两种方式，二者具有同等的法律效力。

（三）庭审中的注意事项

仲裁庭应当将开庭情况记入笔录。当事人或者其他仲裁参加人认为对自己陈述的记录有遗漏或者差错的，有权申请补正。仲裁庭认为申请无理由或者无必要的，可以不补正，但应当记录该申请。仲裁员、记录人员、当事人和其他仲裁参加人应当在庭审笔录上签名或者盖章。当事人或者其他仲裁参加人拒绝在庭审笔录上签名或者盖章的，仲裁庭应在附卷中记明情况。

仲裁庭对专门性问题认为需要鉴定的，可以交由当事人约定的鉴定机构鉴定；当事人没有约定或者无法达成约定的，由仲裁庭指定的机构鉴定。根据当事人的请求或者仲裁庭的要求，鉴定机构应当派鉴定人参加开庭。当事人经仲裁庭许可，可以向鉴定人提问。

当事人申请仲裁后，可以自行和解。双方达成和解协议的，申请人可以撤回仲裁申请，当事人也可以请求仲裁庭根据和解协议制作仲裁调解书。

（四）自行和解和仲裁调解

1. 自行和解

劳动争议自行和解是指当事人双方通过自行协商，最终达成解决劳动争议的协议，从而解决劳动争议的一种方式。《劳动争议调解仲裁法》第四十一条规定，当事人申请劳动争议仲裁后，可以自行和解。达成和解协议的，可以撤回仲裁申请。当事人自行和解是当事人对自己实体劳动权利的处分，但和解内容必须符合法律法规的规定。当事人和解后，申请人应当向劳动争议仲裁委员会提出撤诉申请。劳动争议仲裁委员会收到撤诉申请后，应当制作劳动争议仲裁决定书批准撤诉。当事人自行和解，只要符合法律法规规定，仲裁机构都会予以批准。

劳动争议的和解与民事争议的和解等同，无法定的规则和程序，无第三人参与。协议的达成和遵守完全由双方自愿。对达成的和解协议，当事人双方应当自觉遵守和履行。

2. 仲裁调解

在劳动争议仲裁的过程中，仲裁调解是劳动争议仲裁委员会处理劳动争议的重要方式。《劳动争议仲裁调解法》第四十二条规定，仲裁庭在作出裁决前，应当先行调解。调解达成协议的，仲裁庭应当制作调解书。调解书应当写明仲裁请求和当事人协议的结果。调解书由仲裁员签名，加盖劳动争议仲裁委员会印章，送达双方当事人。调解书经双方当事人签收后，发生法律效力。调解不成或者调解书送达前，一方当事人反悔的，仲裁庭应当及时作出裁决。

该法律条款所说的先行调解是指在劳动争议仲裁委员会受理案件后，在作出裁决之前，由仲裁员一人或仲裁庭主持双方进行协商，促使双方相互谅解，达成协议，以结束劳动争议仲裁的过程。先行调解是仲裁程序中的必经程序。仲裁调解不同于自行和解，自行和解是双方自行达成和解协议，而仲裁调解则是在第三方即仲裁委员会的主持、斡旋、劝导下达成协议。

根据我国的法律规定以及仲裁实践经验，仲裁调解应包含以下几个程序：（1）在查明案情、分清责任的基础上，仲裁委员会提前拟订调解方案，并将调解的时间和地点通知当事人双方。（2）由一名仲裁员或仲裁庭主持调解，向当事人说明调解的好处和意义，进行疏导工作，并提出拟订的调解方案，组织双方就调解方案进行协商，对有关问题进行讨论。(3) 调解结果有两种情况：一是当事人经过协商达成了调解协议；二是未达成调解协议，或虽达成协议，但在调解书送达前一方反悔，这时仲裁委员会应及时以裁决的方式结束案件。

拓展阅读

××劳动人事争议仲裁院

调解书

××劳仲字〔　〕第　号

申请人：××（姓名），×（性别），××年××月××日出生，××（工作单位及职务），住本市××区××街××号。

委托代理人：××（姓名），×（性别），××岁（年龄），××（工作单位及职务或家庭住址）。如果是律师代理，则仅写：××（姓名），××律师事务所律师。

被申请人：××公司，住所地：××。

法定代表人或负责人：××（姓名），××（职务）。

委托代理人：××（姓名），×（性别），××岁（年龄），××（工作单位及职务或家庭住址）。如果是律师代理，则仅写：××（姓名），××律师事务所律师。

申请人××（姓名）诉被申请人××（名称全称）（以下简称××公司）劳动争议一案，本委受理后，由仲裁员××、××、××（仲裁员姓名）依法组成合议庭，××任首席仲裁员或依法由仲裁员××（姓名）独任审理。

××（申请人姓名）向本院提出如下仲裁请求：

一、……

二、……

经本院主持调解，双方当事人自愿达成如下协议：

一、……

二、……

上述协议不违背有关法律规定，本院予以确认。

本调解书自送达之日起具有法律效力。

首席仲裁员：××

仲 裁 员：××

仲 裁 员：××

年 月 日

此处盖 此件与原本核对无异 （仲裁机构盖章）

书 记 员：××

注：本调解书式样是以申请人为劳动者个人，被申请人为用人单位为例。

（五）仲裁裁决

仲裁裁决是劳动争议仲裁委员会处理劳动争议的最终解决方式。《劳动争议调解仲裁法》第四十五条规定，裁决应当按照多数仲裁员的意见作出，少数仲裁员的不同意见应当记入笔录。仲裁庭不能形成多数意见时，裁决应当按照首席仲裁员的意见作出。仲裁庭作出裁决后，应当制作仲裁裁决书，送达双方当事人。当事人对仲裁裁决不服的，自收到仲裁裁决之日起十五日内可以向人民法院起诉，期满不起诉的，仲裁裁决书即发生法律效力。如一方当事人不执行的，另一方当事人可申请人民法院强制执行。

1. 仲裁裁决书

仲裁裁决书是劳动争议仲裁委员会依法对劳动争议案件进行裁决，并制作的对当事人双方及有关单位或个人具有法律约束力的文书。《劳动争议调解仲裁法》第四十六条规定，裁决书应当载明仲裁请求、争议事实、裁决理由、裁决结果和裁决日期。裁决书由仲裁员签名，加盖劳动争议仲裁委员会印章。对裁决持不同意见的仲裁员，可以签名，也可以不签名。

仲裁裁决书由三部分组成：（1）当事人双方的基本情况、申诉的理由、争议的事实和要求；（2）审理过程和裁决意见，包括裁决认定的事实，适用的法律法规及规范性文件，裁决的理由，裁决的结果，当事人的是非责任等；（3）裁决日期，全体仲裁员的签名，劳动争议仲裁委员会的印章及其他说明。

仲裁裁决书和仲裁调解书都是劳动争议仲裁委员会在处理劳动争议时制作的法律文书。二者的区别在于：（1）出现的程序不同。仲裁调解书是在仲裁调解阶段作出的，而仲裁裁决书是在裁决阶段作出的。（2）依据的原则不同。仲裁调解书强调的是自愿和合法的原则，只要调解协议的内容符合法律法规，双方自愿接受即可；而仲裁裁决书根据的是少数服从多数的原则作出的。（3）生效的时间不同。仲裁调解书自送达之日起即具有法律效力，在送达之前，当事人可以反悔，一旦送达后，当事人不得反悔；而仲裁裁决书并不是送达后立即生效，而是自作出仲裁裁决起十五日内当事人不起诉才生效。（4）反映的当事人的意思表示不同。仲裁调解书是在当事人协商同意的基础上达成的，反映的是当事人双方真实的意思；而仲裁裁决书是仲裁庭依法作出的公断，可能是在双方意思表达不一致的情况下作出的裁决。

拓展阅读

××劳动人事争议仲裁院

裁决书

（适用于非劳务派遣劳动争议）

××劳仲字〔　　〕第　　号

申请人：××（姓名），×（性别），××年××月××日出生，××（工作单位及职务），住本市××区××街××号。

委托代理人：××（姓名），×（性别），××岁（年龄），××（工作单位及职务或家庭住址）。如果是律师代理，则仅写：××（姓名），××律师事务所律师。

被申请人：××公司，住所地：××。

法定代表人或负责人：××（姓名），××（职务）。

委托代理人：××（姓名），×（性别），××岁（年龄），××（工作单位及职务或家庭住址）。如果是律师代理，则仅写：××（姓名），××律师事务所律师。

第三人：××公司，住所地：××。

法定代表人或负责人：××（姓名），××（职务）。

委托代理人：××（姓名），×（性别），××岁（年龄），××（工作单位及职务或家庭住址）。如果是律师代理，则仅写：××（姓名），××律师事务所律师。

申请人××（姓名）诉被申请人××（名称全称）（以下简称××公

司）××、××、××（案由）争议一案，本委受理后，由仲裁员××、××、××（仲裁员姓名）依法组成合议庭，××任首席仲裁员或依法由仲裁员××（姓名）独任审理。

经审查，本委认为××公司（名称全称）（以下简称××公司）与本案的处理结果有利害关系，依据《中华人民共和国劳动争议调解仲裁法》第二十三条的规定，追加××公司为第三人。

本案经公开开庭审理，××（申请人姓名）及其委托代理人××（姓名）、××公司（被申请人名称简称）的委托代理人××（姓名）、××公司（第三人名称简称）的委托代理人××（姓名）均到庭参加了仲裁活动。（如果被申请人经书面通知未到庭，在前面表述了已出庭人员后（注意不要再表述被申请人），应在此继续写明：本委于××年××月××日向××公司（被申请人名称简称）送达了出庭通知，但其无正当理由未到庭。本案现已审理终结。）

××（申请人姓名）称：……（概述申请人提出的事实和理由，并明确列出申请人的全部请求。）

××公司（被申请人名称简称）辩称：……（概述被申请人答辩的主要内容及针对申请人每一项请求的明确态度。）

××公司（第三人名称简称）述称：……（概述第三人的主要意见。）

经查：……（一般按时间发展的基本顺序表述劳动争议仲裁机构查明的事实。个别疑难案件，如有必要，可以采取逐一列举双方提交的证据并论述质证、认证情况的论述方式。）

上述事实有各方陈述、庭审笔录、××（证据名称）、××（证据名称）（这类证据应该是经过确认的证据）等在案证实。

本院认为：……（首先应当有概述性语言作为观点，逐一展开论述。要求对经查事实表明态度，并针对申请人的每一项请求是否予以支持进行论述，双方意见一致的点到即可，不用展开论述。着重论述双方存在分歧的地方。写明裁决的理由和依据，写明具体所依据的法律、法规、规章和其他规范性文件等，文件要简练、逻辑要清晰、内容要全面。）

本案经调解，双方未达成协议，依据《中华人民共和国劳动争议调解仲裁法》第四十二条第四款、《××》第××条、《××》第××条的规定，现裁决如下：（如果被申请人经书面通知未到庭，则此段表述为：本案在开庭审理中，××公司（被申请人名称简称）经本委合法通知无正当理由未到庭，根据《中华人民共和国劳动争议调解仲裁法》第三十六条第二款、《××》第××条、《××》第××条的规定，现缺席裁决如下：）

一、……

二、……

三、……

如不服本裁决，可于本裁决书送达之日起十五日内，向××法院提起诉讼，逾期不起诉，本裁决书发生法律效力。（如果系终局裁决，则此段表述为：本裁决对××公司（被申请人名称简称）为终局裁决。××公司（被申请人名称简称）有证据证明本裁决有《中华人民共和国劳动争议调解仲裁法》第四十九条第一款规定的情形之一的，可自本裁决书送达之日起三十日内向××法院申请撤销裁决。××（申请人姓名）如不服本裁决，可于本裁决书送达之日起十五日内，向××法院提起诉讼，逾期不起诉，本裁决书即发生法律效力。）

首席仲裁员：××

仲　裁　员：××

仲　裁　员：××

年　月　日

此处盖 此件与原本核对无异　　（仲裁机构盖章）

书　记　员：××

注：本裁决书式样是以申请人为劳动者个人，被申请人为用人单位为例。追加第三人情况下的格式要求中如未追加，则不需要表达。

拓展阅读

××劳动人事争议仲裁院
裁决书

（适用于劳务派遣劳动争议）

××劳仲字〔　〕第　号

申请人：××（姓名），×（性别），××年××月××日出生，××

（工作单位及职务），住本市××区××街××号。

委托代理人：××（姓名），×（性别），××岁（年龄），××（工作单位及职务或家庭住址）。如果是律师代理，则仅写：××（姓名），××律师事务所律师。

被申请人：××公司，住所地：××（劳务派遣单位）。

法定代表人或负责人：××（姓名），××（职务）。

委托代理人：××（姓名），×（性别），××岁（年龄），××（工作单位及职务或家庭住址）。如果是律师代理，则仅写：××（姓名），××律师事务所律师。

被申请人：××公司，住所地：××（用工单位）。

法定代表人或负责人：××（姓名），××（职务）。

委托代理人：××（姓名），×（性别），××岁（年龄），××（工作单位及职务或家庭住址）。如果是律师代理，则仅写：××（姓名），××律师事务所律师。

申请人××（姓名）诉被申请人××（劳务派遣单位名称全称）（以下简称××公司）及被申请人××（用工单位名称全称）（以下简称××公司）××、××、××（案由）争议一案，本委受理后，由仲裁员××、××、××（仲裁员姓名）依法组成合议庭，××任首席仲裁员。依据《中华人民共和国劳动争议调解仲裁法》第二十二条的规定，××公司（被申请人名称简称）和××公司（被申请人名称简称）为本案共同当事人。

本案经公开开庭审理，××（申请人姓名）及其委托代理人××（姓名）、××公司（被申请人名称简称）的委托代理人××（姓名）及××公司（被申请人名称简称）的委托代理人××（姓名）均到庭参加了仲裁活动。本案现已审理终结。

××（申请人姓名）称：……（概述申请人提出的申请事实和理由，并明确列出申请人的全部申请请求。）

××公司（被申请人名称简称）辩称：……（概述被申请人答辩的主要内容及针对申请人每一项申请请求的明确态度。）

××公司（被申请人名称简称）辩称：……（概述被申请人答辩的主要内容及针对申请人每一项申请请求的明确态度。）

经查：……（一般按时间发展的基本顺序表述劳动争议仲裁机构查明的事实。个别疑难案件，如有必要，可以采取逐一列举双方提交的证据并论述质证、认证情况的论述方式。）

上述事实有各方陈述、庭审笔录、××（证据名称）、××（证据名称）（这类证据应该是经过确认的证据）等在案证实。

本院认为：……（首先应当有概述性语言作为观点，逐一展开论述。要求对经查事实表明态度，并针对申请人的每一项请求是否予以支持进行论述，双方意见一致的点到即可，不用展开论述。着重论述双方存在分歧的地方。写明裁决的理由和依据，写明具体所依据的法律、法规、规章和其他规范性文件等，文件要简练、逻辑要清晰、内容要全面。）

本案经调解，双方未达成协议，依据《中华人民共和国劳动争议调解仲裁法》第四十二条第四款、《××》第××条、《××》第××条的规定，现裁决如下：

一、××公司（劳务派遣单位）……

二、××公司（用工单位）对第一项裁决承担连带赔偿责任。

三、……

如不服本裁决，可于本裁决书送达之日起十五日内，向××法院提起诉讼，逾期不起诉，本裁决书发生法律效力。

首席仲裁员：××

仲　裁　员：××

仲　裁　员：××

年　月　日

此处盖 此件与原本核对无异　　（仲裁机构盖章）

书　记　员：×××

注：本裁决书式样是以申请人为劳动者个人，被申请人为劳务派遣单位和用工单位为例。裁决主文中关于连带责任的表述，是以用工单位需要对劳务派遣单位的某项义务承担连带责任的情况为例，若经查无须承担连带责任，则不作表述。

2. 对席裁决和缺席裁决

对席裁决是指仲裁庭在双方当事人及其代理人都到庭参加仲裁审理，

进行充分陈述与辩论，并查明争议案件事实的基础上作出的仲裁裁决。缺席裁决是指一方当事人未到庭仲裁庭在非正常情况下作出的裁决，即仲裁庭在听取一方当事人的陈述和辩论，并对未到庭一方当事人提交的书面材料进行审查的基础上，对争议案件作出的裁决。根据《劳动争议调解仲裁法》第三十六条的规定，被申请人有下列两种情形之一的，劳动争议仲裁庭可以缺席裁决：（1）被申请人收到书面通知，无正当理由拒不到庭；（2）被申请人未经仲裁庭同意中途退庭。但是，如果被申请人委托了全权代理人，被申请人未出庭，而全权代理人出庭，不能进行缺席裁决。

3. 先行裁决和先予执行

仲裁庭裁决劳动争议案件时，其中一部分事实已经清楚，可以就该部分先行裁决。先行裁决的目的是维护劳动者的合法权益，因为劳动争议案件中职工一方当事人一般处于弱势地位，特别是涉及工资和工伤补偿等方面的问题时，如果不能及时解决争议，将直接影响到劳动者的生活，因此对案件中事实已经清楚的部分先行裁决。

所谓先予执行，是指劳动争议仲裁委员会在审理劳动争议案件的过程中，因当事人一方的迫切需要，根据其申请，在作出判决前，裁定一方当事人给付另一方当事人一定的财物，或者立即实施或停止某种行为，并立即执行的措施。《劳动争议调解仲裁法》第四十四条规定，仲裁庭对追索劳动报酬、工伤医疗费、经济补偿或者赔偿金的案件，根据当事人的申请，可以裁决先予执行，移送人民法院执行。仲裁庭裁决先予执行的，应当符合下列条件：（1）当事人之间权利义务关系明确；（2）不先予执行将严重影响申请人的生活。劳动者申请先予执行的，可以不提供担保。

四、当事人在仲裁活动中的权利和义务

（一）撤回申请

申请人在仲裁过程中有权撤销或者放弃申请请求。

撤回申请应当在劳动争议仲裁机构立案后至调解书或者裁决书送达之前提出书面申请，并经劳动争议仲裁机构批准。

（二）提交答辩书及相关材料

劳动争议仲裁机构受理仲裁申请后，应当在五日内将仲裁申请书副本

送达被申请人。被申请人收到仲裁申请书副本后，应当在十日内向劳动争议仲裁机构提交答辩书，该十日为答辩期。同时，被申请人还应当向劳动争议仲裁机构提交营业执照副本、法定代表人身份证明书、授权委托书等相关材料。

（三）提出管辖异议

被申请人对劳动争议仲裁机构受理案件的管辖有异议的，应当在答辩期内以书面形式提出并提供相关的证据材料。劳动争议仲裁机构认为管辖异议成立的，应当停止案件的审理并通知被申请人。劳动争议仲裁机构不同意管辖异议的，被申请人应当按时出庭。逾期提出的管辖异议或者未提供必要证据材料的，劳动争议仲裁机构不予受理。

（四）填写送达地址确认书

当事人在申请或者答辩时应当向劳动争议仲裁机构提供送达地址，并填写送达地址确认书，写明接受仲裁法律文书的详细地址、邮政编码和联系电话等内容。受送达人是有固定职业的自然人的，其从业场所可以视为送达地址。劳动争议仲裁机构送达仲裁法律文书时将依据实际情况，采取直接送达、邮寄送达、委托送达、公告送达等形式。

（五）提出反申请

被申请人可以提出反申请。反申请应当在答辩期内向劳动争议仲裁机构提出书面申请，经劳动争议仲裁机构决定受理并批准合并审理的，一并开庭审理。逾期提出反申请，经审查符合受理条件的，另案处理。

（六）委托代理人参加仲裁活动

当事人可以委托一至两名委托代理人参加仲裁活动。委托代理人为律师的，应当有律师事务所出具的出庭函和律师执照，没有上述公函和律师执照的，不能以律师的身份参加仲裁活动。

当事人委托代理人的，应当填写授权委托书，授权委托书应当写明委托事项和权限。委托代理人的代理权限为：代为接收仲裁委托书；代为承认、放弃、变更仲裁请求；进行和解；提起反申请；确认送达地址等。

当事人更换委托代理人、变更或解除委托代理人的代理权限的，应当向劳动争议仲裁机构书面报告变更情况。

（七）追加第三人

当事人申请追加第三人的，应当向劳动争议仲裁机构书面提交追加第三人的事实理由，拟追加第三人的单位名称、法定代表人、通讯地址、联系电话等详细准确的情况，经劳动争议仲裁机构批准后追加第三人参加仲裁活动。

（八）按时出庭、遵守仲裁庭纪律

仲裁庭在被申请人答辩期限届满后公开开庭审理，并提前五日向当事人送达出庭通知书。当事人收到出庭通知书后，应当按照规定的时间、地点准时出庭，并遵守仲裁庭纪律。

（九）申请回避

仲裁员有下列情形之一的，当事人可以提出回避申请：

（1）是本案当事人或者当事人、代理人的近亲属的；

（2）与本案有利害关系的；

（3）与本案当事人、代理人有其他关系，可能影响公正裁决的；

（4）私自会见当事人、代理人，或者接受当事人、代理人的请客送礼的。

当事人申请回避，应当口头或书面向劳动争议仲裁机构提出，并说明理由。经劳动争议仲裁机构决定批准的，调整仲裁庭组成人员并重新确定开庭日期；决定不予批准的，向当事人说明理由后，继续审理。

（十）阅读庭审笔录并签字

当事人和其他仲裁活动参与人应在庭审结束后阅读庭审笔录，并应签名或盖章；认为对自己陈述或记录有遗漏或者差错的，可以申请补正，补正后应签名或盖章。

（十一）查阅案卷

案件当事人和与当事人有利害关系的单位及个人不得借阅仲裁案卷；当事人就劳动争议提起诉讼的，可持相关证明申请查阅案卷；担任劳动争议诉讼代理人的律师，凭代理函和表明律师身份的有效证件，可在指定地点查阅案卷。

如需摘抄或者复印案卷材料的，需经劳动争议仲裁机构办公室负责人批准。查阅案卷时，不得在案卷资料上涂改、圈点、勾画、抽出卷页等，一经发现有上述损毁案卷行为者，将取消其查阅资格，造成严重后果或丢失案卷的，要追究法律责任。

（十二）参加仲裁庭调解

劳动争议案件立案后，当事人仍然有和解的权利，也可以在仲裁庭主持下进行调解。双方自行和解或者经仲裁庭调解自愿达成调解协议的，可由仲裁庭制作调解书，调解书自送达之日起即发生法律效力。当事人对发生法律效力的调解书，应当依照规定的期限履行。一方当事人逾期不履行，另一方当事人可以依照民事诉讼法的有关规定向人民法院申请强制执行。双方当事人无法达成调解协议的，仲裁庭依法作出裁决。

（十三）向法院起诉及申请强制执行

根据《劳动争议调解仲裁法》第四十七条的规定，涉及追索劳动报酬、工伤医疗费、经济补偿或者赔偿金，不超过当地月最低工资标准十二个月金额的争议，以及因执行国家的劳动标准在工作时间、休息休假、社会保险等方面发生的争议，除劳动者对仲裁裁决不服，可以自收到仲裁裁决书之日起十五日内向人民法院提起诉讼的情况外，仲裁裁决为终局裁决，裁决书自作出之日起发生法律效力。用人单位有证据证明前述仲裁裁决有《劳动争议调解仲裁法》第四十九条规定的情形之一的，可以自收到仲裁裁决书之日起三十日内向劳动争议仲裁机构所在地的中级人民法院申请撤销裁决：（1）适用法律、法规确有错误的；（2）劳动争议仲裁委员会无管辖权的；（3）违反法定程序的；（4）裁决所根据的证据是伪造的；（5）对方当事人隐瞒了足以影响公正裁决的证据的；（6）仲裁员在仲裁该案时有索贿受贿、徇私舞弊、枉法裁决行为的。人民法院经组成合议庭审查核实裁决有前款规定情形之一的，应当裁定撤销。仲裁裁决被人民法院裁定撤销的，当事人可以自收到裁定书之日起十五日内就该劳动争议事项向人民法院提起诉讼。

当事人对《劳动争议调解仲裁法》第四十七条规定以外的其他劳动争

议案件的仲裁裁决不服的，可以自收到裁决书之日起十五日内向人民法院提起诉讼；期满不起诉的，裁决书发生法律效力。

当事人对发生法律效力的调解书、裁决书，应当依照规定的期限履行。一方当事人逾期不履行的，另一方当事人可以依照民事诉讼法的有关规定向人民法院申请强制执行。

五、劳动争议仲裁中的证据制度

（一）举证责任

（1）对当事人或者代理人身份有异议的，由持有异议的一方承担举证责任。

（2）当事人对自己提出的仲裁请求所依据的事实，或者辩驳对方仲裁请求所依据的事实，有责任提供证据加以证明。没有证据或者证据不足以证明当事人的主张的，由负有举证责任的当事人承担不利后果。

（3）劳动者无法提供由用人单位掌握管理的与仲裁请求有关的证据，仲裁庭可以要求用人单位在指定的期限内提供。用人单位在指定期限内不提供的，应当承担不利后果。

（4）在劳动合同（劳动关系）争议案件中，主张劳动合同（劳动关系）成立并生效的一方当事人，对劳动合同（劳动关系）成立和生效的事实承担举证责任。主张劳动合同（劳动关系）变更、解除、终止、撤销的一方当事人，对引起劳动合同（劳动关系）变动的事实承担举证责任。

（5）因用人单位作出解除劳动合同（劳动关系）、减少劳动报酬、计算劳动者工作年限等决定而发生争议的，由用人单位对决定所依据的事实和处理依据承担举证责任。

（二）证据要求

（1）当事人向劳动争议仲裁机构提供证据，应当提供证据原件以及与原件核对无异的复印件。当事人提供视听资料证据的，应当提交两份拷贝件和两份完整的书面对话记录。

（2）当事人应当对提供的证据逐一分类编号，并填写证据材料清单。证据原件和复印件经劳动争议仲裁机构核对后，原件退当事人，复印件由劳动争议仲裁机构留存。

(3) 以外文书证或者外文说明资料作为证据的，应当附有中文译本，中文译本应是由有关机构认可的有翻译资质的单位翻译的。

(4) 当事人向劳动争议仲裁机构提供的证据系在中华人民共和国领域外形成的，该证据应当经所在国公证机关予以证明，并经中华人民共和国驻该国使领馆予以认证，或者履行中华人民共和国与该所在国订立的有关条约中规定的证明手续；有关证据是在我国港澳台地区形成的，按照相关规定执行。

(5) 一方当事人对另一方当事人提交的证据的真实性持有异议的，可以申请鉴定。当事人申请鉴定，应当在劳动争议仲裁机构指定的期限内提出。鉴定机构由双方当事人约定，无法达成约定的，由仲裁庭指定。对需要鉴定的事项负有举证责任的当事人，在劳动争议仲裁机构指定的期限内无正当理由不提出鉴定申请或未提供相关材料，致使对案件争议的事实无法通过鉴定结论予以认定的，应当对该事实承担举证不能的法律后果。

(6) 当事人申请证人出庭作证的，应当在举证期限届满五日前提出，并经劳动争议仲裁机构许可。当事人提供证人证言的，除法律、司法解释规定的特殊情况外，证人应当亲自到庭作证接受询问。

仲裁员和当事人可以对证人进行询问。证人不得旁听仲裁庭审理。询问证人时，其他证人不得在场。仲裁庭认为有必要时，可以让证人对质。

(三) 举证期限

举证期限由劳动争议仲裁机构根据案件情况指定，自当事人收到案件受理通知书或立案通知书之日起计算。当事人应在举证期限内向劳动争议仲裁机构提交证据材料，当事人在举证期限内不提交证据材料的，视为放弃举证权利。对于当事人逾期提交的证据材料，劳动争议仲裁机构审理时不组织质证，但对方当事人同意质证的除外。

(四) 交换证据

劳动争议仲裁机构可以组织当事人在开庭审理前交换证据。交换证据的时间可以由当事人协商一致并经劳动争议仲裁机构认可，也可以由劳动争议仲裁机构指定。

(五) 补充证据

仲裁庭视案情允许当事人补充证据的，应当在仲裁庭规定的时间内补充证据，如果在规定的时间内不能补证的，应当承担不利的法律后果。

六、“一裁终局”的特别规定

一般而言，劳动争议进入到仲裁程序之后，就有可能进入到诉讼程序。诉讼阶段的两审终审制使得处理劳动争议的时间延长，不利于劳动者的维权。为了充分发挥劳动争议仲裁程序处理劳动争议的效能，《劳动争议调解仲裁法》创设了“一裁终局”制度。

设立“一裁终局”的目的在于缩短处理劳动争议的时间，避免当事人特别是用人单位进行恶意诉讼以拖延劳动争议案件的审理时间，使当事人的合法权益得到及时、有效的保障。需要指出的是，“一裁终局”并不适合所有的劳动争议案件，只有两类劳动争议案件可以列为“一裁终局”的案件：一是小额仲裁案件，涉案标的不超过当地最低工资标准十二个月的金额；二是涉及国家劳动标准的案件。这两类案件在全部劳动争议案件总数中所占比例较大，并且处理的标准和依据比较明确，比较容易作出仲裁裁决，因此将其列为可以进行“一裁终局”的案件。

在实行有条件的“一裁终局”制度的同时，《劳动争议调解仲裁法》又提供了其他司法救济途径。

本章小结

劳动争议仲裁是处理劳动争议案件的必经环节，对劳动争议的解决起着重要的作用。我国实行强制仲裁的原则，即如果不经过仲裁处理，劳动争议当事人就无权向人民法院提起劳动争议诉讼。这样做的目的在于缩短劳动争议的解决时间，减少当事人的维权成本，减轻法院的诉讼负荷，因为同诉讼程序相比，仲裁程序更为快捷便利。

《劳动争议调解仲裁法》规定，劳动争议仲裁委员会由劳动行政部门代表、工会代表和企业方面代表组成。劳动争议仲裁委员会组成人员应当是单数。在实际中，为了保证劳动争议仲裁过程的公平和公正，劳动争议仲裁委员会主要由三方组成，即人力资源社会保障部门代表、同级工会代表以及用人单位方面的代表。劳动争议仲裁委员会的主任由劳动行政部门的主要负责人担任，这种组成形式体现了劳动关系的三方协商机制。

劳动争议仲裁虽然并不属于司法程序，但也具有“准司法”特征，仲裁程序和法院的诉讼程序具有相似性。不同的是当事人对仲裁裁决不服的，自收到仲裁裁决之日起十五日内可以向人民法院起诉，期满不起诉的，仲裁裁决书即发生法律效力。另外，为了保护劳动者的合法权益，我国还针对部分特殊劳动争议案件创设了“一裁终局”制度。设立“一裁终局”的目的在于缩短处理劳动争议的时间，避免当事人特别是用人单位进行恶意诉讼以拖延劳动争议案件的审理时间，使当事人的合法权益得到及时、有效的保障。

关键词

劳动争议仲裁　概述　组织　程序　一裁终局

复习与思考题

1. 试述劳动争议仲裁的特征。
2. 试述劳动争议仲裁的受案范围和管辖范围。
3. 试述劳动争议仲裁委员会的组成与职责。
4. 试述仲裁庭的职责。
5. 试述仲裁员的任职资格。
6. 试述劳动争议仲裁的程序。
7. 当事人在仲裁活动中有哪些权利与义务？
8. 劳动争议仲裁中如何举证？
9. 如何理解“一裁终局”？

实践前沿

停工留薪期工资如何适用终局裁决

2013 年 12 月，被申请人马某将其单位某矿业公司负责的某矿区井下废料及地面杂物清理业务发包给自然人李某。2014 年 3 月 1 日，李某招用申请人至该矿区从事井下废料清理工作。2014 年 4 月 26 日，申请人在工作中受伤，当日住院治疗，至 2014 年 5 月 21 日出院，住院治疗费由被申请人承担。2014 年 11 月 26 日经劳动行政部门认定，申请人所受伤害为工伤，劳动功能障碍程度为八级。申请人的停工留薪期为 2014 年 4 月 26 日至 2014 年 10 月 25 日，停工留薪期满后，申请人再未到被申请人处工作，双方劳动关系于2014年10月25日终止。

双方就工资标准无书面约定，申请人的工资由李某以现金形式发放。2014年6月，李某支付了申请人2014年3月的工资，但具体数额双方主张不一，申请人主张其实际领取7 143元，并按该数额主张停工留薪期工资及一次性伤残补助金，被申请人则主张依据李某的陈述，申请人的月工资标准为3 000元左右，双方各自主张均无证据证明。因工资标准无法达成一致，被申请人拒绝支付申请人停工留薪期工资及一次性伤残补助金等待遇，双方发生争议，申请人向仲裁委员会提起仲裁申请。仲裁请求为支付一次性伤残补助金78 573元；支付一次性工伤医疗补助金43 820元；支付一次性伤残就业补助金114 288元；支付2014年4月26日至2014年10月25日停工留薪期工资42 858元。

仲裁结果为被申请人支付申请人一次性伤残补助金58 480.62元；被申请人支付申请人一次性工伤医疗补助金39 796.67元；被申请人支付申请人一次性伤残就业补助金50 939.73元；被申请人支付申请人2014年4月26日至2014年10月25日停工留薪期工资31 715.2元。

【评析】

本案中申请人第一项关于一次性伤残补助金及第四项关于停工留薪期工资的仲裁请求均与申请人受伤前的工资水平有关。

申请人对其主张的月工资标准7 143元没有证据证明；被申请人虽不是申请人的工资发放主体，但其将单位业务分包给不具有用工主体资格的自然人李某，应当承担用工主体责任，也有义务对申请人的工资支付情况进行举证。

在双方对劳动报酬约定不明确，且均没有证据证明各自主张的情况下，依据《劳动合同法》第十八条的规定，用人单位与劳动者可以重新协商；协商不成的，适用集体合同规定；没有集体合同或者集体合同未规定劳动报酬的，实行同工同酬；没有集体合同或者集体合同未规定劳动条件等标准的，适用国家有关规定。结合《山东省企业工资支付规定》第八条关于“县级以上人民政府劳动保障行政部门根据当地的工资水平，定期发布劳动力市场工资指导价位和人工成本监测预警信息”的规定，本着合情合理的原则，仲裁委员会参照烟人社办发〔2014〕49号文发布的2014年烟台市人力资源市场部分职位工资指导价位来确定申请人受伤前的工资水平。

比对申请人的工作岗位及工作内容，按照上述指导价位中矿物开采辅助工 2014 年工资指导价位的平均数 5 316.42 元/月，作为计算申请人停工留薪期工资及一次性伤残补助金的基数，最终裁决被申请人支付申请人一次性伤残补助金 58 480.62 元、停工留薪期工资 31 715.2 元。

本案中申请人的前三项仲裁请求系因执行国家的劳动标准在社会保险方面发生的争议，依据《劳动争议调解仲裁法》第四十七条关于终局裁决的规定，以及烟台市《关于劳动人事争议案件适用终局裁决的指导意见》，对申请人该三项请求适用终局裁决无疑。但裁决支付的停工留薪期工资数额明显超过了烟台市最低工资标准十二个月金额，遂引发了对停工留薪期工资如何适用终局裁决的思考。

实践中对停工留薪期工资如何适用终局裁决存在两种观点。一种观点认为：停工留薪期工资属于劳动报酬，应受不超过当地月最低工资标准十二个月金额的限制。根据《工伤保险条例》第三十三条的规定，停工留薪期是指职工因工作遭受事故伤害或者患职业病需要暂停工作接受工伤医疗的期间，在停工留薪期内，职工原工资、福利待遇不变，由所在单位按月支付。停工留薪期工资最终落脚在“工资”二字，可见它是用人单位在特殊情形下支付给工伤职工的工资。

另一种观点则认为：停工留薪期工资属于工伤保险待遇赔偿项目中的一种，而非传统意义上的劳动报酬，不受当地月最低工资标准十二个月金额的限制。劳动报酬是劳动者提供劳动的对价，而停工留薪期内，劳动者不需要提供劳动，因此期间获得的工资也并非直接提供劳动所得。另外，从法律规定上讲，停工留薪期工资的概念出自《工伤保险条例》，且条例中明确规定在停工留薪期内，职工是原工资、福利待遇不变，可见其性质为一种工伤保险待遇而非提供劳动的报酬。

仲裁委员会采纳第二种观点，将停工留薪期工资作为一种工伤保险待遇，纳入《劳动争议调解仲裁法》第四十七条第（二）项规定的社会保险争议，不受当地月最低工资标准十二个月金额上限的限制，并最终作出了全案终局的仲裁裁决。

【启示】

终局裁决制度的设立，有效地避免了部分劳动争议处理周期长、效率低等问题，有效地防止了用人单位恶意拖延诉讼，更有利于及时维护劳动者合法权益。

本案申请人为工伤职工，前三项仲裁请求已纳入终局裁决的范围，而停工留薪工资是工伤职工休养期间的主要生活来源，如果将停工留薪期工资视为劳动报酬，本案便要分号裁决，停工留薪期工资作为非终局事项，被申请人依法享有起诉权，不利于及时维护工伤职工的合法权益。更重要的是停工留薪期工资是因工伤而产生的待遇，我们应从其本质属性进行判定。另外，虽然目前《工伤保险条例》规定停工留薪期待遇由用人单位按月支付，但长远看，随着我国社会保险事业的发展和成熟，关于工伤保险的立法定会不断完善，不排除日后工伤职工的停工留薪期工资也会纳入社会保险统筹范围，因此，将停工留薪期工资争议纳入因执行国家的劳动标准在社会保险方面发生的争议，更符合立法本意和客观实际。

资料来源：案例｜停工留薪期工资如何适用终局裁决？．（2017－10－29）. http：//www. mohrss. gov. cn/tjzcgls/TJZCdianxingal/201710/t20171029_280259. html.

第 8 章

劳动争议诉讼

学习目标

学完本章后，你应该能够：

- 理解劳动争议诉讼的概念。
- 了解劳动争议诉讼与其他民事诉讼的区别。
- 了解劳动争议诉讼案件的审理机构。
- 了解劳动争议诉讼的一审程序。
- 了解劳动争议诉讼中的特殊制度。

开篇引例

劳动者利用职务之便谋取私利、损害用人单位利益的，用人单位可以解除劳动合同

黄某于 2011 年 7 月入职某网络科技公司，工作岗位经调整后为商品开发经理，负责为网络科技公司及其关联公司遴选供应商。

2015 年 9 月，黄某签署廉洁自律承诺书，承诺："在采购过程中，严格依照公司规定程序办理，达到质优价廉，不以任何形式从中牟取个人利益；在选择各类服务商、供应商时，不以权谋私，不以任何方式或借口设置障碍并攫取私利；不利用工作之便或以公司名义招摇撞骗为本人或亲友谋取利益。若违反上述承诺，本人自愿接受公司处分，包括解除劳动合同等。"

黄某配偶及配偶之父出资设立某商贸公司，商贸公司通过黄某主管的部门遴选，成为网络科技公司的供应商。2014—2016 年，商贸公司通过向第三方公司采购商品，由第三方公司将商品发送给网络科技公司的关联公司、由商贸公司结算货款的方式，向网络科技公司的关联公司供货，累计货值逾 1 000 万元。

2016 年 4 月，网络科技公司以黄某在职期间严重违反公司规章制度，严重违背社会商业准则，极大损害公司的声誉和利益为由与黄某解除了劳动合同。

黄某认为网络科技公司解除劳动合同的行为系违法行为，遂申请劳动仲裁，主张相关权利，仲裁委员会驳回了黄某的仲裁请求。随后，黄某向法院提起诉讼，法院经审理判决驳回黄某的诉讼请求。

本案中，黄某作为网络科技公司的供应商遴选负责人，负有廉洁自律义务，在商贸公司系由其配偶及配偶之父出资设立的情况下，未向网络科技公司披露其与商贸公司的投资人之间的特殊关系，并使商贸公司通过其主管部门的遴选，成为网络科技公司的供应商。黄某的做法侵害了网络科技公司的知情权，影响了网络科技公司的选择权。黄某在作为公司供应商遴选负责人并承诺廉洁自律的情况下，仍以权谋私，违背了劳动者忠诚义务，其行为严重违背诚实信用和职业道德，经法院认定，网络科技公司与黄某解除劳动合同的做法并无不当，对黄某提出的用人单位违法解除劳动合同的主张未予支持，即是对黄某违反忠诚义务的行为给予了否定性评价。

资料来源：高铭．北京市法院劳动关系诚信建设十大典型案例．(2018 - 12 - 03). http：//www.rmfz.org.cn/dfzcontents/120/173907.html.

通过诉讼解决争议是每位争议当事人的权利，劳动争议诉讼作为我国劳动争议解决方式的重要环节，虽然在我国司法体系中纳入民事诉讼的范畴，但仍有其独特性。

第 1 节 劳动争议诉讼概述

一、劳动争议诉讼的概念

劳动争议诉讼是争议当事人就争议事项向法院起诉，法院依据相关的法律法规对争议进行审理作出判决的司法解决方式。劳动争议诉讼程序的作用是确保当事人获得司法救济、保障当事人的权利，以及对争议仲裁裁决进行一定的监督和审查，保障裁决书、调解书的执行。

我国现行的劳动争议处理体制可以概括为“协商、调解、一裁、两审”。《劳动争议调解仲裁法》第五条规定，发生劳动争议，当事人不愿协商、协商不成或者达成和解协议后不履行的，可以向调解组织申请调解；不愿调解、调解不成或者达成调解协议后不履行的，可以向劳动争议仲裁委员会申请仲裁；对仲裁裁决不服的，除本法另有规定的外，可以向人民法院提起诉讼。可见，劳动争议仲裁是争议诉讼的强制前置程序，劳动争议诉讼是解决争议的最终方式。

二、劳动争议诉讼的受案范围

进入到劳动争议诉讼程序的案件，除了满足法律对劳动争议的范围条件外，还需要满足仲裁前置这一程序条件。因此，《最高人民法院关于审理劳动争议案件适用法律若干问题的解释》《最高人民法院关于审理劳动争议案件适用法律若干问题的解释（二）》《最高人民法院关于审理劳动争议案件适用法律若干问题的解释（三）》详细规定了法院受理劳动争议案件的范围。

（一）《最高人民法院关于审理劳动争议案件适用法律若干问题的解释》的规定

《最高人民法院关于审理劳动争议案件适用法律若干问题的解释》（以下简称《司法解释（一）》）对人民法院受理劳动争议案件的范围做了专门规定：

（1）《司法解释（一）》第一条规定，劳动者与用人单位之间发生的下列纠纷，属于《劳动法》第二条规定的劳动争议，当事人不服劳动争议仲裁委员会作出的裁决，依法向人民法院起诉的，人民法院应当受理。

1）劳动者与用人单位在履行劳动合同过程中发生的纠纷；

2）劳动者与用人单位之间没有订立书面劳动合同，但已形成劳动关系后发生的纠纷；

3）劳动者退休后，与尚未参加社会保险统筹的原用人单位因追索养老金、医疗费、工伤保险待遇和其他社会保险费而发生的纠纷。

（2）《司法解释（一）》第二条规定，劳动争议仲裁委员会以当事人申请仲裁的事项不属于劳动争议为由，作出不予受理的书面裁决、决定或者通知，当事人不服，依法向人民法院起诉的，人民法院应当分别情况予以处理。

1）属于劳动争议案件的，应当受理；

2）虽不属于劳动争议案件，但属于人民法院主管的其他案件，应当依法受理。

(3)《司法解释（一）》第三条规定，劳动争议仲裁委员会根据《劳动法》第八十二条之规定，以当事人的仲裁申请超过六十日期限为由，作出不予受理的书面裁决、决定或者通知，当事人不服，依法向人民法院起诉的，人民法院应当受理；对确已超过仲裁申请期限，又无不可抗力或者其他正当理由的，依法驳回其诉讼请求。

(4)《司法解释（一）》第四条规定，劳动争议仲裁委员会以申请仲裁的主体不适格为由，作出不予受理的书面裁决、决定或者通知，当事人不服，依法向人民法院起诉的，经审查，确属主体不适格的，裁定不予受理或者驳回起诉。

(5)《司法解释（一）》第五条规定，劳动争议仲裁委员会为纠正原仲裁裁决错误重新作出裁决，当事人不服，依法向人民法院起诉的，人民法院应当受理。

(6)《司法解释（一）》第六条规定，人民法院受理劳动争议案件后，当事人增加诉讼请求的，如该诉讼请求与讼争的劳动争议具有不可分性，应当合并审理；如属独立的劳动争议，应当告知当事人向劳动争议仲裁委员会申请仲裁。

(7)《司法解释（一）》第七条规定，劳动争议仲裁委员会仲裁的事项不属于人民法院受理的案件范围，当事人不服，依法向人民法院起诉的，裁定不予受理或者驳回起诉。

（二）《最高人民法院关于审理劳动争议案件适用法律若干问题的解释（二）》的规定

《最高人民法院关于审理劳动争议案件适用法律若干问题的解释（二）》（以下简称《司法解释（二）》）对人民法院受理劳动争议的范围做了进一步规定。值得注意的是，该司法解释还特地指出了一些不属于劳动争议范围的争议类型。

(1)《司法解释（二）》第二条规定，拖欠工资争议，劳动者申请仲裁时劳动关系仍然存续，用人单位以劳动者申请仲裁超过六十日为由主张不再支付的，人民法院不予支持。但用人单位能够证明劳动者已经收到拒付工资的书面通知的除外。

(2)《司法解释（二）》第三条规定，劳动者以用人单位的工资欠条为证据直接向人民法院起诉，诉讼请求不涉及劳动关系其他争议的，视为拖欠劳动报酬争议，按照普通民事纠纷受理。

(3)《司法解释（二）》第四条规定，用人单位和劳动者因劳动关系是否已经解除或者终止，以及应否支付解除或终止劳动关系经济补偿金产生的争议，经劳动争议仲裁委员会仲裁后，当事人依法起诉的，人民法院应予受理。

(4)《司法解释（二）》第五条规定，劳动者与用人单位解除或者终止劳动关系后，请求用人单位返还其收取的劳动合同定金、保证金、抵押金、抵押物产生的争议，或者办理劳动者的人事档案、社会保险关系等移转手续产生的争议，经劳动争议仲裁委员会仲裁后，当事人依法起诉的，人民法院应予受理。

(5)《司法解释（二）》第六条规定，劳动者因为工伤、职业病，请求用人单位依法承担给予工伤保险待遇的争议，经劳动争议仲裁委员会仲裁后，当事人依法起诉的，人民法院应予受理。

(6)《司法解释（二）》第八条规定，当事人不服劳动争议仲裁委员会作出的预先支付劳动者部分工资或者医疗费用的裁决，向人民法院起诉的，人民法院不予受理。

拓展阅读

《司法解释（二）》规定的不属于劳动争议范围的争议类型

下列纠纷不属于劳动争议：

(1) 劳动者请求社会保险经办机构发放社会保险金的纠纷；

(2) 劳动者与用人单位因住房制度改革产生的公有住房转让纠纷；

(3) 劳动者对劳动能力鉴定委员会的伤残等级鉴定结论或者对职业病诊断鉴定委员会的职业病诊断鉴定结论的异议纠纷；

(4) 家庭或者个人与家政服务人员之间的纠纷；

(5) 个体工匠与帮工、学徒之间的纠纷；

(6) 农村承包经营户与受雇人之间的纠纷。

(三)《最高人民法院关于审理劳动争议案件适用法律若干问题的解释(三)》的规定

随着社会的发展,劳动争议的类型越来越呈现多样化的特征,原来的司法解释已经滞后,不能满足审判工作的需要,因此《最高人民法院关于审理劳动争议案件适用法律若干问题的解释(三)》(以下简称《司法解释(三)》)出台,对人民法院受理劳动争议的范围作了进一步规定。

(1)《司法解释(三)》第一条规定,劳动者以用人单位未为其办理社会保险手续,且社会保险经办机构不能补办导致其无法享受社会保险待遇为由,要求用人单位赔偿损失而发生争议的,人民法院应予受理。

(2)《司法解释(三)》第二条规定,因企业自主进行改制引发的争议,人民法院应予受理。

(3)《司法解释(三)》第三条规定,劳动者依据劳动合同法第八十五条规定,向人民法院提起诉讼,要求用人单位支付加付赔偿金的,人民法院应予受理。

拓展阅读

仲裁范围与诉讼范围

一般来说,人民法院受理劳动争议的范围与劳动争议调解、仲裁的受案范围是一致的,但是《司法解释(一)》《司法解释(二)》《司法解释(三)》这几个司法解释规定人民法院处理劳动争议的范围要大于《劳动法》及《劳动争议调解仲裁法》的相关规定,这样会导致有些劳动争议不属于仲裁范围,但是属于诉讼范围。

三、法院受理劳动争议案件的条件

(一)起诉人必须是劳动争议当事人,并有明确被告

1. 确定劳动争议诉讼当事人的一般原则

劳动争议诉讼当事人简单来说就是用人单位和劳动者,不服仲裁裁决

的劳动者和用人单位只能以仲裁阶段的对方当事人为被告向法院起诉，而不能以劳动争议仲裁机构为被告。

劳动争议案件的一方当事人对仲裁裁决不服而提起诉讼，起诉对象只能是劳动争议仲裁阶段的对方当事人，而不是劳动争议仲裁机构。劳动争议仲裁机构也不得作为诉讼程序中的第三人。

2. 确定劳动争议诉讼当事人的具体情形

（1）劳动者和用人单位均不服劳动争议仲裁委员会的同一裁决，向同一人民法院起诉的，人民法院应当并案审理，双方当事人互为原告和被告。在诉讼过程中，一方当事人撤诉的，人民法院应当根据另一方当事人的诉讼请求继续审理。

（2）劳动者与起有字号的个体工商户产生的劳动争议诉讼，人民法院应当以营业执照上登记的字号为当事人，但应同时注明该字号业主的自然情况。

（3）劳动者因履行劳动力派遣合同产生劳动争议而起诉，以派遣单位为被告；争议内容涉及接受单位的，以派遣单位和接受单位为共同被告。

（4）用人单位与其他单位合并的，合并前发生的劳动争议，由合并后的单位为当事人；用人单位分立为若干单位的，其分立前发生的劳动争议，由分立后的实际用人单位为当事人。用人单位分立为若干单位后，对承受劳动权利义务的单位不明确的，分立后的单位均为当事人。

（5）用人单位招用尚未解除劳动合同的劳动者，原用人单位与劳动者发生的劳动争议，可以列新的用人单位为第三人。原用人单位以新的用人单位侵权为由向人民法院起诉的，可以列劳动者为第三人。原用人单位以新的用人单位和劳动者共同侵权为由向人民法院起诉的，新的用人单位和劳动者列为共同被告。

（6）劳动者在用人单位与其他平等主体之间的承包经营期间，与发包方和承包方双方或者一方发生劳动争议，依法向人民法院起诉的，应当将承包方和发包方作为当事人。

（二）必须已经经过仲裁程序

我国现行的“一裁两审”机制将仲裁前置，即经过仲裁审理的劳动争议案件，当事人不服裁决，才能向法院起诉，法院依法受理后，才真正进入诉讼程序。固然仲裁前置存在一些弊端，但由于劳动争议仲裁委员会作为劳动争议案件的纠纷处理前沿机构发挥其专业性、便捷性的特点，在双方当事人第一次对簿公堂的时候将纠纷化解掉，避免了劳资矛盾长期存在而致突出尖锐的倾向，仲裁前置在劳动争议处理机制中还是占有重要地位的。

仲裁程序与诉讼程序具有同等重要的作用，仲裁与诉讼两者协同联动运行才能构建高质量、高效率的劳动争议纠纷处理机制。

（三）必须在法律规定的时限内

劳动争议当事人对仲裁裁决不服的，有权在收到裁决书之日起十五日内向人民法院起诉，超过这个时限，裁决书即发生法律效力，当事人无权再向人民法院起诉。

（四）起诉必须向有管辖权的人民法院提出

劳动争议诉讼管辖是指人民法院受理第一审劳动争议案件的分工和权限。

最高人民法院规定的我国现行劳动争议诉讼的管辖规则是：在级别管辖上，均由基层人民法院管辖；在地域管辖上，由用人单位所在地或者劳动合同履行地人民法院管辖，劳动合同履行地不明确的，由用人单位所在地人民法院管辖。

但在实践中各地做法不一，特别是在级别管辖问题上，许多地区都采用了区分级别管辖的做法，即县（区）级以下（含）的用人单位及其他用人单位与劳动者之间发生的劳动争议案件由被告所在地基层人民法院管辖；市（地区）级以上的用人单位与劳动者之间发生的劳动争议案件由被告所在地中级人民法院管辖。

四、劳动争议诉讼与其他民事诉讼的区别

劳动关系和民事关系在主体、内容上均存在较大差别。民事关系中，主体之间彼此平等，而劳动关系的用人单位一方和劳动者一方具有明显的从属性，表现为管理与被管理的关系，地位存在差别。从内容上看，民事关系主要涉及财产关系和人身关系，劳动关系兼有人身依附关系和财产关

系。这些区别使得作为解决劳动争议的诉讼程序与民事诉讼程序也存在诸多差异。人民法院审理民事纠纷案件时依据各类民商事法律法规，审理劳动争议案件时则依据劳动法律法规。由于劳动法律法规的立法宗旨体现了侧重于保护劳动者的合法权益的精神，人民法院在审理劳动争议案件时的执法理念就区别于其他民事诉讼案件，使得劳动争议审判中的诉讼程序规则、证据规则也区别于普通民事审判程序。

（一）诉讼起因和前提不同

民事诉讼因公民或法人在进行民事交往的过程中因人身或财产权益受到了侵害，受侵害一方向人民法院请求保护而产生。劳动争议诉讼的起因是劳动争议当事人对通过仲裁解决争议的结果不服，不服裁决的一方向人民法院提起诉讼。

劳动争议的起因指明了争议诉讼存在一个非常重要的前提，就是仲裁，也就是通常所指的仲裁前置，劳动争议未经劳动仲裁机构的仲裁不能进入诉讼程序。前置条件未出现在民事诉讼中，即公民、法人只要认为自己的合法权益受到侵害就可以直接诉讼，当事人约定了其他解决争议方式的情形除外。

（二）诉讼当事人不同

劳动关系当事人和民事关系当事人的差别导致劳动争议诉讼当事人与民事诉讼当事人不同。劳动争议诉讼的当事人是具有劳动关系的双方，相对而言具有一定的特指性。民事诉讼的当事人不限定主体身份范围，只要是平等主体的公民、法人、国家、个体工商户、农村承包经营户和其他组织都可以作为民事诉讼的当事人。

拓展阅读

不服劳动争议仲裁而起诉，原告与被告身份确定问题

仲裁机构作出裁决后，只有一方当事人不服仲裁提起诉讼请求的情形中，原告与被告的身份较易确定；如果双方当事人均不服仲裁分别提起诉讼，原告与被告的身份似乎比较难确定。《司法解释（一）》和《司法解释（二）》均给出了答案。

《司法解释（一）》第九条规定，当事人双方不服劳动争议仲裁委员会作出的同一仲裁裁决，均向同一人民法院起诉的，先起诉的一方当事人为原告，但对双方的诉讼请求，人民法院应当一并作出裁决。《司法解释（二）》第十一条规定，劳动者和用人单位均不服劳动争议仲裁委员会的同一裁决，向同一人民法院起诉的，人民法院应当并案审理，双方当事人互为原告和被告。在诉讼过程中，一方当事人撤诉的，人民法院应当根据另一方当事人的诉讼请求继续审理。

可以看出，这两个解释有所不同，《司法解释（一）》规定是当事人双方不服劳动争议仲裁委员会作出的同一仲裁裁决，均向同一人民法院起诉的，先起诉的一方当事人为原告。《司法解释（二）》是双方当事人互为原告和被告。相比较而言，《司法解释（二）》的规定更科学，它和《最高人民法院关于适用〈中华人民共和国民事诉讼法〉若干问题的意见》的精神相一致：双方当事人和第三人都提出上诉的，均为上诉人。这就是说，只要当事人不服原判都上诉，不考虑先后顺序，都是上诉人。劳动争议案件也应如此。

另外，《司法解释（三）》第六条还规定了在不服仲裁而上诉过程中追加当事人的情形：当事人不服劳动人事争议仲裁委员会作出的仲裁裁决，依法向人民法院提起诉讼，人民法院审查认为仲裁裁决遗漏了必须共同参加仲裁的当事人的，应当依法追加遗漏的人为诉讼当事人。

（三）举证责任不同

举证责任是诉讼当事人对诉讼中提出的主张提供证据加以证明的责任。民事诉讼中，举证责任遵循“谁主张、谁举证”。劳动关系或者人事关系中，用人单位是其内部规章制度的直接制定者和执行者，因此具有明显的强势地位，劳动者处于弱势地位。为了保护双方合法权益，劳动争议诉讼加强了企业举证的责任。

除了上述差异外，劳动争议诉讼和其他民事诉讼中审理案件的具体审判机构也不同。不过在我国，这种差异未表现出来。但是在国外，审判机构差异的表现较为明显，主要体现在劳动争议由专门的劳动法院受理。例如在德国，由专门的劳动法院受理劳动争议，企业一方代表和劳动者一方代表作为陪审员与专业的审判人员组成合议庭。

（四）劳动争议诉讼中没有反诉制度

在一般的民事诉讼中，被告在收到法院送达的原告的起诉书后，有权利对原告的起诉提出反诉。反诉是一个独立的诉讼，应具备反诉的事实、理由和请求。原告在收到被告的反诉时，同时享有被告的权利，同样有十五天的答辩期。

但是在劳动争议诉讼中，是没有反诉程序的。因为劳动争议案件有仲裁前置的要求，即当事人所有的诉讼请求都应当先经过仲裁的审理。而所谓的反诉是被告收到原告的起诉书后，针对原告的起诉提出的反诉。显然，被告提起反诉的诉讼请求是没有经过劳动仲裁前置程序处理的，因此不能直接进入劳动争议诉讼程序进行处理。

在劳动争议诉讼程序，存在区别于反诉的另外一种诉讼形态。按照《司法解释（一）》第九条的规定，在劳动争议诉讼中，被告一方也是可以提出诉讼请求的，但该诉讼请求的提出，并不是基于原告的起诉，而是和原告一样，基于同样一份仲裁裁决书。在此类诉讼中，区分原告和被告的标准，是起诉立案的时间：立案在前的一方当事人，诉讼地位列为原告；立案在后的一方当事人，诉讼地位列为被告。在司法实践中，为了区别于反诉，有时也将此种诉讼形态称为“互诉”。

五、劳动争议诉讼案件的审理机构

从世界范围来看，由于各国的社会背景、历史文化传统等的不同，处理劳动争议诉讼的司法审判机构也有所不同。总体而言，可将各国的模式归结为普通法院式和特别法院（庭）式两种。第一种模式是由普通法院审理劳动争议案件，国家设立统一的司法审判机构，其职责之一就是审理劳动争议案件。第二种模式是由专门的劳动法院（庭）审理，其中的劳动审判组织又分为三种形式：一是自成体系的劳动法院（庭）；二是设在普通法院中的专门的劳动法庭；三是具有准司法性的行政机构。

在我国，审理劳动争议诉讼案件的机构一般是民事审判庭，个别地方的法院设立了专门审理劳动争议案件的劳动审判庭。长期以来，劳动争议诉讼案件被认为是“随着我国劳动用工制度的改革和劳动合同制度的建立而逐步发展起来的一种新类型民事案件”，随着人民法院内部审判职能分工的变化，一般由民事审判第一庭负责审理。

在近些年的司法实践中，法院审理的劳动争议诉讼案件迅速增加，不少法院设立了劳动争议合议庭来专门处理劳动争议诉讼案件，但是劳动争议合议庭仍属于民事审判庭的内部机构。随着《劳动合同法》和《劳动争议调解仲裁法》的颁布实施，大量劳动争议诉讼案件“井喷式”地涌向法院，某些地方的人民法院开始设立专门的劳动争议审判庭负责审理劳动争议诉讼案件，但这并不是普遍现象，只是在一些劳动争议诉讼案件数量特别多、审判任务特别重的法院中设立。

第2节 劳动争议诉讼一审程序

劳动争议诉讼在程序上适用《民事诉讼法》规定的程序。人民法院对劳动争议诉讼案件依照《民事诉讼法》规定的诉讼程序进行审理。首先，由一审人民法院审理、判决，当事人不服的，可以向上一级人民法院上诉，上一级人民法院的判决是终审判决，当事人不得再上诉。

一、起诉与受理

（一）诉讼时效与仲裁时效的衔接

由于在劳动争议处理过程中存在仲裁前置程序，因此劳动争议诉讼中的诉讼时效是与劳动争议的仲裁时效紧密相关的。当然，由于分属于不同的程序，在诉讼时效与仲裁时效的衔接问题上，还存在一些值得特别注意之处。

1. 劳动争议诉讼时效的原则规定

《司法解释（一）》第三条规定确立了劳动争议诉讼时效与仲裁时效一致的原则，当《劳动争议调解仲裁法》将仲裁时效修订为一年时，诉讼时效自然也适用一年的规定。

2. 劳动争议诉讼时效的特殊规定

（1）因拖欠劳动报酬发生争议的诉讼时效。根据《劳动争议调解仲裁法》第二十七条的规定，劳动关系存续期间因拖欠劳动报酬发生争议的，劳动者申请仲裁不受一年的仲裁时效的限制，但是劳动关系终止的，应当自劳动关系终止之日起一年内提出。

(2) 主张未签订书面劳动合同的二倍工资差额的争议。对于未签订书面劳动合同的二倍工资差额的诉讼请求，从字面意义上解释，也属于“劳动报酬”，因此司法实践中有人认为也适用拖欠劳动报酬的时效规定。但是，从该项法律规定的立法本意而言，用人单位因未签书面劳动合同而向劳动者支付二倍的工资，属于对用人单位的惩罚，并非劳动者提供正常劳动后的工资所得。因此，主张未签订书面劳动合同的二倍工资差额的争议不属于拖欠劳动报酬的争议，诉讼时效的起算不应当考虑劳动者是否持续提供劳动，而应当按照从当事人知道或者应当知道其权利被侵害之日起一年的规定执行，即不能以劳动关系的解除或终止作为计算时效的起点，而应当以未签书面劳动合同的行为发生的时间作为计算时效的起点。

(3) 法院对诉讼时效不能主动审查。根据《最高人民法院关于审理民事案件适用诉讼时效制度若干问题的规定》第三条的规定，当事人未提出诉讼时效抗辩，人民法院不应对诉讼时效问题进行释明并主动适用诉讼时效进行裁判。也就是说，即使在劳动争议仲裁阶段，存在一方当事人的请求超过仲裁时效的情形，且仲裁机构据此作了相应的处理，也不必然导致该案件的诉讼请求在人民法院就一定被驳回。人民法院对于诉讼时效并没有主动审查的权限。只有在案件进入到诉讼程序后，当事人主动提出超过诉讼时效的抗辩事由时，人民法院才能对诉讼时效进行审查。因此可能出现这样的情形：劳动争议在仲裁阶段，因超过仲裁时效而未获得支持的申请请求，在诉讼过程中，又可能因为对方当事人未提出超过时效的抗辩而获得法院支持。

(二) 起诉

起诉是指公民、法人或其他组织认为自己的或依法由自己管理、支配的劳动权益受到侵害或与他人发生争议，以自己的名义请求人民法院行使审判权以保护自己合法权益的诉讼行为。《劳动争议调解仲裁法》规定，当事人对劳动争议案件的仲裁结果不服的，可以自收到仲裁裁决书之日起十五日内向人民法院提起诉讼。

(三) 受理

人民法院对于当事人的起诉经过审查后，认为符合法定条件的，应当受理，并在当事人起诉的七日内立案；认为不符合起诉条件的，也应当在七日内裁定不予受理。劳动争议当事人不服人民法院作出的不予受理或驳回起诉的裁定的，可以自收到裁决书之日起十日内向有管辖权的上一级人民法院提起上诉。此阶段涉及劳动争议诉讼案件的管辖问题及确定双方当事人的问题。

二、准备与调查

这一阶段的任务主要包括：送达起诉状副本和答辩状副本；告知当事人诉讼权利和合议庭组成人员；认真审核诉讼资料，调查收集必要的证据。

（一）送达起诉状副本和答辩状副本

人民法院应当在立案之日起五日内将劳动争议起诉状副本发送被告，被告在收到之日起十五日内提出答辩状；被告提出答辩状的，人民法院应当在收到之日起五日内将答辩状副本发送原告。被告不提出答辩状的，不影响人民法院审理。

（二）告知权利和组成合议庭

人民法院对决定受理的案件，应当在受理案件通知书和应诉通知书中向当事人告知有关的诉讼权利义务，或者口头告知。合议庭组成人员确定后，应在三日内告知当事人。

（三）审核资料和调查取证

调查取证是这个阶段的重要工作，法院必须坚持重证据、重调查研究的原则，对与案件有关的事实要查清，与案件有关的数据要计算准确，尤其对劳动报酬、加班费、补偿金等的金额要核清，对发生争议的前因后果要搞明。调查取证涉及诉讼举证责任的分配问题。举证责任分配是指在案件事实真伪不明的情况下，法官为依据事实进行认定并作出判决而对证明责任在当事人之间分配的行为。劳动争议诉讼举证责任分配就是争议双方当事人分担举证责任的问题。

三、开庭审理

（一）开庭准备

这是开庭的预备阶段，具体准备内容包括：（1）查明当事人和其他诉讼参与人是否到庭，宣布法庭纪律；（2）核对当事人，宣布案由、合议庭组成人员及书记员名单；（3）告知当事人诉讼权利义务，询问当事人是否申请合议庭成员回避。

（二）法庭调查阶段

法庭调查是开庭审理的中心环节，是对案件进行实体性审理的重要阶段。法庭调查主要采用当事人陈述、证据质证、法律依据审查，并结合法庭询问的方式进行。

在法庭调查阶段，首先由原告陈述起诉的事实、理由及诉讼请求。原告陈述完毕后，再由被告针对原告的诉讼请求进行答辩。

被告答辩完后，进入法庭举证、质证阶段。首先由原告出示其主张权利的证据，再由被告对原告出示的证据发表质证意见。原告出示完证据后，被告出示支持自己观点的证据，由原告进行质证。通过法庭质证，双方当事人还需要继续收集证据的，可以向法庭申请举证期限，如果在举证期限内提交证据材料确有困难的，应当在举证期限内向法官提出申请延期举证，经法庭准许，可以适当延长举证期限。

如果有证人出庭作证，也在法庭调查阶段进行。庭审时，证人不得旁听案件审理过程，只能在发表证人证言的时候进入法庭，结束证词后应离开法庭。在证人有正当理由不能到庭的情况下，证人可以提交书面的证人证言。

如果当事人及其诉讼代理人确实因客观原因不能自行收集证据的，可以申请法院调查收集。法院认为审理案件需要的证据，如果是涉及可能有损害国家利益、社会公共利益或者他人合法权益的事实，涉及依职权追加当事人、中止诉讼、终结诉讼、回避等与实体争议无关的程序事项，法院可以不依当事人的申请，直接进行调查收集。法院依职权调查收集的证据，也需要在举证质证环节向双方当事人出示，并由双方当事人质证。如果还有鉴定结论和勘验笔录，则需要审判员在法庭调查阶段宣读，当事人也有权对这些证据发表质证意见。

（三）法庭辩论阶段

法庭调查结束后，庭审进入法庭辩论阶段。审判员会告知双方应当围绕本案争议的焦点问题进行辩论，首先由原告及其诉讼代理人发表意见。原告发表完意见后，由被告及其诉讼代理人发表意见。法庭辩论阶段，审判员可能会根据双方的辩论意见恢复法庭调查，继续询问双方有关案件事实的问题。

（四）法庭调解阶段

根据法律规定，在庭审中，法庭辩论终结后，审判员应当询问双方当事人是否同意调解，如果同意调解，则进入调解程序，由双方协商确定调解方案，达成调解协议，再由审判员确定双方应负担的诉讼费比例，制作民事调解书。如果当事人不同意调解，或者无法当庭形成一致调解方案，双方当事人希望法院作出判决的，则庭审进入下一阶段。

拓展阅读

法院调解的具体程序

法院调解的具体程序可以依据民事调解的相关规定进行。法院调解在审判人员的主持下进行，具体而言可以由合议庭共同主持，也可以由合议庭中的一个审判员主持；调解可以在法庭上进行，也可以在当事人所在地进行。调解开始前，法院应当告知当事人主持调解人员和书记员姓名以及是否申请回避等有关诉讼权利和诉讼义务。调解过程中，法院可以邀请与当事人有特定关系或者与案件有一定联系的企事业单位、社会团体或者其他组织，以及具有专门知识、特定社会经验、与当事人有特定关系并有利于促成调解的个人协助调解工作。在经各方当事人同意后，法院可以委托上述单位或者个人对案件进行调解，达成调解协议后，法院应当依法予以确认，但是出现侵害国家或社会公共利益、侵害案外人利益、违背当事人真实意思以及违反法律、行政法规禁止性规定的情况时，法院不予确认。需要注意的是，调解进行中任何一方当事人不同意继续调解，那么调解工作就要停止。调解结束后，双方自愿达成调解协议，签字确认，法院依据调解协议制作调解书。

调解书应当写明诉讼请求、案件的事实和调解结果。调解书由审判人员、书记员署名，加盖人民法院印章，送达双方当事人。双方当事人在调解书上签字认可，调解书随即生效，与判决书有同等的法律效力。对于双方当事人达成调解协议但无须制作调解书的案件而言，双方当事人、审判人员、书记员在调解协议上签名或盖章后，调解书即具有法律效力。

对于诉讼过程中当事人自行达成和解的，《最高人民法院关于人民法院民事调解工作若干问题的规定》第四条规定，当事人在诉讼过程中自行达成和解协议的，人民法院可以根据当事人的申请依法确认和解协议制作调解书。双方当事人申请庭外和解的期间，不计入审限。

（五）最后陈述阶段

法庭辩论终结，由审判长按照原告、被告、第三人的先后顺序征询各方最后意见。此阶段是法庭审理的最后一个阶段，仍然由原告首先发表最后陈述意见，然后再由被告发表最后陈述意见。最后陈述结束后，审判长宣布休庭，让当事人查阅庭审笔录后签字，至此庭审阶段全部结束。

四、判决和裁定

法院对当事人提起的劳动争议诉讼，经过审查，根据不同的情况会作出相应的裁判处理。一般而言，民事诉讼中的裁判包括判决、裁定和决定。劳动争议诉讼一审程序中，常见的裁判结果是判决和裁定两种。判决是法院对案件的实体问题作出的判断，裁定是法院对案件的程序问题作出的判定。

（一）判决

劳动争议诉讼中的判决是指法院对劳动争议诉讼案件进行审理后，根据认定的事实和适用的法律规定，对诉讼当事人之间的纠纷作出的权威性判断。

对一审判决书而言，判决作出后，如果双方当事人均未在法定时间内提起上诉，则一审判决生效。判决生效后，判决书主文的内容具有强制执行的效力，判决书中经审理查明的事实和法院认定的事实属于法定无须举证证明的事实，也就是说，当事人可以将生效判决作为这类事实的证据。但判决中对诉称、辩称中未经认定的事实以及未经处理的争议问题均不具备证明效力。

(二) 裁定

民事裁定是指法院对民事审判中和执行程序中的程序性问题作出的具有结论性、权威性的判定。

在劳动争议诉讼中，裁定主要适用的范围如下。

1. 不予受理的裁定

原告向法院起诉，必须符合法定条件，不符合法定条件的案件法院将不予受理。法院作出不予受理的书面裁定并送达当事人后，当事人对此裁定不服的，在收到裁定书十日内，可以上诉。劳动争议中常见的出具不予受理裁定的情形主要包括：(1) 劳动争议仲裁机构以申请事项不属于劳动争议仲裁受案范围或申请仲裁的主体不适格等理由，作出不予受理的书面裁决、决定或通知，当事人不服向法院起诉，经审查，也不属于法院受案范围的，法院裁定不予受理；(2) 劳动争议仲裁机构作出裁决，当事人不服向法院起诉，但经审查仲裁的事项不属于法院的受案范围的，法院裁定不予受理。

2. 对当事人提出的管辖异议的裁定

劳动争议案件被法院受理后，当事人认为受诉法院行使管辖权有错误的，有权提出异议。法院对于当事人的异议应当以法律规定为依据进行审查。经审查认为异议成立的，应当作出裁定将案件移送到有管辖权的法院；经审查认为异议不成立的，用裁定驳回当事人的异议。对此裁定，当事人不服的，可以上诉。

3. 驳回原告起诉的裁定

法院在受理原告起诉后，发现原告的起诉不符合法律规定的条件的，对案件的实体争议不进行审理，作出裁定驳回起诉。对于此类裁定，当事人不服的，可以上诉。劳动争议诉讼案件中，作出驳回原告起诉的裁定和作出不予受理的裁定的情形类似。不同之处在于，作出不予受理的裁定的时间在立案审查阶段，作出裁定后，该案件将不再进入法院的审理程序；

而作出驳回原告起诉的裁定的时间，则在案件已经受理并进入审判程序之后。

4. 其他适用裁定的情形

根据《民事诉讼法》第一百五十四条的规定，其他适用裁定的情形还包括保全和先予执行、准许或者不准许撤诉、中止或者终结诉讼、补正判决书中的笔误、中止或者终结执行、撤销或者不予执行仲裁裁决、不予执行公证机关赋予强制执行效力的债权文书以及其他需要裁定解决的事项。除了上述的不予受理裁定、管辖异议裁定和驳回起诉裁定外，对于其余的裁定，当事人并不享有上诉的权利。

第 3 节 劳动争议诉讼中的其他制度

一、劳动争议诉讼二审程序

劳动争议当事人对于一审判决和裁定不服的，可以提起上诉。当事人在规定的期限内提起上诉的，劳动争议诉讼二审程序启动。

二审案件的审理围绕当事人上诉请求的范围进行，当事人没有提出请求的，不予审查。也就是说，二审只解决一审已经审理，但仍存在争议的问题。二审法院一律组成合议庭审理上诉案件，原则上开庭审理。如果经过阅卷和调查、询问当事人后，事实清楚，合议庭认为不需要开庭审理的，也可以径行判决、裁定。二审法院对于上诉案件，经过审理，按照以下情形分别处理：

（1）原判决认定事实清楚，适用法律正确的，判决驳回上诉，维持原判决；

（2）原判决适用法律错误的，依法改判；

（3）原判决认定事实错误，或者原判决认定事实不清，证据不足的，裁定撤销原判决，发回原审法院重审，或者查清事实后改判；

（4）原判决违反法定程序，可能影响案件正确判决的，裁定撤销原判决，发回原审法院重审。

二审法院审理上诉案件，可以进行调解。调解达成协议的，应当制作调解书。调解书送达后，原审法院的判决即视为撤销。

劳动争议案件经过二审法院的审理，当事人对二审法院的判决或裁定不服的，不能再提起上诉。需要指出的是，二审程序并不是劳动争议审理的必经程序。如果劳动争议当事人在一审法院判决或裁定后，没有在规定的期限内提起上诉，那么一审法院的判决或裁定即发生法律效力，二审程序将不会再产生。

二、劳动争议诉讼再审程序

再审程序是指法院对于已经发生法律效力的判决、裁定，但认为确有错误而进行重新审理的活动。劳动争议案件的再审不是处理劳动争议的必经程序，只有符合一定条件的案件，才可以进入再审程序。

再审程序的启动通常有三种方式：一是法院发现已经发生法律效力的判决或裁定确有错误，决定再审；二是检察院发现法院已经发生法律效力的判决或裁定确有错误，通过抗诉程序提出再审；三是当事人对于已经发生法律效力的判决、裁定和调解协议，认为确有错误的，向法院提出再审申请，由法院决定是否进行再审。

三、先予执行和财产保全

在劳动争议案件中往往存在执行难的问题，劳动者好不容易打赢了官司，判决生效了，用人单位却以种种借口不执行。当劳动者向法院申请强制执行时，却发现或是人去楼空，或是账面上已经没有钱了。采用民事诉讼中的先予执行和财产保全措施，可以有效地保护劳动者的权益。

（一）先予执行

先予执行是指法院对某些案件作出判决前，为解决权利人的生活或者生产经营所需，裁定义务人履行一定义务的诉讼措施，亦称先行给付。先予执行的条件是：（1）当事人之间权利关系明确，不先予执行会严重影响申请人的生活或生产经营；（2）被申请人有履行能力；（3）在作出判决之前采取。先予执行必须有当事人的申请，人民法院不能主动采取先予执行的措施。人民法院认为有必要的，可以责令申请人提供担保，不提供担保的，驳回申请。如果认为申请符合法律规定的条件，应当作出裁定。裁定一经送达当事人，即发生法律效力，不得上诉，但可以申请复议一次。复议期间，不停止执行。

先予执行是民事诉讼中的一项重要诉讼制度，劳动争议诉讼程序也需执行，以维护职工的合法权益。

《劳动争议调解仲裁法》规定，仲裁庭对追索劳动报酬、工伤医疗费、经济补偿或者赔偿金的案件，根据当事人的申请，可以裁决先予执行，移送人民法院执行。劳动者申请先予执行的，可以不提供担保。

（二）财产保全

财产保全是指遇到有关的财产可能被转移、隐匿、毁灭等情形，从而可能造成对利害关系人权益的损害或可能使将来的判决难以执行或不能执行时，根据利害关系人或当事人的申请或人民法院的决定，而对有关财产采取的保护措施的法律制度。

人民法院采取财产保全措施，可以责令申请人提供担保；申请人不提供担保的，驳回申请。但劳动争议案件必定有其特殊性，比如很多是拖欠工资争议，如果让劳动者提供担保是非常困难的，因此，《司法解释（二）》中规定，在诉讼过程中，劳动者向人民法院申请采取财产保全措施，人民法院经审查认为申请人经济确有困难，或有证据证明用人单位存在欠薪逃匿可能的，应当减轻或者免除劳动者提供担保的义务，及时采取保全措施。

四、劳动争议诉讼的法律适用

劳动争议诉讼在程序上适用《民事诉讼法》规定的程序。

就实体法的适用来说，人民法院在审理劳动争议案件时，主要适用《劳动法》《劳动合同法》和其他劳动法律法规，还可以参照有关的劳动政策、规章等规范性文件。

用人单位根据《劳动法》第四条之规定，通过民主程序制定的规章制度，不违反国家法律、行政法规及政策规定，并已向劳动者公示的，可以作为人民法院审理劳动争议案件的依据。

用人单位制定的内部规章制度与集体合同或者劳动合同约定的内容不一致，劳动者请求优先适用合同约定的，人民法院应予支持。

当事人在劳动争议调解委员会主持下达成的具有劳动权利义务内容的

调解协议，具有劳动合同的约束力，可以作为人民法院裁判的根据。

五、劳动争议案件的强制执行

一般情况下，有关法律文书（如判决书、仲裁裁决书、仲裁调解书）应当由当事人自觉执行。但如果当事人不执行，则可以通过法院执行程序予以强制执行。

执行程序是指法院依法对生效的法律文书，通过强制措施迫使当事人履行法律文书规定义务的诉讼活动。

对劳动争议仲裁机关作出的生效的调解书、仲裁决定书和人民法院作出的生效的调解书、判决书，当事人应自觉执行，一方当事人不执行的，人民法院可以根据对方当事人的申请强制执行。

向法院申请强制执行，应当提交申请执行书和有关法律文书（判决书、仲裁裁决书、仲裁调解书等）。当申请执行法院判决时，当事人应请求第一审人民法院执行；当申请执行仲裁裁决书或仲裁调解书时，当事人应请求被执行人住所地或者被执行的财产所在地人民法院执行。申请执行劳动争议法律文书的期限为一年，从法律文书规定履行期间的最后一日起计算。

拓展阅读

劳动争议的刑事追诉

劳动争议的刑事追诉，通常是指对涉嫌“拒不支付劳动报酬罪”刑事案件的追诉。一般认为，劳动争议的刑事追诉并不属于劳动争议处理体制的一个环节，但其与拖欠劳动报酬的劳动争议具有很强的关联性。

我国《刑法》第二百七十六条规定，以转移财产、逃匿等方法逃避支付劳动者的劳动报酬或者有能力支付而不支付劳动者的劳动报酬，数额较大，经政府有关部门责令支付仍不支付的，处三年以下有期徒刑或者拘役，并处或者单处罚金；造成严重后果的，处三年以上七年以下有期徒刑，并处罚金。单位犯前款罪的，对单位判处罚金，并对其直接负责的主管人员和其他直接责任人员，依照前款的规定处罚。有前两款行为，尚未造成严重后果，在提起公诉前支付劳动者的劳动报酬，并依法承担相应赔偿责任的，可以减轻或者免除处罚。

上述法律规定意在用最严厉的处罚手段提醒用人单位或其他用工主体及时足额支付劳动报酬，这对于提高劳动者权益保护力度大有裨益。当然，拖欠劳动报酬的劳动争议演变为刑事追诉也需要一定的条件，具体包括：

（1）劳动报酬是指劳动者依据法律规定和合同约定应当获得的工资、奖金、津贴、补贴、延长工作时间的劳动报酬以及特殊情况下支付的工资等。

（2）用人单位或其他用工主体以逃避支付劳动者劳动报酬为目的，具有下列情形之一的，应当认定为“以转移财产、逃匿等方法逃避支付劳动者的劳动报酬”：隐匿财产、恶意清偿、虚构债务、虚假破产、虚假倒闭或者以其他方法转移、处分财产的；逃跑、藏匿的；隐匿、销毁或者篡改账目、职工名册、工资支付记录、考勤记录等与劳动报酬相关的材料的；以其他方法逃避支付劳动报酬的。

（3）数额巨大的情节认定：拒不支付 1 名劳动者 3 个月以上的劳动报酬且数额在 5 000 元至 2 万元以上的；拒不支付 10 名以上劳动者的劳动报酬且数额累计在 3 万元至 10 万元以上的。

（4）经劳动行政部门或者政府其他有关部门依法以限期整改指令书、行政处理决定书等文书责令支付劳动者的劳动报酬后，在指定的期限内仍不支付的，应当认定为“经政府有关部门责令支付仍不支付”，但有证据证明行为人有正常理由未知悉责令支付或者未及时支付劳动报酬的除外。行为人逃匿，无法将责令支付文书送交其本人、同住成年家属或者所在单位负责收件的人的，如果有关部门已通过在行为人的住所地、生产经营场所等地张贴责令支付文书等方式责令支付，并采用拍照、录像等方式记录的，应当视为“经政府有关部门责令支付”。

（5）造成严重后果情形的认定：造成劳动者或者其被赡养人、被扶养人和被抚养人的基本生活受到严重影响、重大疾病无法及时医治或者失学的；对要求支付劳动报酬的劳动者使用暴力或者进行暴力威胁的；造成其他严重后果的。

本章小结

劳动争议诉讼是争议当事人就争议事项向法院起诉，法院依据相关的法律法规对争议进行审理作出判决的司法解决方式。进入到劳动争议诉讼程序的案件，除了满足法律对劳动争议的范围条件外，还需要满足仲裁前置这一程序条件。在我国，审理劳动争议案件的机构一般是民事审判庭，个别地方的法院设立了专门审理劳动争议诉讼案件的劳动审判庭。

劳动争议诉讼在程序上适用《民事诉讼法》规定的程序。人民法院对劳动争议案件，依照《民事诉讼法》规定的诉讼程序进行审理。首先，由一审人民法院审理、判决，当事人不服的，可以向上一级人民法院上诉，上一级人民法院的判决是终审判决，当事人不得再上诉。

关键词

劳动争议诉讼　概述　审理机构　一审程序　特殊制度

复习与思考题

1. 试述劳动争议诉讼的受案范围。
2. 人民法院受理劳动争议案件有哪些条件？
3. 劳动争议诉讼与其他民事诉讼有哪些区别？
4. 试述劳动争议诉讼的一审程序。
5. 诉讼时效与仲裁时效的衔接有哪些注意事项？
6. 如何理解先予执行与财产保全措施对劳动者的保护？

实践前沿

如此“实习”算不算建立劳动关系

2016 年 5 月 15 日，某高校大四学生寻某通过校园招聘进入某公司，与公司签订实习协议，约定实习期 1 个月，从 2016 年 5 月 15 日起至 6 月 14 日，并明确实习期不得超过寻某取得毕业证的时间；实习期月工资为 3 000 元，转正之后月工资为 3 500 元。当年 6 月 15 日，寻某取得高校颁发的毕业证。实习期满，公司继续用工，但未与寻某签订书面的劳动合同，也未依法为寻某办理社会保险。2016 年 6 月 28 日，寻某因工外出时受伤，需住院 40 天，经劳动能力鉴定机构鉴定为八级伤残。2016 年 8 月，在寻某住院休养期间，该公司单方通知终止与寻某的实习协议。

寻某认为公司的做法不合理，于 2016 年 12 月提起仲裁申请，要求确定双方存在劳动关系，由公司支付违法解除劳动合同的赔偿金。

仲裁委员会裁决公司与寻某存在劳动关系，公司支付违法解除劳动合同的赔偿金。

【评析】

本案中，该公司辩称，根据《关于贯彻执行〈中华人民共和国劳动法〉若干问题的意见》，在校生利用业余时间勤工助学，不视为就业，未建立劳动关系，可以不签订劳动合同。寻某是在学校接受教育期间因参加社会实践活动，才进入公司实习的，是一种教学实习。6 月 15 日寻某实习期满，应该离开公司，或者向公司递交入职申请，通过公司考核成为正式员工。而寻某并未递交入职申请，因此后续用工只能视为实习期的延续，寻某与公司之间不存在劳动关系。

仲裁委员会认为，寻某是通过用人单位的校园招聘入职的。当年 5 月 15 日至 6 月 14 日期间因为寻某尚未毕业，寻某到公司实习的行为仍属于在校生社会实践的内容，双方之间未建立劳动关系。6 月 15 日寻某取得毕业证后，具备了作为劳动者的主体资格，并为该公司工作，双方形成了劳动关系。

《关于确立劳动关系有关事项的通知》（劳社部发〔2005〕12 号）规定，用人单位招用劳动者未订立书面劳动合同，但同时具备下列情形的，劳动关系成立：（1）用人单位和劳动者符合法律法规规定的主体资格；（2）用人单位依法制定的各项劳动规章制度适用于劳动者，劳动者受用人单位的劳动管理，从事用人单位安排的有报酬的劳动；（3）劳动者提供的劳动是用人单位业务的组成部分。

从劳动关系的构成看，寻某取得毕业证后，其从事公司业务组成部分的工作，遵循公司在规章制度下的管理，从事有报酬的劳动，符合劳动关系的构成特征。

因此，寻某拿到毕业证后，公司继续用工，双方构成劳动关系。在寻某工伤休养期间，公司单方通知终止与寻某的实习协议，实为违法解除劳动合同，应当承担赔偿责任。

资料来源：案例｜如此“实习”算不算建立劳动关系．（2018－08－13）. http：//www.mohrss.gov.cn/gkml/ldgx/ldrsdjzc/201808/t20180813_298990.html..

第 9 章

劳动争议裁审衔接

学习目标

学完本章后，你应该能够：

- 理解自由裁量权的定义与分类。
- 掌握如何规范仲裁员的自由裁量权。
- 理解裁审衔接的重要性。
- 理解裁审结果差异合理控制的重要性及其措施。

开篇引例

劳动者违反竞业限制协议，应当承担违约责任

2012 年 3 月，闫某与某科技公司签订劳动合同，约定闫某从事开发工作，在双方解除或终止合同一年内，闫某不能以任何方式向有竞争关系的组织或者公司提供服务。双方签署《保密协议》，约定了竞业限制业务范围及情形，科技公司在竞业限制期内支付竞业限制经济补偿，如果闫某违反约定，须向科技公司支付违约金 20 万元，该违约金不足以弥补科技公司损失的，不足部分仍应赔偿。2013 年 5 月，闫某离职，科技公司发出《关于要求履行竞业限制以及严格遵守保密义务的通知》，通知闫某自劳动关系解除之日起一年内，不得进入与科技公司从事任何同类业务的公司，同时对限制的工作内容做了进一步明确，并告知构成竞争关系的公司包括 A 集团及其下属公司、B 集团及其下属公司、C 集团及其下属公司……闫某在该通知上签字，表示收到通知并阅读知晓上述内容。同月，闫某入职 C 集团的某下属公司。

2013 年 12 月，科技公司以闫某入职 C 集团的某下属公司，违反双方的竞业限制协议为由，提出劳动仲裁申请，仲裁委员会裁决闫某继续履行与科技公司约定的竞业限制义务，返还科技公司竞业限制经济补偿金 12 万余元，支付违约金 20 万元。闫某不服仲裁结果，向法院提起诉讼。

法院审理认为，针对闫某是否违反竞业限制义务，从 C 集团的某下属公司股东和股权质押等情况来看，闫某和 C 集团存在实质关联关系；从科技公司和 C 集团及其下属公司之间的业务范围来看，二者属于竞争关系。因此，闫某违反了竞业限制义务。最终，法院驳回了闫某的诉讼请求。

资料来源：高铭．北京市法院劳动关系诚信建设十大典型案例．(2018－12－03). http：//www. rmfz. org. cn/dfzcontents/120/173907. html.

第 1 节 劳动争议仲裁员自由裁量权

一、自由裁量权的定义及分类

自由裁量权需要作出选择。仲裁员在每个案件中都会使用自己的自由裁量权，不管是在庭审阶段还是在写裁决书阶段。仲裁员的自由裁量权一般分为九类。①

(一) 庭审自由裁量权

仲裁员在庭审阶段拥有充分的自由裁量权。当然，仲裁员有《仲裁员职业责任手册》(Code of Professional Responsibility)，但是这一手册对庭审行为的规定很宽泛，对仲裁员的自由裁量权几乎没有影响。比如，手册 5A 部分规定："仲裁员必须进行一个公平的能够满足需要的庭审，保证争议双方都有机会陈述他们的观点和证据。"这就给了仲裁员很大的自由发挥

① J L Stern，J M Najita. Labor arbitration under fire. Cornell University Press，1997.

空间。根据手册，仲裁员可能在庭审时选择做以下任意一件事情："重申问题或者论点的内容以加深理解；盘问双方的代表或者证人；要求双方提交额外的证据。"仲裁员也可以不做以上任何一件事情。这些选择都属于仲裁员自由裁量的范畴。

有些因素会影响仲裁员对自由裁量权的行使。(1) 被动因素。仲裁员觉得自己就应该严格基于双方提供的证据和证词来进行判断，不追求任何其他，在庭审阶段也不主动寻求证人或者证据。(2) 主动因素。仲裁员会行使之前手册中提到的一些选择，更有可能要求额外的信息，尝试去厘清事实。当然，大部分仲裁员并不是这两个极端情形，而且他们在不同的案件中会采取不同的态度，这取决于他们对争议双方的了解、问题的本质等。

对于在主动性方面如何明智地行使自由裁量权，有三个问题需要考虑：(1) 在一个特定案件中，采取"主动的"方式是否明智；(2) 如果是明智的，在庭审过程中何时介入；(3) 需要寻求什么证据，询问什么问题。

(二) 选人自由裁量权

仲裁员经常需要评价别人。他们会遇到很多证人，听取各种矛盾的故事。因此，他们需要确定谁在说真话，更准确地说，谁是值得相信的证人。行使这个自由裁量权充满了困难，因为人的易错性、行为的模棱两可性、语言的不精确等。

仲裁员并没有陪审团帮他们解决证人的真实性问题，但是也有一些久经验证的标准帮助他们审查证词。仲裁员要观察证人作证时的行为、举止、神态，包括外表、手势、声音、态度等。这些证人真的看到听到了他们所称看到听到的？仲裁员要分析证人的故事是否前后一致，他们要寻求证据证实或者证伪他们的故事。最后，他们要决定这个证人是否存在偏见、利己主义或者其他动机来做这个证词。

仲裁员应当审慎行使这一自由裁量权，并且明白他们有很大可能作出错误的判断。因为仲裁员和证人的接触很少，很难判断真假，证词一般也是模糊和不完整的，双方的故事往往存在明显的矛盾。为了避免错误，很多仲裁员尝试用可信度标准来系统性地分析证词，但这也不能解决所有问题。仲裁员需要知道他们不仅通过理性了解事实，也通过自己的内心。直觉有的时候是有效的。

（三）道德自由裁量权

仲裁员必须作出道德选择，尤其是在解雇案例中。一个员工的行为是否达到了解雇的标准，这在很大程度上属于仲裁员的自由裁量范畴。这个合理标准与仲裁员的道德判断有关，而这种道德判断又与仲裁员本身的特质有关。最明显的就是仲裁员自身的仲裁经验，他对一个行业内常规做法的了解。但这种知识是有限的，他们主要还是受自身的价值体系影响。

价值判断当然不是一个常量，它也是随着大众态度、法律更改、劳资态度变化而变化的。性骚扰在20世纪50年代只会导致记过或者一个短暂的停职，现在仲裁员会将性骚扰看作非常严重的问题。在工作时间打瞌睡曾经被认为是一个合理的解雇事由，现在管理层已经对这种行为更加宽容。因此，道德判断会随着时间的变化而变化。

（四）事实自由裁量权

仲裁员一个最基本的职责就是发现事实，但是仲裁员经常会听到事情不同的矛盾版本——一个由雇员证人提供，一个由雇主证人提供。仲裁员在寻找故事的真正版本的过程中就有极大的自由裁量权。

这种自由裁量权主要体现在哪些方面？第一，我们必须承认收集事实是一个极其主观的过程。在一个案件中，事实很少是被“发现”的，而是需要被“提取”出来的。而这个“提取”的过程就是一个仲裁员很主观的过程。

第二，整合事实的过程也存在主观成分。仲裁员必须考虑证人的可信度、各个证人的证词之间的关系、文档性证据的影响。这个过程不仅包含理性分析，还要求仲裁员将自己的生活经验和专业判断运用到一个自己完全陌生的情境中。

第三，仲裁员需要证明证据的真实性。仲裁员可以选择证明事实存在，或者选择证明事实不存在。

第四，实情调查（fact finding）和做决定（decision-making）在仲裁过程中似乎是两个分开的过程，其实两者联系紧密。发现一个事实在很大程度上会影响最终作出的决定，而最终的决定也会影响实情调查的过程。因为仲裁员很有可能在一开始的时候就已经有一个决定，之后收集事实的过程都是有意识地向这个方向靠拢，以证明自己的决定。

总的来说，仲裁员需要像法官一样，谨慎地分析证据，然后作出裁决，而我们也要意识到他们都是偶尔会犯错的。

（五）合同自由裁量权

有些人可能认为，在合同中仲裁员可能没有什么自由裁量的空间。毕竟，仲裁员只是被要求执行劳动合同或者集体合同的内容。其实不然。首先，起草劳动合同的人可能并没有时间或者没有能力起草完全精准的合同。其次，语言本身也会存在一些模糊的地方。

当合同语言模糊时，仲裁员可以使用一些应用广泛的方法来解决争议。第一是借鉴过去的做法，如果之前有相似的案例，那么可以借鉴过去的裁决结果；第二是明确合同中争议点的原本目的，然后根据原本目的重新阐述这一部分，保证同一目的；第三是回顾集体谈判的历史过程，了解争议点当初是如何在谈判过程中确定下来的。仲裁员可以选择任意一种方法，而这些方法都存在不确定性。

（六）合同外自由裁量权

在行业性的仲裁中，有一条大家都认同的规则："先工作，再申诉。"也就是说，雇员必须遵从上级的命令，即使他觉得这个命令违反了集体谈判合同，等完成工作后，他可以再去提起申诉。但也有例外情况，就是当雇员觉得一个工作任务会威胁到他的健康或者安全时，他可以拒绝工作。这条规则是雇主和工会都一致同意且毫无异议的，但是它几乎不会出现在集体谈判合同中。在裁决这些没有写入合同但是属于双方合意的内容时，仲裁员就需要合理行使自己的自由裁量权。

（七）做决定自由裁量权

这个自由裁量权有很多形式。首先，对公平的考量可能会决定最后的结果，这就涉及仲裁员的价值判断。什么是公平？仲裁员可能会考虑自己作出的裁决会给雇主或者雇员带来哪些可能的后果，然后思考怎样裁决对双方来说才是公平的。

另外，做裁决不仅仅只是决定支持原告还是驳回原告，它需要仲裁员为自己的裁决结果选择一个说得通的理论。仲裁员往往有很多选择，有的时候他们选择最令人信服的理论，有的时候他们选择最安全的理论（最容易被人接受的），有的时候他们选择最合理的理论等。这个选择需要仲裁员谨慎考量各方利益。

给出裁决结果是仲裁员在反复分析双方论点中，不断进行衡量证据、组织语言、考虑双方利益的过程，这个过程中需要仲裁员不断地行使自由裁量权。

（八）利己主义自由裁量权

利己主义主导着人类的行为，这当然也适用于仲裁员。他们的职业发展取决于他们让争议双方满意的程度。他们希望能够通过公正地分析和解决问题，达到让双方都满意的结果，但事实是输的一方总会不开心。因此不管仲裁员如何解决问题，总会引起不满意，但是他们的内心又期望最小化这种不满意。大部分仲裁员都发觉一些无意识的力量会影响他们的决定。一个人的家庭环境、教育背景、宗教信仰和生活经历都会产生影响。利己主义，也就是获得自我满意的期望，当然也会产生影响。

假设一个仲裁员在审理一个案件，一方是一个很小的本地工会，代表是本地工会主席；另一方雇主是全国顶尖的一个律师代表。如果双方都给出了很棒的论点，仲裁员发现双方没有任何一方占优，无论判哪一方赢都没有关系，那么这个仲裁员就很可能判雇主赢。因为在这个仲裁员的职业生涯道路上，顶尖律师的作用远远大于本地工会主席。

这种追求自我利益的行为并不能说是不专业的，也完全无法避免，但是仲裁员应当意识到这一点，并合理对待。

（九）写文书自由裁量权

写文书时仲裁员被赋予无限的选择。哪个证据应该使用？哪个证据应该无视？哪个事实应该强调？哪个事实应该无视？写文书时的内容、组织方式、风格、语言、总体语调都属于自由裁量的范畴。

仲裁员如何写文书会受他们所写裁决书的受众影响。如说是写给争议双方看，那么适合使用平铺直叙简单易懂的写法，而不是使用法律术语等。如果是写给大众看甚至有宣传的作用，那么可能就会说得更多一些，可能会从本案件延伸开去，引出更大的问题和讨论。

仲裁员如何表达他们的观点，在很大程度上还受目的的影响。当然，每个人都会认为裁决书的根本目的就是写一个清晰的合理的他们作出这个决定的过程的文书。但是其实还有一个更深层的目的，就是说服输了的一方认可（或接受）他们应当输。因此，在写文书时就需要一定的技巧。比如如果是一个 50∶50 的案件，双方势均力敌，最终仲裁员判了雇员赢，那么在写文书时仲裁员就不应该写双方都提供了有利的证据，很难判断哪一方胜出，而是一旦决定雇员赢后，在写文书时就向雇员倾斜，至少写成 55∶45 的案件。

二、如何规范仲裁员的自由裁量权

相比涉及工资、社会保险等案件而言，惩戒案件（discipline cases）更难仲裁，因为这涉及正当理由（just cause）这一概念。如果雇主有正当理由，那么雇主对雇员的惩戒就是合法的，但是法律并没有对正当理由作出明确的规定，这也就完全取决于仲裁员的自由裁量权。

但是自由裁量并不是随心所欲，因此学者和实务工作者一直在试图设计一些标准来规范仲裁员对正当理由的判定，其中最广为人知的标准应该就是由多尔蒂（Carroll R. Daugherty）设计的七个问题清单（seven tests），他是美国西北大学劳动经济学和劳动关系学教授，具有丰富的仲裁实践经验。

七个问题清单其实就是七个问题及其说明，作为衡量正当理由的标准。如果一个或者多个问题的答案是“否”，就说明正当理由并不存在，也就是说雇主对雇员的惩戒可能并不合理。

在某一特定劳动争议仲裁案件中，对这些问题的答案应该在庭审阶段由双方呈现证据给仲裁员。当然，这些问题不可能精确地适用于每个案件。另外，有些时候，在某一特定案件中，仲裁员可能会发现有一个或几个问题的答案虽然是“否”，却是很弱的“否”，而其他问题的答案是“是”，而且是很强的“是”。在这种情况下，仲裁员的正确决定可能是“惩罚”双方——降低原来雇主对雇员惩罚的力度，例如将三个月停职改成一个月停职等。

以下是七个问题清单：

（1）公司有没有向员工提前说明或者警告他们的行为可能导致惩戒后果？

备注：1）提前说明或者警告可以是口头的，也可以是书面的。2）并不是所有行为都需要提前说明或者警告，例如偷窃这种严重的行为。

（2）公司的规则或管理规定是否合理地关系到：1）公司业务的有序、高效、安全运行。2）员工的绩效。

备注：如果员工觉得公司的一个规定不合理，他也必须服从，除非服从这个命令会立刻严重影响到他的安全或尊严。在服从之后他可以提起申诉。

（3）公司在给予员工惩戒前，是否努力去调查员工是否确实违反或不服从管理的规则或命令？

备注：1）一般来说，公司的调查应当是在公司对员工作出惩戒决定之前。2）当然也有另外的情况，即公司必须立刻对员工的行为作出反应，这时正确的做法应当是将员工停职，进行调查，并保证要在调查后再作出最终的惩戒决定；如果发现员工是无辜的，要立刻恢复员工的工作，并补发工资。

（4）公司的调查是否客观公正？

备注：1）在一些案件中，并没有第三方证人，只有争议涉及的管理者和员工两个人知道发生了什么。在这种情况下，尤其要求公司的“法官”（通常是管理层）细致公正地盘问管理者，就像是一个真正的第三方。2）公司的“法官”需要主动积极地寻找证人和证据，而不是被动地听争议双方和“自愿”的证人告诉自己发生了什么。

（5）在调查中，公司的“法官”是否获得可观的和令人信服的证据来证明员工罪名成立？

备注：这里并不要求证据确凿无比，完全没有漏洞，但必须有说服力、有分量。

（6）公司的规则、命令和惩罚是否平等地适用于所有员工，不存在任何歧视行为？

备注：1）要说明一个特定的申诉者受到歧视，那么他和其他因为同一件事受惩罚的员工应当处在合理可比较的情境中。2）可比较的标准包含三点：犯错的严重程度、员工的受雇记录、犯错的类型。

（7）公司对员工施行惩戒的大小是否合理地与员工犯错的严重性、员工在本公司的记录有关？

备注：1）一个不太重大的犯错不应当受到公司的严惩，除非这个员工之前曾经在该公司多次犯错。2）一个员工之前的犯错记录永远都不应该被用来作为他这次是否犯错的参考。3）如果几个员工犯了同样的错误，那么公司可以根据他们之前的犯错记录决定给予不同的惩戒，这并不是歧视。例如，A，B，C，D四个员工犯了同样的错误，但是A员工的记录远远好于B，C，D三个员工的记录，这时公司对A员工的惩戒就可以比B，C，D三个员工轻一些。4）假设在一个案件中，前六个问题的答案都是“是”，同时被指控的员工被证实犯了一个很严重的错误，如在工作中大醉，但是他在这个公司工作了很长时间，而且记录一直非常好，从未犯过错。在这种情况下，公司要解雇这名员工的决定是否合理？这个答案当然取决于很多情况，但是应当注意，宽容是雇主的特权而不是仲裁员的特权，因此仲裁员不应该将自己的这个价值判断代入解雇案件中。总的来说，第一次犯错并不是说明公司解雇不合理的理由。

第2节 裁审衔接

一、裁审衔接的重要性

人社部调解仲裁司和最高法民一庭达成多项共识，对加强裁审衔接的必要性和重要性有了进一步认识。双方对如何加强仲裁机构和法院的衔接提出了多项指导性意见。

首先，要建立案件信息交流制度，实现案件信息共享。各级劳动争议仲裁委员会要加大与人民法院案件信息交流工作力度。一是建立案件统计报表交流制度，每季度互通案件处理情况，共同分析总结。要重点统计分析裁审不一致案件、仲裁裁决未被执行案件及其原因，为下一步完善裁审衔接工作提供量化指标依据。二是建立案件处理沟通机制，仲裁委员会在处理复杂案件时，可咨询人民法院的意见建议；人民法院在处理经仲裁进入诉讼程序的案件时，可查阅调解仲裁相关材料，了解仲裁过程和办案思路。三是仲裁委员会要建立案件追踪制度，掌握经仲裁的重大疑难或社会影响大的案件进入诉讼程序后的处理结果。裁审不一致的，要及时了解相关情况，找出具体原因。四是建立建议书制度。人民法院与仲裁委员会之间可通过建议书的方式，对裁审过程中程序、实体、法律适用及工作制度、服务态度等方面提出有效建议。

其次，要建立业务交流机制，提高案件处理能力。各级劳动争议仲裁委员会和同级人民法院要建立业务交流机制。定期互通业务指导文件、案件选编等资料，不断增强仲裁员、审判员业务水平。通过定期共同召开疑难案件分析研讨会、理论研讨会、联合调研、专题研究等方式，交流工作思路和意见。从交流师资和学员、共同开发培训教材等工作入手，逐步开展合作培训，合力提高仲裁员、审判员处理劳动争议的技能和法律素养。

最后，要积极探索，不断创新裁审衔接方式。各级劳动争议仲裁委员会和同级人民法院要从加强和创新社会管理，为构建社会主义和谐社会和经济社会全面发展提供保障的角度认识做好这项工作的重要意义。高度重视，切实履行工作职责，发挥工作积极性，主动加强工作交流。有条件和有需要的地区，要结合自身实际，积极探索创新裁审衔接方式，进一步加强裁审衔接，提高劳动争议案件处理效率。

各级人民法院和人力资源社会保障行政部门要对此项工作进展情况作出阶段性总结和评估，及时研究解决重点难点问题，发现和总结工作中的新思路、新方法、新经验，适时予以推广，为促进劳动关系和谐稳定，构建社会主义和谐社会作出新的贡献。

二、裁审结果差异合理控制的必要性

（一）我国劳动争议处理体制的本质要求

1.“一裁两审”体现裁审各自的独立性

两者的相对独立不仅表现在机构的独立上，同时这种独立也是法理、法治的要求，是当事人权益得到及时公正维护的重要保障。

2.“一裁两审”强调裁审的协作性

“一裁两审”强调裁审相互的协作性。提高两者的协作性，做到尺度统一、配合密切，不仅有利于及时有效化解争议，也有利于树立仲裁与诉讼的权威性和公信力；它要求充分发挥裁审各自的特点。仲裁制度的特点是高效、便捷、低成本，诉讼的特点是程序更加严谨，更能体现法律的公正性和权威性，这种组合机制为我国劳动争议处理提供了有力保障。

（二）提高办案效能的客观要求

合理控制裁审差异是提高办案效能的客观要求。这样既能进一步提高办案质量，让当事人心服口服，案结事了；也能进一步减少进入法院的案件量，减轻法院压力；还能进一步提高办案效率，畅通仲裁和诉讼之间的衔接机制，使仲裁机构能更好地配合法院做好相关工作，缩短案件处理周期，使有限的司法资源更加及时有效地为当事人服务。

（三）改进仲裁机构和法院工作的现实要求

合理控制裁审差异是改进仲裁机构和法院自身工作的现实要求。在当前案件总量高位运行、案件复杂程度不断提高等严峻形势下，加强裁审衔接、协同配合地做好劳动争议案件处理工作是改进工作的现实需要。仲裁机构要多向法院学习，增强对法律法规的理解和运用能力，提高办案水平和办案质量；法院应多指导仲裁机构的办案工作，共同研讨一些疑难问题，适时通报相关案件的处理情况，帮助仲裁机构不断提高办案水平。

三、裁审结果差异合理控制的措施

（一）统一裁审证据规则

首先，统一证据审核认定规则。因为这事关基本事实的认定，而仲裁庭与法庭在证据认定方面常常不一致。其次，统一举证规则。同一个劳动争议案件在仲裁程序中不举证或举证不能的，除有法定情形以外，在法院审理时不得再举新的证据，如同普通民事诉讼一审与二审之间的举证时间规则一样。现行做法是仲裁程序举证后，到了诉讼程序，当事人又需重新举证，并且没有限制必须是仲裁阶段所举之证，这不仅不利于仲裁与诉讼的有机衔接，浪费司法资源，还有可能使当事人在两个程序中所举证据不一致，导致仲裁裁决与诉讼判决依据事实不同而结论相左，甚至可能导致当事人故意在仲裁中不举证，或为弥补仲裁期间的不足而在诉讼期间有针对性地寻求新证据而有损相对方的诉讼利益的情况发生。

（二）加强对仲裁的监督

对仲裁的监督主要包括对仲裁员的监督、仲裁裁决的监督，上级劳动争议仲裁机构对下级仲裁机构的监督以及审裁之间的监督。同时，应当建立错案责任追究制度，发挥社会监督的作用。

（三）优化裁审关系

法院受理劳动争议案件以后，应当在仲裁的基础之上继续推进，而不是推倒重来，重新开始。法院应该对仲裁程序、事实认定和法律适用各方面进行司法审查，然后对仲裁裁决作出维持或变更的决定，而不是将仲裁裁决搁置一边，兀自判决。司法实践中，会出现仲裁庭与法庭对某些法律法规以及部门规章和政策理解不一致、裁判尺度不统一的情况，如对于劳动报酬的追溯期，仲裁一般只保护 2 年，而法院判决一般认为只要是在时效内主张的，可以不受 2 年限制。应通过发布司法解释、不定期举办案例研讨会和建立劳动争议法律文书互通制度等方式来统一裁审标准和执法尺度。这样既维护了法律法规的严肃性和统一性，又能充分发挥仲裁的功能，压缩案件处理时间，还能够加强对仲裁的司法监督，促使仲裁机构提高办案质量，降低争议案件仲裁后的起诉率，节约当事人的诉讼成本，为劳动者依法维权和企事业单位依法用工提供良好导向作用，实现法院、仲裁机构、劳方、资方多方共赢。此外，还可以避免对现行体制造成过大冲击。具体来说，有以下几种机制：

1. 裁审例会

定期沟通案件处理实体、程序的普遍性问题，并最终形成会议纪要，联合发文或各自发文。

2. 个案沟通

就重大疑难案件（如群体性案件）召开协调会议，共同研究处理方案，或在仲裁裁决前听取法院对案件处理的建议。

3. 信息沟通

建立法院立案庭与仲裁部门的沟通机制，对逾期未受理或逾期未裁决而向法院起诉的案件进行协调。对不服仲裁、起诉至法院的案件处理情况进行沟通反馈。

4. 财产和证据保全的协调

主要针对业主逃逸或存在资产隐逸等影响劳动者权益保护的危急情形。

5. 终局撤销的衔接

表现为法院对申请撤销案件向仲裁部门案卷的调阅、最终处理结果的反馈。比如，对于终局裁决的撤销程序，《劳动争议调解仲裁法》明确，用人单位不服仲裁终局裁决的，需提供能证明有关情形的证据证明，向劳动争议仲裁委员会所在地的中级人民法院申请撤销裁决。也就是说，终局裁决可撤销但不可随意提出，需要用人单位提供必要的证据证明，法院则应当仅对是否存在可以被撤销的情形进行审查。然而，在司法实践中，法院并未建立撤销仲裁裁决的专门程序，对用人单位申请撤销终局裁决的，几乎仍然按照重新审理程序处理，这不仅使终局程序的立法本意没有得到有效发挥，而且侵害了仲裁处理的权威性。

本章小结

不管是在庭审阶段还是在写裁决书阶段，仲裁员在每个案件中都会行使自由裁量权。仲裁员的自由裁量权一般分为：（1）庭审自由裁量权；（2）选人自由裁量权；（3）道德自由裁量权；（4）事实自由裁量权；（5）合同自由裁量权；（6）合同外自由裁量权；（7）做决定自由裁量权；（8）利己主义自由裁量权；（9）写文书自由裁量权。自由裁量并不是随心所欲，许多学者和实务工作者一直在试图设计一些标准来规范仲裁员对正当理由的判定。

合理控制裁审差异是我国劳动争议处理机制的本质要求，是提高办案效能的客观要求，是改进仲裁机构和法院工作的现实要求。裁审结果差异的合理控制，需要统一裁审证据规则，加强对仲裁的监督，并优化裁审关系。

关键词

自由裁量权　裁审衔接　结果差异

复习与思考题

1. 仲裁员的自由裁量权包含哪些方面？
2. 如何规范仲裁员的自由裁量权？
3. 如何理解裁审衔接的重要性？
4. 如何理解裁审结果差异控制的必要性？
5. 如何合理控制裁审结果差异？

实践前沿

"开双眼皮"属于事假还是病假

2014年3月6日，谭某进入某百货公司从事收银工作，双方签订了书面劳动合同，合同期限自2014年3月6日至2017年3月5日，合同约定劳动报酬2 200元/月。2015年12月28日，谭某前往某医院进行眼部矫正手术（俗称开双眼皮），且未提前请假。2016年1月4日，百货公司以谭某未履行请假手续、无故旷工严重违纪为由作出了将其辞退的决定。

经查证，百货公司人力资源管理制度中关于考勤管理一项明确规定："员工生病或处理私事须请假时，应提前三天请假，说明请假理由、离岗天数等，经批准后，办妥相应的手续；若遇有急病或紧急事情时，应直接给上级领导打电话说明情况，并向人力行政部报备。"该管理制度经民主程序制定，并对谭某进行了告知。

谭某出具了医院的病假手续，认为百货公司属于违法解除劳动合同，要求公司支付违法解除劳动合同的赔偿金。

仲裁结果不支持谭某的仲裁请求。

【评析】

现实生活中整形手术已经非常普及，其所能享受的劳动保护因情况不同而有所差异。修复性整形系因患病或负伤所致，具有医疗性质，凡履行了病假手续的，应享受医疗期待遇；而美容性整形纯属出于爱美之心的私人事务，非因患病或负伤所引起，并非医疗行为，只能视为事假，不属于享受病假医疗期的范畴。由此可见，"因患病或负伤所引起"是判断是否具备医疗性质的关键。

谭某所提供的医院整复外科病历及病休单并不能证明其手术系因病所致，"开双眼皮"手术虽名为手术，但属于对天生容貌的一种改变，其没有紧迫性，谭某完全可以提前以事假形式向公司提出申请。百货公司遵照规章制度的规定，按照合法的程序，单方面解除双方的劳动合同并不属于违法解除。

资料来源：案例|"开双眼皮"属于事假还是病假？.（2018－03－22）.http：//www.mohrss.gov.cn/tjzcgls/TJZCdianxingal/201803/t20180322_290313.html.

第 10 章

典型劳动争议处理实务

学习目标

学完本章后，你应该能够：

- 掌握劳动关系确认争议的类型与处理方式。
- 掌握劳动合同解除与终止争议的类型与处理方式。
- 掌握劳动关系报酬争议的类型与处理方式。
- 掌握社会保险待遇争议的类型及处理的基本原则。
- 掌握用人单位向劳动者主张权益的情况与处理方式。

开篇引例

劳动者承诺放弃缴纳社会保险无效，用人单位仍需支付解除劳动合同经济补偿

王某在某鞋业公司担任店长职务，双方于 2008 年 12 月至 2015 年 2 月期间存在劳动关系。因王某与鞋业公司解除劳动关系产生纠纷，双方诉至法院。

王某为农村户口，王某主张因工作期间鞋业公司未为其缴纳社会保险而被迫解除劳动合同，公司应依法支付经济补偿。鞋业公司认为未缴纳社会保险是由于王某签署承诺书，放弃缴纳社会保险，承诺书内容为："因自

身原因拒绝提供缴纳社会保险所需要的一切材料，且自愿放弃办理社会保险，若日后出现医疗报销等社保纠纷，自愿承担其后果，如有任何事情与公司无关。”

法院认为，虽然王某本人书写承诺书放弃缴纳社会保险，但该约定违反国家关于社会保险的法律规定，应属无效。王某主张因鞋业公司未缴纳社会保险而要求公司支付解除劳动合同经济补偿的诉讼请求，法院予以支持。

《劳动法》第七十二条规定，用人单位和劳动者必须依法参加社会保险，缴纳社会保险费。社会保险具有强制性，不可通过约定排除适用，用人单位和劳动者必须依法参加社会保险。为职工办理社会保险是用人单位的法定义务，无论用人单位还是劳动者都不能随意处分这项权利义务。

现实生活中，劳动者本人书写的关于放弃缴纳社会保险的承诺虽属真实意思表示，但因违反法律法规的强制性规定而无效。劳动者以此为由解除劳动合同的，有权主张用人单位支付经济补偿。

资料来源：高铭．北京市法院劳动关系诚信建设十大典型案例．(2018 - 12 - 03). http：//www. rmfz. org. cn/dfzcontents/120/173907. html.

随着法律规定的不断完善，越来越多的劳动争议能够纳入法律的调整范围，因此劳动争议的类型处于一个不断增多的过程。本章就实践中所遇到的一些典型劳动争议所涉及的法律依据、应查清的相关问题和举证责任等进行阐述。

第 1 节 确认劳动关系的争议

一、确认劳动关系是否存在的争议

（一）主要法律依据

《关于确立劳动关系有关事项的通知》（劳社部发〔2005〕12 号）。

（二）应查清的相关问题及举证责任

1. 被申请单位否认与劳动者存在任何关系的

（1）劳动者与被申请单位是否签有劳动合同。

（2）劳动者的工资支付情况：是否由被申请单位支付过工资，如工资由自然人支付，实际工资支付者是不是被申请单位的人，支付的理由是什么。

（3）劳动者的社会保险费缴纳情况：是否由被申请单位缴纳了社会保险费。

（4）城镇职工的档案关系是否在被申请单位处或由被申请单位委托存档。

（5）劳动者有无与被申请单位存在劳动关系的其他证据（如工作证、服务证、收入证明、介绍信、暂住证等）。

（6）被申请单位有无证据证明其主张（全体员工的花名册、工资支付记录、社保缴纳记录等）。

2. 被申请单位承认与劳动者存在关系，但否认是劳动关系的（被申请单位承担举证责任）

（1）劳动者是否已依法享受基本养老保险待遇（核查社会保险）。

（2）被申请单位主张与劳动者建立劳务关系的：

1）是否签有符合法律法规规定的劳务协议。

2）日常工作地点、形式、管理是否明显不同于用人单位职工。

3）劳务费用结算情况。

（3）被申请单位主张劳动者与第三方建立劳动关系的：

1）涉及劳务派遣的，是否有劳务派遣协议，是否有劳务派遣名单，劳动者与劳务派遣单位是否签有劳动合同。

2）涉及建筑行业发包、分包、转包的，第三方是否具有符合行业规定的资质（工伤案件），是否有符合行业规定的书面协议，劳动者与第三方是否签有劳动合同。

3）涉及个人承包者所雇用人员的，承包者是否属于本单位职工，是否由承包者管理并结算费用。

二、劳动者要求订立无固定期限劳动合同的争议

（一）主要法律依据

（1）《劳动合同法》第十四条。

(2)《劳动合同法实施条例》(国务院令第 535 号)第十二条。

(二)应查清的相关问题及举证责任

(1)由用人单位举证劳动者的入职时间。

(2)是否满足订立无固定期限劳动合同的条件:

1)是否在用人单位连续工作并已满十年(劳动者举证)。

2)自 2008 年 1 月 1 日后是否连续两次订立固定期限劳动合同(劳动者举证)。

3)是否未订立书面劳动合同已满一年(用人单位举证)。

(3)是否为公益性岗位。

三、劳动者要求支付未签订劳动合同双倍工资的争议

(一)主要法律依据

《劳动合同法》第八十二条。

(二)应查清的相关问题及举证责任

(1)劳动者与用人单位建立劳动关系的时间(用人单位举证)。

(2)劳动者的月工资标准、工资构成(用人单位举证)。

(3)未签订劳动合同的期间(用人单位举证)。

(4)用人单位主张签有其他协议或劳动者主张劳动合同内容不符合法律规定的:审查是否具有劳动合同的基本法定条款、欠缺部分是否实际影响劳动者的劳动权益。

(5)劳动者是否满足签订无固定期限劳动合同的条件。

(6)用人单位主张存在减免责任的情形(用人单位举证):

1)非全日制用工,每日工作时间不超过四小时,每周累计不超过二十四小时,劳动报酬的结算周期不超过十五日。

2)劳动者是否已依法享受基本养老保险待遇。

3)劳动者是否明确表示要继续享受未就业人员待遇(入职后仍享受社会保险自谋职业补助)。

(7)是否有倒签劳动合同的。

（三）补充说明

（1）用人单位自用工之日起未与劳动者签订劳动合同的，支付未签订劳动合同的双倍工资最长为十一个月。

（2）劳动合同期满后劳动关系延续但未续订劳动合同的，支付未签订劳动合同的双倍工资最长为十二个月。

（3）追索未签订劳动合同双倍工资的时效，适用《劳动争议调解仲裁法》第二十七条第一款。由于用人单位未与劳动者订立劳动合同属于违法行为，故仲裁时效自违法行为终了之日起计算。

第2节 解除和终止劳动合同的争议

一、处理基本原则

（1）主要按照《劳动合同法》第四章有关规定执行。

（2）《劳动合同法》增加了终止劳动合同经济补偿、违法解除劳动合同赔偿金、解除劳动合同代通知金（部分情况）等规定。

（3）《劳动合同法》取消了支付经济补偿最多不超过十二个月（部分情况）、企业月平均工资标准等规定。

二、劳动者主张解除劳动合同经济补偿的争议

（一）主要法律依据

（1）《劳动合同法》第三十六条、第三十八条至第四十三条、第四十六条、第四十七条。

（2）《劳动合同法实施条例》（国务院令第535号）。

（3）《最高人民法院关于审理劳动争议案件适用法律若干问题的解释（三）》第十条。

（二）应查清的相关问题及举证责任

具体包括：劳动者与用人单位建立劳动关系的期间（用人单位举证）；

劳动关系是否解除（主张方举证）；解除劳动关系的时间（主张方举证）；劳动者离开用人单位前十二个月的平均工资、工资构成（用人单位举证）；是否为公益性岗位。

1. 劳动者主张由用人单位提出双方协商一致解除劳动合同，应支付经济补偿的（劳动者举证）

（1）是否由用人单位方提出。

（2）是否签订协议书，是否已实际履行。

2. 劳动者主张因用人单位存在《劳动合同法》第三十八条规定的情形提出解除劳动合同，应支付经济补偿的

（1）劳动者提出解除劳动合同的原因是否属于《劳动合同法》第三十八条规定的情形（劳动者举证）。

（2）用人单位是否存在《劳动合同法》第三十八条规定的以下情形：

1）劳动者主张未按照劳动合同约定提供劳动保护或劳动条件的，应由劳动者说明并承担主要举证责任。

2）劳动者主张未及时足额支付劳动报酬的，用人单位承担主要举证责任。

3）劳动者主张未依法为其缴纳社会保险费的，用人单位承担主要举证责任。

4）劳动者主张用人单位存在《劳动合同法》第三十八条其他项规定情形的，劳动者承担举证责任。

3. 用人单位主张因劳动者存在《劳动合同法》第三十九条规定的情形提出解除劳动合同，不应支付经济补偿的（用人单位举证）

（1）是否符合以下条件：

1）是否依法约定了试用期。

2）能否证明劳动者不符合录用条件。

（2）是否符合以下条件：

1）有无经民主程序制定的规章制度（2008 年 1 月 1 日之后产生的）。

2）规章制度是否已经公示、送达、告知劳动者。

3）劳动者是否存在严重违反规章制度的行为。

4）解除程序是否符合规章制度并送达劳动者。

（3）是否符合以下条件：

1）劳动者的工作岗位职责。

2）劳动者是否存在严重失职或营私舞弊的行为。

3）是否能认定造成了重大损害。

（4）是否符合其他条件：用人单位对解除劳动合同决定的合法性负有举证责任。

4. 用人单位以《劳动合同法》第四十条规定解除劳动合同的（用人单位举证）

（1）是否存在符合《劳动合同法》第四十条规定可以解除劳动合同的基本事实。

（2）是否存在《劳动合同法》第四十二条规定的情形。

5. 用人单位以《劳动合同法》第四十一条解除劳动合同的（用人单位举证）

（1）是否存在符合《劳动合同法》第四十一条规定可以解除劳动合同的基本事实。

（2）是否需要裁减人员二十人以上或者裁减人员不足二十人但占企业职工总数百分之十以上。

（3）是否履行了下列法定程序：

1）用人单位提前三十日向工会或者全体职工说明情况，听取工会或者职工的意见。

2）裁减人员的方案已向劳动行政部门报告。

（4）是否存在《劳动合同法》第四十二条规定的情形。

（三）补充说明

（1）下列原因劳动者提出解除劳动合同，用人单位可不支付经济补偿：

1）用人单位在劳动者入职前期未为其缴纳社会保险，之后依法为劳动者缴纳社会保险已逾一年的。

2）用人单位按照劳动者的实际工作年限缴纳了社会保险，劳动者主张缴费基数不符合社会保险政策的。

（2）劳动者主张计算经济补偿的工作年限高于在用人单位实际工作年限，或者经济补偿的基数高于用人单位标准的，劳动者承担举证责任。

（3）由用人单位单方解除劳动合同，还应审查是否事先将理由通知了工会，以及是否听取工会的意见。如果用人单位无工会，此项可以不审查。

（4）劳动者提出解除劳动合同时的理由为个人原因，但是在审理时却主张系因《劳动合同法》第三十八条规定的情形解除劳动合同的，对该陈述不予采信。

（5）劳动者按照《劳动合同法》第三十八条、第四十一条第一款第（三）、（四）项的规定解除劳动合同，其解除劳动合同经济补偿只计算 2008 年 1 月 1 日之后的连续工作年限。

三、劳动者主张终止劳动合同经济补偿的争议

（一）主要法律依据

（1）《劳动合同法》第四十四条、第四十六条。

（2）《劳动合同法实施条例》（国务院令第 535 号）。

（二）应查清的相关问题及举证责任

（1）劳动者与用人单位建立劳动关系的时间（用人单位举证）。

（2）是否符合《劳动合同法》第四十四条规定的劳动合同终止情形（主张方举证）。

（3）终止劳动合同的时间（主张方举证）。

（4）劳动者终止劳动合同前十二个月的平均工资。

（5）是否符合下列支付终止劳动经济补偿的情况：

1）除用人单位维持或者提高劳动合同约定条件续订劳动合同，劳动者不同意续订的情形外，劳动合同到期终止的。

2）因用人单位被依法宣告破产造成劳动合同终止的。

3）因用人单位被吊销营业执照、责令关闭、撤销或者用人单位决定提前解散而造成劳动合同终止的。

（6）是否为公益性岗位。

（三）补充说明

（1）终止劳动合同的经济补偿只计算 2008 年 1 月 1 日以后的工作年限。

（2）劳动者主张计算经济补偿的工作年限高于在用人单位的实际工作

年限，或者经济补偿的基数高于用人单位提出的标准的，劳动者承担举证责任。

四、劳动者主张代通知金的争议

（一）主要法律依据

《劳动合同法》第四十条。

（二）应查清的相关问题及举证责任

（1）解除劳动合同的依据是否符合《劳动合同法》第四十条的情形。

（2）用人单位以书面形式通知劳动者解除或终止劳动合同的时间。

（3）解除劳动合同前十二个月的平均工资或解除/终止劳动合同前一个月劳动者的工资标准。

（三）补充说明

不足三十天书面提前通知劳动者的，用人单位按通知时间不足天数每一天支付劳动者月工资的三十分之一。

五、劳动者主张违法解除（终止）劳动合同的争议

（一）主要法律依据

（1）《劳动合同法》第四十条至第四十二条、第四十五条、第四十七条、第四十八条、第八十七条。

（2）《劳动合同法实施条例》（国务院令第535号）。

（3）《工伤保险条例》（国务院令第375号）。

（4）《企业职工患病或非因工负伤医疗期规定》（劳部发〔1994〕479号）。

（二）应查清的相关问题及举证责任

（1）劳动者与用人单位建立劳动关系的时间（用人单位举证）。

（2）解除（终止）劳动合同的时间（主张方举证）。

（3）劳动者最后十二个月的平均工资、工资构成（用人单位举证）。

（4）用人单位作出解除（终止）劳动合同决定是否符合法律规定（用人单位举证，主要包括事实、规则制定、告知义务、规章制度产生的民主程序、工会意见、送达等方面）。

（5）是否属于《劳动合同法》第四十二条规定的情形之一，而用人单位以《劳动合同法》第四十条、四十一条为由解除劳动合同的情形。

（6）是否属于下列不得终止劳动合同的情形：

1）劳动者是否患职业病或者因工负伤并被确认达到伤残等级，且可以退出工作岗位或者依法要求续订劳动合同的。

2）劳动者是否处在规定的医疗期内或者女职工在孕期、产期、哺乳期内，应顺延至相应期限届满的。

（三）补充说明

（1）经认定系用人单位违法解除（终止）劳动合同的，劳动者可选择要求撤销解除（终止）劳动合同决定，继续履行劳动合同。如继续履行劳动合同的条件不存在或者劳动者不要求继续履行的，其可主张支付双倍经济补偿标准的赔偿金。

（2）赔偿金的计算年限自用工之日起计算。

第 3 节 劳动报酬争议

一、工资支付争议

（一）主要法律依据

《劳动合同法》第三十条第一款。

（二）应查清的相关问题及举证责任

（1）劳动者的工资标准、工资构成（用人单位举证，主要证据为劳动合同、工资支付记录）。

（2）劳动者工资的发放时间、核算周期、发放方式（用人单位举证，银行转账的劳动者有对实发工资的举证能力)。

(3) 劳动者在所主张工资的期间是否正常提供了劳动:

1) 用人单位主张劳动关系已解除的，用人单位承担劳动关系解除情况的举证责任。

2) 用人单位主张劳动者未出勤的，用人单位承担出勤记录的举证责任。

(4) 用人单位是否已足额支付劳动者工资:

1) 用人单位主张已支付的，用人单位承担工资支付记录的举证责任。

2) 用人单位主张已根据计件、考核等情况足额支付工资的，用人单位承担计件、考核结果合理合法性及已公示的举证责任。

3) 用人单位主张应扣减劳动者工资的，用人单位对减少劳动者报酬的决定负有举证责任。

4) 劳动者主张应发工资高于其工资标准的，劳动者对主张的依据负有举证责任。

(5) 劳动者主张加发相当于工资报酬百分之二十五经济补偿的，由用人单位举证，用人单位证明不存在克扣或者无故拖欠劳动者工资的情形。

二、加班工资争议

(一) 主要法律依据

(1)《劳动法》第四十四条。

(2)《最高人民法院关于审理劳动争议案件适用法律若干问题的解释(三)》第九条。

(二) 应查清的相关问题及举证责任

主要包括两个方面：劳动者执行的工时制——劳动合同约定情况，如为不定时工作制或者综合计算工时工作制，是否经过劳动行政部门审批或为《中华人民共和国公司法》规定的高级管理人员，审批的有效期间及计算周期，是否向劳动者告知或者明示(用人单位举证)。加班工资的基数——按照劳动合同约定的劳动者本人所在岗位相对应的工资标准确定；

劳动合同未约定的，按照集体合同约定的加班工资基数以及休假期间工资标准确定；劳动合同、集体合同均未约定的，按照劳动者本人正常劳动应得的工资确定。

1. 用人单位以不存在加班进行抗辩的

（1）劳动者主张存在非周期性加班的，应说明具体的加班时间、加班内容，并对加班事实的存在负有举证责任。

（2）劳动者主张周期性加班的，应按下列方式对待：

1）劳动者主张存在每天超过八小时工作或每周超过五天工作的加班事实的，劳动者对加班事实的存在或用人单位掌握加班事实存在的证据负有举证责任。

2）用人单位主张存在每天少于八小时，每周总工作时间不超过四十小时，每周至少休息一天的，用人单位对上述主张负有举证责任。

（3）用人单位主张劳动者的超时在岗期间为值班的，用人单位承担举证责任。

1）超时在岗期间的工作任务、强度是否明显区别于正常工作时间。

2）超时在岗期间是否能休息。

3）劳动者是否吃住在用人单位。

4）用人单位是否已经支付值班津贴。

（4）用人单位以劳动者没有提交加班申请并经批准进行抗辩的，用人单位承担举证责任。

1）劳动合同无约定。

2）有无符合法定程序制定的规章制度的规定。

（5）用人单位主张休息日加班已倒休的，用人单位对该主张负有举证责任。

（6）劳动者主张加发相当于加班工资报酬百分之二十五的经济补偿的，由用人单位举证，用人单位证明不存在克扣或者无故拖欠劳动者加班工资的情形。

2. 用人单位主张已足额支付加班工资的

（1）劳动者的工资构成，用人单位举证。

（2）用人单位的加班工资支付情况，用人单位举证。

（三）补充说明

（1）劳动者加班是否由用人单位安排，其工作内容是否属于应在正常工作时间内完成的。

(2) 劳动者的工资构成是否全部或主要为计件工资，超时工作的部分是否以计件工资的形式支付了，是否有证据能证明延时、休息日、法定休假日工作时具体计件数，是不是劳动者为获取更多劳动报酬而主动申请超时计件工作。

(3) 劳动者仅凭打卡记录不足以证明存在加班的事实。

三、未休年休假工资争议

(一) 主要法律依据

(1)《职工带薪年休假条例》(国务院令第514号)。

(2)《企业职工带薪年休假实施办法》(人力资源和社会保障部令第1号)。

(二) 应查清的相关问题及举证责任

(1) 是否应享受带薪年休假:

1) 劳动者是否连续工作一年以上(劳动者举证)。

2) 劳动者是否存在《职工带薪年休假条例》第四条规定的情形(用人单位举证)。

(2) 应享受带薪年休假的标准:

1) 劳动者入职用人单位前的工作年限(劳动者举证)。

2) 劳动者在本单位的工作年限(用人单位举证)。

(3) 是否存在不应支付年休假工资的情形:

1) 劳动者是否已休年休假(用人单位举证)。

2) 劳动者是否因其本人原因书面提出不休假(用人单位举证)。

3) 是否由劳动者提出解除劳动合同(用人单位举证)。

4) 劳动者解除劳动合同的理由(劳动者举证)。

(三) 补充说明

(1) 主张未休年休假工资的仲裁时效，适用《劳动争议调解仲裁》第二十七条第四款的规定。

（2）劳动者因个人原因提出辞职的，其辞职当年度的年休假补偿可不支付。

四、病假工资争议

（一）主要法律依据

《企业职工患病或非因工负伤医疗期规定》（劳部发〔1994〕479 号）。

（二）应查清的相关问题及举证责任

（1）劳动者是否处在医疗期（用人单位举证）。

（2）劳动者是否持有医疗机构的诊断证明（劳动者举证）。

（3）劳动合同或集体合同中是否约定了病假工资的标准。

（4）规章制度中是否有病假工资的规定。

（三）补充说明

用人单位规定的病假工资标准高于法定标准的，依照用人单位的标准执行。

五、奖金争议

（一）主要法律依据

法律无明文规定。

（二）应查清的相关问题及举证责任

（1）有无发放奖金的规章制度或劳动合同的约定。

（2）规章制度是否经过民主程序制定（2008 年 1 月 1 日以后产生的）。

（3）规章制度是否已经公示、送达、告知劳动者。

（4）劳动者是否符合获得奖金的条件。

第4节 社会保险待遇争议

一、处理基本原则

（1）各项社会保险开展的时间不同，以北京市为例，城镇职工的养老保险起始于1992年10月，失业保险起始于1999年11月，农民工的养老保险和失业保险起始于1999年6月，工伤保险起始于2004年1月，生育保险起始于2005年7月，基本医疗保险起始于2001年4月。

（2）《中华人民共和国社会保险法》（简称《社会保险法》）于2011年7月1日实施，取消了因地域、户籍性质等差异造成的社会保险待遇差异。

（3）用人单位依法缴纳社会保险的，相关社会保险待遇应由社会保险基金支付。劳动者要求用人单位支付没有依据，但用人单位有收到社会保险基金支付的相关待遇后转付给劳动者的义务。

（4）用人单位未依法缴纳社会保险的，劳动者满足享受社会保险待遇条件时，参照依法缴纳社会保险时劳动者应享受的社会保险待遇作为劳动者的社会保险待遇损失，由用人单位承担支付义务。

（5）劳动者因用人单位未按时缴纳社会保险要求补缴社会保险，因用人单位未足额缴纳社会保险要求补缴或支付待遇损失的，不属于劳动争议处理范围，应告知其向社会保险行政部门主张权益。

二、工伤保险待遇争议

（一）主要法律依据

（1）《社会保险法》。

（2）《工伤保险条例》（国务院令375号）。

（3）《国务院关于修改〈工伤保险条例〉的决定》（国务院令586号）。

（二）应查清的相关问题及举证责任

主要包括：工伤发生的时间（以工伤证为准）；工伤认定的情况（以工

伤证为准)；劳动能力鉴定情况（以工伤证为准)；工伤保险缴费情况（用人单位举证)。

1. 停工留薪期工资

(1) 工伤职工原工资待遇（用人单位举证)。

(2) 工伤职工受伤情况（以工伤证为准)。

(3) 用人单位是否确定停工留薪期并书面通知工伤职工（用人单位举证)。

(4) 工伤职工住院情况、出院后因工伤继续休息的工伤医疗机构诊断证明（劳动者举证)。

(5) 主张超过规定的停工留薪期工资的，工伤职工是否向用人单位书面提出申请并获同意，用人单位有异议时劳动能力鉴定委员会有何结论（劳动者举证)。

2. 一次性工伤医疗补助金、一次性伤残就业补助金

劳动关系是否解除以及解除的时间（劳动者举证)。

3. 工伤医疗费

(1) 工伤医疗费用发生时间、数额（劳动者举证)。

(2) 在确定工伤医疗机构后是否在工伤医疗机构治疗（劳动者举证)。

(3) 社保部门审核情况（委托审核)。

4. 住院期间伙食费

(1) 住院时间（劳动者举证)。

(2) 2011 年 1 月 1 日以前认定工伤的：用人单位因公出差伙食补助标准（用人单位举证)。

5. 交通、食宿费

(1) 是否经医疗机构出具证明，报经办机构同意，工伤职工到统筹地区以外就医（劳动者举证)。

(2) 交通费、食宿费发生的时间、数额（劳动者举证)。

6. 伤残津贴

(1) 工伤职工是否被鉴定为一级至六级伤残（以工伤证为准)。

(2) 劳动者的工资标准（用人单位举证)。

7. 生活护理费

是否经劳动能力鉴定委员会确认需要生活护理及其等级（以社保机构出具的待遇核准表为准)。

8. 工亡待遇

申请人是否属于因工死亡职工生前提供主要生活来源且无劳动能力的亲属（由申请人举证，一般可由户籍所在地的镇级以上人民政府出具证明）。

（三）补充说明

（1）2011年1月1日《工伤保险条例》修正后，用人单位在依法缴纳工伤保险费后，只承担停工留薪期工资，五、六级工伤职工的伤残津贴，一次性伤残就业补助金等三项费用。

（2）一次性伤残补助金是否采用新标准取决于工伤认定书时间是否在2011年1月1日之后。

（3）一次性伤残就业补助金是否采用新标准取决于劳动关系解除时间是否在2011年1月1日之后。

（4）住院伙食补助费是否采用新标准并由工伤保险基金支付取决于住院治疗时间是否在2011年1月1日之后。

（5）外埠就医的交通、食宿费是否由工伤保险基金支付取决于就医时间是否在2011年1月1日之后。

（6）劳动者受伤之后至劳动关系解除期间如未再向用人单位提供劳动的，且无证明其处于停工留薪期间或依据工伤医疗机构诊断证明休息，也无证明因用人单位原因造成其未上班的，可按劳动关系中止处理。

拓展阅读

工伤“私了”协议的效力

劳动者发生工伤事故后，用人单位私下与劳动者就工伤赔偿达成协议的情况在实践中比较常见。这种“私了”协议能够快速解决工伤赔偿的纠纷，且比较容易履行，但有可能赔偿数额与法定工伤保险待遇并不一致。因此，很多劳动者在签订“私了”协议后仍会通过仲裁和诉讼的途径请求获得相应的工伤待遇。对于这种工伤“私了”协议的法律效力认定，应区分以下几种情况：

（1）工伤发生后，尚未申请认定工伤、进行劳动能力鉴定的，这种情况下达成的“私了”协议无效。

（2）工伤发生后，已经完成工伤认定和劳动能力鉴定的，这种情况下达成的“私了”协议有效。

（3）工伤发生后，已经完成工伤认定和劳动能力鉴定的，这种情况下达成的“私了”协议有效，如果赔偿数额低于法定工伤待遇，劳动者可以在仲裁时效内申请变更或撤销该协议。

三、医疗保险待遇争议

（一）主要法律依据

没有统一的法律法规，主要参照地方规章。

（二）应查清的相关问题及举证责任

（1）用人单位是否为劳动者依法缴纳基本医疗保险（用人单位举证）。

（2）社保部门医疗费单据的审核情况。

（3）劳动者病假的情况，劳动者是否有连续完整的诊断或休假证明（劳动者举证）。

（4）劳动关系存续情况，劳动者是否履行请假手续（劳动者主要承担举证责任）。

第 5 节 用人单位向劳动者主张权益的争议

一、用人单位主张劳动者违反服务期约定的争议

（一）主要法律依据

（1）《劳动合同法》第二十二条。

（2）《劳动合同法实施条例》（国务院令第 535 号）第十六条。

（二）应查清的相关问题及举证责任

（1）用人单位是否为劳动者提供了支出专项培训费用的专业技术培训。

包括：

1）有凭证的培训费用。

2）培训期间的差旅费用。

（2）用人单位是否与劳动者签订服务期协议。

（3）是否因劳动者原因造成双方劳动关系在劳动合同或服务期内或服务期协议届满前解除。

（三）补充说明

（1）劳动者违反服务期约定需向用人单位支付违约金的，数额不得超过用人单位提供的培训费用。

（2）用人单位要求劳动者支付的违约金不得超过服务期尚未履行部分所应分摊的培训费用的份额。

二、用人单位主张劳动者违反竞业限制的争议

（一）主要法律依据

《劳动合同法》第二十三条、第二十四条。

（二）应查清的相关问题及举证责任

（1）用人单位与劳动者是否约定了竞业限制条款（协议）、竞业限制的补偿及违约金（用人单位举证）。

（2）竞业限制条款针对的劳动者是否属于用人单位的高级管理人员、高级技术人员和其他负有保密义务的人员，竞业限制期限是否超过两年（用人单位举证）。

（3）劳动合同解除或终止后，用人单位是否按月支付劳动者竞业限制经济补偿（用人单位举证）。

（4）劳动者是否存在违反竞业限制的情形。比如：

1）到与本单位生产或者经营同类产品、从事同类业务的有竞争关系的其他用人单位工作（用人单位举证）。

2）自己开业生产或者经营同类产品、从事同类业务（用人单位举证）。

拓展阅读

未约定支付竞业限制补偿的，竞业限制协议并不必然失效

通常情况下，用人单位与劳动者签订的竞业限制协议中会约定用人单位支付劳动者竞业限制补偿标准；但是在某些特殊情况下，双方可能会遗漏补偿标准的具体约定，此时，竞业限制协议的效力判断成了焦点问题。

根据《最高人民法院关于审理劳动争议案件适用法律若干问题的解释（四）》的规定，用人单位与劳动者在劳动合同或其他专项协议中约定了竞业限制条款，但未就经济补偿进行约定，可以在劳动关系存续期间或者劳动合同解除、终止时进行协商予以补充，如果没有协商一致进行补充，且劳动者已经履行了竞业限制义务的，可以按照劳动关系解除或终止前最后十二个月平均工资的 30%确定补偿数额。

三、用人单位主张劳动者赔偿其他经济损失的争议

（一）主要法律依据

法律法规没有具体规定，参见一些地方规章。

（二）应查清的相关问题及举证责任

（1）是否有劳动者给用人单位造成损失的事实。

（2）损失的数额及计算依据。

（3）劳动者承担损失赔偿的计算依据：

1）劳动合同、规章制度中有无约定。

2）有无第三方的责任认定。

3）有无劳动者减免责任的情形。

四、用人单位主张劳动者办理工作交接的争议

（一）主要法律依据

《劳动合同法》第五十条第二款。

（二）应查清的相关问题及举证责任

（1）劳动合同关系是否解除。

（2）双方对交接工作是否有书面约定。

（三）补充说明

劳动者拒不按照约定交接工作的，用人单位可暂不支付其经济补偿。

本章小结

本章收录了劳动争议处理实践中典型的案件类型，介绍其处理的法律依据，阐释各种类型案件应查清的相关问题及举证责任，并通过具体案例加以说明，从而提高读者理论联系实际的能力。

关键词

劳动争议　类型分析　法律依据　处理方式

复习与思考题

1. 常见的劳动争议类型有哪些？
2. 用人单位向劳动者主张权益争议的情形有哪些？如何处理？

实践前沿

用人单位组织劳动者周末开会，是否应当支付加班费

陈某是某汽车租赁公司员工，被安排随车在客户单位提供驾驶服务。陈某与汽车租赁公司签有为期两年的劳动合同，实行标准工时制。陈某在职期间，汽车租赁公司要求他每个月的第一周周六必须到汽车租赁公司开会，主要是进行安全驾驶培训，而且没有安排补休。

今年7月31日，双方劳动合同期满终止，陈某向汽车租赁公司提出支付休息日安排培训的加班费。公司表示陈某没有在工作岗位上提供劳动，周末开会培训不算加班。双方协商未果后陈某申请劳动争议仲裁。

仲裁委员会裁决汽车租赁公司支付陈某在职期间24天的休息日加班工资。

【评析】

加班是基于用人单位生产经营需要，由用人单位要求劳动者在规定的工作时间外，包括工作日的工作时间以外、法定节日或公休假日工作。认定是否加班要考虑两个要素，即工作由用人单位安排和在法定标准工作时间之外。

本案中，汽车租赁公司在休息日安排陈某进行汽车安全驾驶培训，该培训系由公司组织安排，要求陈某必须参加，并非个人自愿性质。安全培训的目的是为生产经营服务，属于员工工作的一部分。因此，公司安排的周末培训属于延长陈某的工作时间，增加了额外的工作量。

《劳动合同法》第三十一条规定，用人单位安排加班的，应当按照国家有关规定向劳动者支付加班费。《工资支付暂行规定》第十三条规定，用人单位在劳动者完成劳动定额或规定的工作任务后，根据实际需要安排劳动者在法定标准工作时间以外工作的，应按以下标准支付工资：（一）用人单位依法安排劳动者在日法定标准工作时间以外延长工作时间的，按照不低于劳动合同规定的劳动者本人小时工资标准的 150%支付劳动者工资；（二）用人单位依法安排劳动者在休息日工作，而又不能安排补休的，按照不低于劳动合同规定的劳动者本人日或小时工资标准的 200%支付劳动者工资；（三）用人单位依法安排劳动者在法定休假节日工作的，按照不低于劳动合同规定的劳动者本人日或小时工资标准的 300%支付劳动者工资。

本案中，汽车租赁公司在休息日安排陈某工作又不安排补休，应当支付 200%的休息日加班费。

资料来源：案例丨用人单位组织劳动者周末开会，是否应当支付加班费？.（2018－11－29）. http：//www.mohrss.gov.cn/gkml/ldgx/ldrsdjzc/201811/t20181129_305979.html.

第 11 章

集体劳动争议处理

学习目标

学完本章后，你应该能够：

- 掌握集体劳动争议的概念、特征与分类。
- 掌握普通集体劳动争议的处理程序。
- 掌握集体合同争议的处理程序。
- 了解集体行动争议的处理。
- 了解国外的集体劳动争议处理机制。

开篇引例

江西省规范处理集体劳动人事争议

江西省上高县一家陶瓷公司 900 余名员工向上高县劳动人事争议仲裁院提出仲裁申请，要求该公司支付拖欠的工资约 1 400 万元。该院迅速立案，依法依规进行处理，使案件得到妥善解决。这是江西省劳动人事争议调解仲裁机构 2018 年处理的第 4 起 500 人以上的集体劳动争议案件。近年来，随着各项改革不断推进，一些用人单位陆续出现经营困难、关停并转的现象，导致集体劳动人事争议多发。2018 年前三季度，江西省共依法受理 195 件 10 人以上的集体劳动人事争议案件，同比增幅达 54.8%。针对这种情况，江西省人社厅专门下发了《关于进一步做好重大集体（群体性）劳动人事争议仲裁工作的通知》，对集体劳动人事争议案件处理工作提出了具体要求，进一步规范案件的受理、审理和裁决程序。

调解优先，依法仲裁

在工作中，江西省始终将调解贯穿集体劳动人事争议案件的处理过程。在立案时或受理后庭审前，主动联系用人单位了解基本情况，并邀请乡镇（街道）或工业园区调解组织参与调解；在庭审中及下发裁决书之前，对双方有调解意愿的，采取面对面、背靠背等多种形式进行调解。据了解，近年来江西省的案件调解成功率保持在 70%以上。对调解不成的，依法审理后，调解仲裁机构及时按照《仲裁裁决文书撰写标准》《关于进一步规范仲裁裁决书文书印制格式的要求》制作裁决书，确保裁决结果的合法公正。

快立、快审、快结

集体劳动人事争议往往带有突发性质，处理不及时，容易引发群体性事件。江西省在处理这类案件时，在法律规定程序的框架内，不断优化简化流程，力争在最短时间内化解矛盾。在立案过程中，江西省要求对符合受理条件的案件必须及时受理，对不符合受理条件的应出具不予受理通知书并引导当事人通过其他途径解决，坚决杜绝久拖不决的情况发生；案件受理后，在征得当事人的同意后，可以缩短答辩期、举证期；庭审中，试行要素式庭审模式，对双方无异议的事项，简化证据质证环节，由仲裁员引导双方围绕争议焦点举证辩论；庭审调解不成的，优先制作裁决书。近年来，江西省所有集体劳动人事争议案件均在法定的审限内结案，部分市县还做到了在 30 天之内结案，全省未发生因超出审理期限而导致事态加重的情形。

部门协作，多元处理

江西省在处理集体劳动人事争议时，注重发挥各部门的职能作用。2018 年初，江西省人社厅与省综治办、省高院、省司法厅等 8 部门联合下发了《关于进一步加强劳动人事争议调解仲裁完善多元处理机制的实施意见》，从健全预防协商机制、专业性调解机制、仲裁工作机制、调裁诉衔接机制、工作基础保障机制、多元处理协调机制六个方面，完善了党委领导、政府主导、综治协调、人社部门牵头、有关部门发挥职能作用、社会力量积极参与的劳动人事争议多元处理格局。在案件受理后，人社部门积极与相关行业主管部门协调对接，形成合力，如涉及国有企业的联系国资委等部门，涉及建筑行业的联系住建部门，涉及招商引资的联系商务部门，涉及学校的联系教育部门，有效发挥各部门的力量，通过多种途径促成调解。

资料来源：江西省规范处理集体劳动人事争议．(2018-11-29). http://www.mohrss.gov.cn/tjzcgls/TJZCgongzuodongtai/201811/t20181129_305977.html.

集体劳动争议与个别劳动争议相比较而言，并没有本质的不同。只是集体劳动争议涉及人数更多，争议内容更加复杂，处理难度更大，因此在劳动争议处理体制中设置了一些特别程序来处理集体劳动争议。

第1节 集体劳动争议概述

一、集体劳动争议的概念

集体劳动争议的概念有狭义和广义之分。

狭义的集体劳动争议是指劳动者一方当事人数量在规定限额以上的，且因共同理由与用人单位发生的纠纷。《劳动争议调解仲裁法》第七条规定，发生劳动争议的劳动者一方在十人以上，并有共同请求的，可以推举代表参加调解、仲裁或者诉讼活动。因此，狭义的集体劳动争议所涉及的劳动者一方当事人的人数至少为十人，且这些劳动者有共同诉求，通过推举代表参加调解、仲裁或诉讼活动。

广义的集体劳动争议除了包括狭义的集体劳动争议外，还包括集体合同争议（又称团体争议）与集体行动争议。集体合同争议是指基于集体合同发生的争议，通常发生在工会与用人单位之间。集体合同争议可分为两种情况：一是因签订集体合同发生的争议，即在集体协商过程中发生的争议；二是因履行集体合同发生的争议。集体行动争议是指由于劳动者的集体行动而引发的集体劳动争议。

二、集体劳动争议的特征

（一）集体劳动争议主体的特殊性

集体劳动争议是指劳动者一方当事人数量在一定限额以上，且有共同请求的劳动争议。它对劳动者一方的人数有较为严格的限制。一般来说，集体劳动争议的一方是用人单位，另一方是有共同诉求的多个劳动者集体。

（二）争议内容有特定性

集体劳动争议中的集体合同争议引起争议的标的涉及订立、变更或履行集体合同等一般劳动条件事项，其内容具有广泛性和整体性，而其他的劳动争议只涉及劳动者个人。

（三）集体劳动争议影响较广泛

集体劳动争议主体的特殊性以及内容的特定性，事关劳动者的整体权利义务，这就决定了集体劳动争议影响的广泛性。若处理不及时或不得当，极易导致出现其他激化矛盾的行为。

（四）集体劳动争议突发性强，处理难度大

突发性强、处理难度大是集体劳动争议的又一特点。集体劳动争议往往是在企业、工会组织和政府毫无预防的情况下突然发生，工人自发形成停工、罢工、堵马路等集体行动，而且比较容易形成连锁反应，再加上应急处理渠道不畅通，难以通过协商方式来处理。这些群体性事件的发生，事前往往缺乏协商、谈判或者调解程序，事件一旦发生，给企业生产和管理秩序带来直接冲击，给政府和工会也带来很大压力。这类争议成因复杂，影响面广，当事人情绪容易激动，处理难度大。

三、集体劳动争议的分类

根据我国现行法律法规的规定，我国的集体劳动争议主要分为以下三类：第一类为多个劳动者“有共同请求的”集体劳动争议；第二类为集体合同争议；第三类为集体行动争议。2008 年开始实施的《劳动争议调解仲裁法》主要针对个别劳动争议的处理，对于集体劳动争议的处理没有更加具体的规定。集体劳动争议的处理主要是通过特别程序加以解决。下面就这些不同类型的集体劳动争议分别进行介绍。

（一）普通集体劳动争议

普通集体劳动争议即狭义的集体劳动争议，也称多人争议，指同一用

人单位的多个劳动者基于共同的理由与用人单位发生的争议。通常情况下，普通集体劳动争议和个别劳动争议区分的界限在于劳动者一方的人数。《劳动争议调解仲裁法》第七条的规定可以看作我国区分个别劳动争议和普通集体劳动争议的标准：劳动者一方的人数在十人以下，则为个别劳动争议；劳动者一方的人数在十人以上，且基于同样的理由和同一用人单位发生劳动争议，即可视为集体劳动争议。

《劳动争议调解仲裁法》规定，此类集体劳动争议可以代表人诉讼的方式处理。但在实际处理当中，有可能采用化整为零的方法，即先拆解为多个个别劳动争议，再采取合并审理的方式。这种审理方式使得这一类集体劳动争议变成多个个别劳动争议的松散集合。

（二）集体合同争议

集体合同争议分为签订集体合同发生的争议和履行集体合同发生的争议。这是两种不同性质的争议。

签订集体合同发生的争议是一种确权性质的争议，即利益争议。基于这种争议的不可诉性，《劳动法》第八十四条第一款规定，因签订集体合同发生争议，当事人协商解决不成的，当地人民政府劳动行政部门可以组织有关各方协调处理。《集体合同规定》第四十九条规定，集体协商过程中发生争议，双方当事人不能协商解决的，当事人一方或双方可以书面向劳动保障行政部门提出协调处理申请；未提出申请的，劳动保障行政部门认为必要时也可以进行协调处理。据此，因签订集体合同发生争议的处理，只能协商、协调处理。我国现行法律中还没有关于签订集体合同发生争议经协商、协调不成后如何处理的规定，在国外一般是允许以依法采取集体行动的方式向对方施压来迫使达成妥协意见，达到解决问题的目的。目前我国的一些地方，如广州、深圳、大连等地，都进行了这方面的立法尝试。

履行集体合同发生的争议是一种特别的合同履行争议。对此，《劳动法》第八十四条第二款规定，因履行集体合同发生争议，当事人协商解决不成的，可以向劳动争议仲裁委员会申请仲裁；对仲裁裁决不服的，可以自收到仲裁裁决书之日起十五日内向人民法院提起诉讼。《集体合同规定》第五十五条规定，因履行集体合同发生的争议，当事人协商解决不成的，可以依法向劳动争议仲裁委员会申请仲裁。《劳动合同法》第五十六条表明，因履行集体合同发生争议的处理，没有基层调解程序，可通过仲裁、诉讼方式解决。

（三）集体行动争议

集体行动是指企事业单位的劳动者为了维护劳动权利或争取劳动利益而举行的停工、罢工或者集体怠工等行为。集体行动争议是指由于劳动者的集体行动而引发的集体劳动争议。在市场经济国家，劳动者的集体行动通常是由工会来组织的，而且这种集体行动只是在集体谈判破裂的情况下才举行的。在我国，集体行动往往是劳动者权利受到侵害或利益诉求无法通过正常的渠道表达和实现的情况下自发举行的。

第 2 节 普通集体劳动争议处理

一、普通集体劳动争议的协商

（一）协商的地位

集体劳动争议产生后，协商是最快捷的纠纷解决方式。虽然法律并未强制规定所有集体劳动争议都必须通过协商途径解决，但协商是争议双方基于相互信任，在自愿的基础上对争议事宜进行和解，具有很大的灵活性，能够降低处理集体劳动争议的成本，因此也是解决集体劳动争议的重要途径。

（二）协商参与人

根据《劳动争议调解仲裁法》第四条，普通集体劳动争议作为劳动争议的一种类型，既可以由劳动者独立与用人单位协商，劳动者也可以邀请工会组织共同与用人单位协商，此时工会组织的角色是帮助劳动者维权，而不是中立的。此外，劳动者还可以邀请工会之外的第三方与用人单位协商。其中第三方可以是律师、专家、法律援助机构等。

第三方参与协商是在利用自己的专业知识和经验帮助劳动者实现其利益，其地位也不是中立的。无论工会组织还是工会组织以外的第三方应劳动者之邀参与协商，其地位都只能是劳动者的委托代理人。如果工会组织或者工会组织以外的第三方是中立的，那么这种解决争议的方式就不是协商而是调解了。

（三）协商的形式

由于劳动争议的具体内容及解决的难易程度千差万别，国家法律法规对协商的形式亦无具体规定，在实践中采用的协商形式也不尽相同。通常情况下，根据参与人数以及协商流程，协商可分为即时协商和会议协商两种形式。

1. 即时协商

即时协商是指在劳动争议发生后，劳动者与用人单位立即进行协商，并在短时间内达成协议。对于争议内容单一、争议事实清楚、争议标的不大、双方分歧较小且解决难度相对容易的劳动争议，当事人双方在争议发生后，可以随时就争议事项进行协商，并在短时间内达成协议，从而避免矛盾进一步扩大，使争议圆满解决。即时协商一般只要一方当事人提出，另一方当事人同意，就可以进行。即时协商具有灵活、及时、便利、成本低廉、非对抗性的优点。不过，如果集体劳动争议涉及的人数较多，则不宜采用即时协商的形式。

2. 会议协商

会议协商是指集体劳动争议双方当事人的代表通过召开会议进行共同协商以解决争议的方式。会议协商方式多适用于争议内容复杂、涉及人数较多的集体劳动争议。由于此类集体劳动争议涉及的劳动者人数较多，因而可以由劳动者一方选择参加协商的代表，也可以委托单位工会干部作为代表参加协商。召开会议的地点、时间及双方参加会议的人数均由双方协商确定。采用会议协商的方式达成一致意见，应制作书面协议，以利于执行。与即时协商相比，会议协商更为正式，双方代表在会议上陈述各自的观点和理由，并提出解决争议的相应方案，达成的书面协议对所有当事人都具有约束力。

二、普通集体劳动争议的调解

根据我国《劳动争议调解仲裁法》的规定，普通的劳动争议调解程序并不区分个别劳动争议和集体劳动争议。因此，普通集体劳动争议的调解适用与个别劳动争议调解同样的程序。

（一）调解普通集体劳动争议的意义

《劳动争议调解仲裁法》针对劳动争议处理中的一些突出问题，从构建和谐社会的需要出发，将调解作为劳动争议处理的基本原则和重要程序，强化了调解在争议处理过程中的地位和作用。针对频发的集体劳动争议，调解更应确立“第一道防线”的基础性地位。一方面，通过调解解决集体劳动争议，可以有效预防集体劳动争议行为的发生；另一方面，调解也是妥善处理已发生的集体劳动争议行为的最基本和最重要的方法。

近年来，我国初步构建了包括企业调解、乡镇街道等基层调解以及人民调解在内的劳动争议调解网络，在集体劳动争议行为的预防和处理中发挥了一定的作用。但不可否认的是，在劳动争议案件不断攀升的同时，我国通过调解解决的劳动争议案件数量却没有上升，有些地方甚至有所减少。可见，由于劳动争议的调解制度还不完善，特别是还没有专门的集体劳动争议调解制度，调解这种预防和解决集体劳动争议的最基本方式在实践中还没有充分发挥出其应有的作用。因此，在我国积极探索构建集体劳动争议调解制度的路径具有重要意义。

（二）集体劳动争议调解的现状及存在的问题

着重调解是解决集体劳动争议的基本原则之一。但是，由于当前我国集体劳动争议调解制度建设还存在诸多问题，调解在争议解决中的作用还没有充分发挥。

1. 专门针对集体劳动争议的调解制度和机构缺位

目前，我国还没有专门针对集体劳动争议的调解制度。分析《劳动争议调解仲裁法》第五条和第七条的规定，似乎可以得出如下结论：集体劳动争议的处理程序与一般劳动争议的处理程序基本一致，遵循调解、仲裁、诉讼的基本程序，没有专门针对集体劳动争议的调解制度和相应机构。

2. 企业层面的调解优势未能充分发挥

根据我国现行的劳动争议调解制度，企业层面的调解是最基本的劳动争议调解形式。但是，由于我国企业调解组织不健全、调解程序与方式不规范，企业劳动争议调解委员会受组成人员的构成、身份的局限等原因，基层企业劳动争议调解组织的受理数量与调解成功率都有所下降，企业调解的优势未能有效发挥。企业层面的调解由企业内设的劳动争议调解委员会负责，企业劳动争议调解委员会由职工代表和企业代表组成，职工代表由工会成员担任或者由全体职工推举产生，企业代表由企业负责人指定。一方面，调解委员会主要由企业代表和职工代表组成，没有实际意义上的第三方，本质上就属于当事人和解，不具有调解的性质，一旦双方出现分歧，很难达成协议，容易导致企业内部调解流于形式。另一方面，企业调解委员会经费由企业提供，活动经费来源于企业，在财务上受制于企业，容易形成调解委员会对企业行政的依附。调解委员会真正发挥作用的前提条件是必须具备一定的独立性，即调解工作完全按照有关法律法规的规定进行，不受企业行政干预。

3. 劳动争议调解人员的专业素质明显不足

当前，我国劳动争议调解人员政策业务水平偏低，还缺乏必要的专业培训，难以胜任工作。劳动争议调解组织的调解员应当由公道正派、联系群众、热心调解工作，并具有一定法律知识、政策水平和文化水平的成年公民担任，此外并无具体要求和资格认证。实践中，集体劳动争议调解人员必须具有较强的斡旋能力，能够在调解过程中调动当事人的主动性和创造性，去寻求一个双方都能接受的妥协方案。调解员的能力水平在很大程度上决定着调解能否达成一致，而且影响着争议双方对调解的信心。我国劳动争议调解人员专业素质的不足制约了调解的成效。

4. 劳动争议调解协议书缺乏强制约束力

通过调解达成协议后，如果一方当事人不履行协议，另一方当事人难以凭调解协议保障权利，这也是制约劳动争议调解成效的一个重要因素。《劳动争议调解仲裁法》第十六条规定，因支付拖欠劳动报酬、工伤医疗费、经济补偿或者赔偿金事项达成调解协议，用人单位在协议约定期限内不履行的，劳动者可以持调解协议书依法向人民法院申请支付令。人民法院应当依法发出支付令。但相关司法解释仅将调解协议纳入办案依据的范畴，仍无强制效力，能直接进入诉讼程序的也只是就劳动报酬达成的调解协议，范围过窄。《劳动争议调解仲裁法》虽赋予了调解协议一定的强制力，但支付令发出后，只要对方当事人提出异议，法院就不审查异议是否成立，反而拖延了时间。可见，调解协议的法律约束力是有限的。

三、普通集体劳动争议的仲裁和诉讼

（一）普通集体劳动争议仲裁特别规定

1. 劳动者推举代表人参加仲裁活动

根据《劳动人事争议仲裁办案规则》第六十三条，发生劳动者一方在十人以上并有共同请求的争议的，劳动者可以推举三至五名代表参加仲裁活动。代表人参加仲裁的行为对其所代表的当事人发生效力，但代表人变更、放弃仲裁请求或者承认对方当事人的仲裁请求，进行和解，必须经被代表的当事人同意。

2. 由合议庭审理

《劳动人事争议仲裁组织规则》规定，处理十人以上集体劳动争议案件应当由三名仲裁员组成仲裁庭，设首席仲裁员。由此可见，与个别劳动争议仲裁案件的审理不同，集体劳动争议案件必须由合议庭审理。

（二）普通集体劳动争议诉讼特别规定

我国劳动争议诉讼程序统一适用《民事诉讼法》，集体劳动争议诉讼的一方当事人超过两人，其相关规则参照民事诉讼中共同诉讼的有关规定。

第 3 节 集体合同争议与集体行动争议处理

一、签订集体合同争议处理

（一）争议双方协商处理

按照我国《劳动法》第八十四条和《集体合同规定》第四十九条的规定，协商已经成为解决因签订集体合同发生的争议的必经途径。

因签订集体合同发生争议后，当事人双方，即用人单位工会代表与用人单位代表可以就争议事项召开专门会议进行协商，经协商达成一致意见的，应制作协议书并由双方自觉履行。协议书经工会和企业代表签字、盖章后发生法律效力，对双方都具有约束力。

（二）劳动行政部门协调处理

因签订集体合同发生的争议，当事人协商不成的，由当地人民政府劳动行政部门组织有关各方协调处理。

1. 协调处理机构

劳动行政部门应当组织同级工会和企业组织等三方面的人员，共同协调处理集体协商争议。

集体协商争议处理实行属地管辖，具体管辖范围由省级劳动行政部门规定。中央管辖的企业以及跨省、自治区、直辖市用人单位因集体协商发生争议，由劳动行政部门指定的省级劳动行政部门组织同级工会和企业组织等三方面的人员协调处理，必要时，劳动行政部门也可以组织有关方面协调处理。

2. 协调处理的时限

协调处理集体协商争议，应当自受理协调处理申请之日起三十日内结束协调处理工作，期满未结束的，可以适当延长协调期限，但延长期限不得超过十五日。

3. 协调处理的程序

协调处理集体协商争议应当按照下列程序进行：

（1）受理协调处理申请；

（2）调查了解争议的情况；

（3）研究制定协调处理争议的方案；

（4）对争议进行协调处理；

（5）制作协调处理协议书。

协调处理协议书应当载明协调处理申请、争议的事实和协调处理结果，双方当事人就某些事项不能达成一致的，应将继续协商的有关事项予以载明。协调处理协议书由集体协商争议协调处理人员和争议双方首席代表签字、盖章后生效。争议双方均应遵守生效后的协调处理协议书。

二、履行集体合同争议处理

（一）争议双方协商处理

根据我国《劳动法》第八十四条和《集体合同规定》第五十五条，因履行集体合同发生的争议，协商是解决争议的必经途径。

因履行集体合同发生争议后，当事人双方，即用人单位工会代表与用人单位代表，可以就争议事项召开专门会议进行协商，经协商达成一致意见的，应制作协议书并由双方自觉履行。协议书经工会和企业代表签字、盖章后发生法律效力，对双方都有约束力。

（二）仲裁和诉讼

因履行集体合同发生的争议，当事人协商不成的，可以向劳动争议仲裁委员会申请仲裁，对仲裁裁决不服的，可以向人民法院提起诉讼。

由此可见，因履行集体合同的争议发生后，首先要求双方进行协商，如果协商不成，此类争议不能进行调解，也不能像因签订集体合同的争议那样由劳动行政部门协调处理，而是进入到劳动争议仲裁程序。

1. 仲裁的提起

《劳动合同法》第五十六条规定，用人单位违反集体合同，侵犯职工劳动权益的，工会可以依法要求用人单位承担责任；因履行集体合同发生争议，经协商解决不成的，工会可以依法申请仲裁、提起诉讼。

《劳动人事争议仲裁办案规则》第六十三条规定，因履行集体合同发生的劳动争议，经协商解决不成的，工会可以依法申请仲裁；尚未建立工会的，由上级工会指导劳动者推举产生的代表依法申请仲裁。

2. 仲裁机构的处理

我国《劳动争议调解仲裁法》并没有专门规定处理因履行集体合同发生争议的特别程序，应视为适用于一般的劳动争议仲裁程序。但是，《劳动人事争议仲裁办案规则》规定，因履行集体合同发生的劳动争议，仲裁委员会可优先立案、优先审理；仲裁委员会处理因履行集体合同发生的劳动争议，应当按照三方原则组成仲裁庭处理。

对于进入到诉讼程序的因履行集体合同发生的争议，法律并无特别规定，参照普通劳动争议诉讼程序进行。

处理因履行集体合同发生的争议，没有调解程序。

三、集体行动争议处理

对于集体行动争议的处理，《工会法》第二十七条规定，企业、事业单位发生停工、怠工事件，工会应当代表职工同企业、事业单位或者有关方面协商，反映职工的意见和要求并提出解决意见。对于职工的合理要求，企业、事业单位应当予以解决。工会协助企业、事业单位做好工作，尽快恢复生产、工作秩序。据此规定：其一，企业、事业单位职工因其劳动权益的诉求得不到满足时，发生停工、怠工行为是一种法律上承认的、客观存在的现象；其二，在解决此类集体劳动争议的过程中，工会应当代表职工与所在用人单位进行协商，反映职工的合理诉求，在此基础上尽快恢复生产、工作秩序。我国法律并未明确规定劳动者的罢工权和用人单位的闭厂权，因此在发生停工、怠工事件后，协商成为解决问题的唯一途径，此类争议无法适用于其他争议处理方式。

第4节 国外的集体劳动争议处理机制

一、日本

日本的集体劳动争议首先会通过企业内部自行解决，劳资双方通过内部协商谈判解决劳动关系中发生的问题；诚恳相待，自主解决纠纷。日本《劳动关系调整法》规定了第三方介入解决争议的方式。第三方主要是劳动关系委员会和一些劳动行政的官员、社会专业人士。劳动行政的官员和社会专业人士以一般会议斡旋的方式介入解决争议。而劳动关系委员会介入争议案件的方式有三种：斡旋、调解和仲裁。

斡旋是劳动关系委员会主席依申请指定斡旋人，斡旋人站在中立立场，倾听各方诉求，确立争议焦点。调解由调解委员会主持，调解委员会由代表雇主、劳动者、公益的调解委员组成。仲裁是劳动关系委员会成立仲裁委员会，仲裁委员会听取当事人的意见，制定仲裁决定，该决定与劳资协议有同等效力。在以上三种第三方介入解决争议方式中，在实践中普遍应用的是斡旋。因为日本企业注重自己的企业形象，所以大多数劳动争议也能由企业内部解决。

二、德国

德国集体劳动争议仅包括集体劳动法领域的规则争议，不包括“多名劳动者因拥有共同诉讼请求而提起的争议”，它属于个别劳动争议的处理范畴，被称为群体性的个别劳动争议。德国通过协商、仲裁、诉讼的方式处理集体劳动争议，还专门建立了劳动法院。劳动法院可受理的劳动案件非常广泛，可受理个别劳动争议和集体劳动争议。德国集体劳动争议不仅包括签订集体合同时的争议，还包括劳资共决过程中的争议。重点区分权利争议和利益争议，权利争议由劳动法院处理，而利益争议不能由劳动法院解决，只能通过集体合同调处制度和劳动斗争方式处理。这里的劳动斗争并不是集体劳动争议本身，是雇主或劳动者为实现特定目的通过集体干扰劳动关系进行的施压行为，是一种集体劳动争议的解决机制。只有符合以下法定条件的劳动斗争才能获得保护：一是由工会或雇主协会领导；二是劳动斗争的手段可以是任何干扰劳动关系的集体措施，而且必须是有意识、有意愿的共同行动；三是劳动斗争的目的是订立集体合同，该目的的设定决定了斗争手段的使用、斗争的方向。德国大部分的集体劳动争议可以通过司法审判来解决，只有集体利益争议通过集体合同主体自主协商解决。因为在签订集体合同时会涉及利益分配问题，这种分配应由双方协商完成。只有当协商进行不下去且会涉及公共利益的时候，国家才会进行干预。

三、英国

英国已构建较完善的劳动争议处理体系。劳动争议的解决通过劳资双方自主协商、咨询、调解、仲裁服务中心（ACAS）处理，以及诉讼来解决。ACAS 的具体职责包括：一是预防和解决劳动争议。当发生争议时，ACAS 能对双方进行调解，双方自愿进行，并通过协商使双方达成一致约定。二是处理个人权利争议。三是提供雇佣关系的信息和咨询。

英国劳动争议处理体系针对个人权利争议和集体劳动争议有着不同的程序规定。当产生个人权利争议时，劳动者首先可以通过在企业内部协商来解决。但在实践中，大多数的劳动争议都会提交 ACAS 解决，主要是用调解的方式解决。对调解不服的就会进入司法程序。而集体劳动争议的解决不会进入司法程序。当发生集体劳动争议时有以下处理程序：首先是在企业内部协商，如果协商不成，则进入下一程序——ACAS 调解。调解协议只对双方当事人起作用，ACAS 没有权力强迫任何一方履行协议。当集体劳动争议双方调解失败后，则采用仲裁方式解决。仲裁裁决为最终裁决，裁决作出后，当事人不得向法院提起诉讼。

四、美国

美国的劳动争议按照争议性质分为权利争议和利益争议。权利争议是对既存权利的丧失而引起的争议。权利主要来源于法律法规、协约约定、雇佣合同。大多通过司法程序处理。利益争议是指对要求获取新权利或要求对既有的权利进行修改而引发的争议，此类争议排除司法程序，主要通过调解、仲裁、强制仲裁等方式处理。个别争议属于权利争议。团体争议属于利益争议。对劳动权利、条件或环境的改变以及对新权利的争取，是劳动者集体与劳资方通过谈判交涉取得的。这两种劳资争议在处理程序上有所不同。针对权利争议，解决方式有两种：第一种是走民事诉讼程序，交由普通法院处理；第二种是由特殊机构，即由劳动局处理一部分劳动争议。

对于利益争议的处理方式有以下四种：（1）调解。调解是由一个中立方帮助劳资双方达成协议的过程。调解者是争议双方都能接受的人或机构。为此，美国设立了许多公共调解机构，其中最重要的是美国联邦调解调停局。调停局可主动也可以申请进行争议的干预。其目的在于缓和双方的矛盾，使争议和平解决。（2）仲裁。该方式在美国较为普遍。仲裁可以分为三种：一是自动仲裁方式。当劳资双方不能自行在内部解决争议，第三者也不能调解解决时，双方按约定交给仲裁人解决。二是强制仲裁。采用该仲裁的目的是有些产业部门涉及国计民生，如果没有强制仲裁，会影响产业发展。三是自愿仲裁。指双方将不能和解的争议提请仲裁，双方约定要服从仲裁决定。该种方式在美国较为普遍。（3）和解。发生争议先由劳资双方进行解决，达成和解协议；如果和解失败，当事人再将争议交由工会。实践中，多数劳资争议以此种途径解决。（4）非常方式。此种方式是在前三种方式都不能解决争议的情况下，最后采取强制手段迫使当事人接受。

本章小结

集体劳动争议的概念有狭义和广义之分。狭义的集体劳动争议是指劳动者一方当事人数量在规定限额以上的，且因共同理由与用人单位发生的纠纷。广义的集体劳动争议除了包括狭义的集体劳动争议外，还包括集体合同争议与集体行动争议。

《劳动争议调解仲裁法》第七条可以看作我国区分个别劳动争议和普通集体劳动争议的标准。普通集体劳动争议可以代表人诉讼的方式处理。但在实际处理当中，更多的是采用化整为零的方法，即先拆解为多个个别劳动争议，再采取合并审理的方式。这种审理方式使得这一类集体劳动争议变成多个个别劳动争议的松散集合。

因签订集体合同发生的争议，当事人协商解决不成的，当地人民政府劳动行政部门可以组织有关各方协调处理。因履行集体合同发生的争议，当事人协商解决不成的，可以向劳动争议仲裁委员会申请仲裁；对仲裁裁决不服的，可以自收到仲裁裁决书之日起十五日内向人民法院提出诉讼。

对于集体行动争议的处理，我国法律并未明确规定劳动者的罢工权和用人单位的闭厂权，因此在发生停工、怠工事件后，协商成为解决问题的唯一途径，此类争议无法适用于其他争议处理方式。

关键词

集体劳动争议　概述　合同争议　行动争议　国际视野

复习与思考题

1. 集体劳动争议有哪些特征？
2. 如何进行集体劳动争议协商？
3. 集体劳动争议调解现存的问题有哪些？
4. 普通集体劳动争议在仲裁和诉讼上有哪些特殊规定？
5. 如何处理集体合同争议和集体劳动争议？
6. 日本、德国、英国和美国的集体劳动争议处理机制有何特点？

实践前沿

签订解除协议单位不付款，100 余名职工经调解获 300 多万元

郑某等 100 余人是某汽车配件公司职工，2017 年 7 月，汽车配件公司因生产经营困难与郑某等人签订了解除劳动合同协议书，但公司并未在约定时间内支付拖欠的工资和解除劳动合同经济补偿。郑某等人多次找到汽车配件公司催要上述款项，公司均以资金困难为由推托。2017 年 8 月，郑

某等人向当地劳动争议仲裁机构申请仲裁。

当地总工会了解到此案后，派调解员在仲裁开庭审理之前积极与争议双方进行沟通。汽车配件公司表示，由于目前处于停产状态，公司账户也被法院冻结，短期内确实无力支付郑某等职工的工资和经济补偿。工会调解员与郑某等职工进行沟通，耐心地讲解了法律法规和政策，分析比较了仲裁结案和调解结案的利弊。最终，争议双方达成一致意见，约定汽车配件公司在一定期限内分期支付郑某等100余人的工资和经济补偿共计300多万元。双方签订了调解协议，郑某等职工撤回了仲裁申请。

集体劳动争议案件具有涉及人数众多、案情复杂、社会影响大等特点，一旦处理不当，会直接影响社会稳定。因此，调解是妥善解决集体劳动争议的有效途径。在调解的过程中，由工会、劳动行政部门、司法行政部门、信访部门等多个部门组成的联动机制，在解决集体劳动争议、维护社会稳定方面发挥了非常积极的作用。

资料来源：王香阑.2017年北京工会劳动维权十大案例评析.工会博览，2018（2）.

第 12 章

人事争议处理

学习目标

学完本章后，你应该能够：

- 了解人事争议的概念与范围。
- 理解人事争议处理的方式与原则。
- 了解人事争议处理的特别规定。
- 理解人事争议处理的法律适用。
- 掌握我国劳动争议处理与人事争议处理的异同。

开篇引例

违约金条款须遵守，聘用合同与劳动合同有差异

吕某于 2014 年 7 月入职北京市某公立医院，获得事业单位人员编制，双方订立了为期 5 年的聘用合同。在聘用合同中双方约定，如果吕某违反聘用合同约定提前离职，须向医院支付违约金 10 万元，按工作年限递减。2017 年 2 月，吕某向医院提出辞职，医院未同意其辞职。后经协商，双方订立了解除聘用合同协议，吕某向医院支付了违约金 4 万元，医院同意当月为其办理离职手续。2017 年 4 月，吕某向劳动人事争议仲裁机构提出仲裁申请，要求医院返还其支付的违约金 4 万元。

仲裁机构审理后认为，双方订立的聘用合同及解除聘用合同协议是双方当事人真实意思表示，不违反法律法规的强制性规定，亦不存在采取欺诈、胁迫等手段订立或内容显失公平等情形，故该聘用合同及解除聘用合同协议对双方当事人具有约束力。吕某向医院支付违约金亦符合双方在聘用合同中对违约责任的约定，故裁决驳回吕某的仲裁请求。

由此可见，违约金条款劳动合同与聘用合同规定有差异。

按照《劳动合同法》的规定，除在与劳动者订立服务期协议和竞业限制协议或条款的情况下，可与劳动者约定违约金，其他情况下均不得约定由劳动者承担违约金。按照《北京市事业单位聘用合同制试行办法》第十四条的规定，违反聘用合同的责任条款属于聘用合同的必备条款。该办法第四十三条规定，属于下列情形之一的要承担违约责任：（一）任何一方违反聘用合同规定的；（二）聘用合同未到期，又不符合解除条件，单方面解除聘用合同的；（三）由于聘用单位原因订立无效或部分无效聘用合同的。违约金数额由双方当事人在聘用合同中自行约定，在聘用合同中未约定，但造成可计算经济损失的，由责任人按照实际损失承担经济补偿责任。从上述规定来看，事业单位与其在编工作人员可双向约定违约金，且不限于双方订立有服务期协议等情形。

资料来源：郝江．京人社局发布 2018 年劳动争议十大典型案例．(2018 - 10 - 23). https：//new. qq. com/omn/20181023/20181023F1CNON. html？ pgv_ref=aio2015&ptlang=2052.

在我国，人事争议是与劳动争议并行的概念，有时并称为劳动人事争议。实践中，人事争议的发案率远远低于劳动争议。本章就人事争议的一些特殊事项予以说明。

第 1 节 人事争议概述

一、人事争议的概念和范围

（一）人事争议的概念

人事争议是与人事关系相对应的。人事争议是人事关系中双方因权利、义务发生分歧而产生的争议。人事争议的主体较为广泛，国家机关、事业单位以及其他人事行政管理的相对人都是人事争议的主体。具体而言，人事争议发生在以下主体之间：实施公务员法的机关与聘任制公务员之间、参照公务员法管理的机关（单位）与聘任工作人员之间、事业单位与工作人员之间、社团组织与工作人员之间、军队文职人员聘用单位与文职人员之间。

拓展阅读

人事关系

人事关系是我国所特有的一个概念，在法律法规中并没有统一的定义。一般来说，在旧的人事管理体制中，国家机关和事业单位对工作人员实行身份管理，通过国家统一调配、调派建立人事关系。人事关系其实包含两个层次，即平等的聘用合同关系和不平等的管理关系。按照法律的一般理论，我们认为，人事关系中涉及的聘用合同的签订、变更、解除、终止等情形，是平等的聘用合同关系；而考核、职称评定等则是一种管理关系。人事关系中的身份关系非常复杂，如职务等级。

（二）人事争议的范围

《最高人民法院关于人民法院审理事业单位人事争议案件若干问题的规定》（法释〔2003〕13 号）规定，本规定所称人事争议是指事业单位与其工作人员之间因辞职、辞退及履行聘用合同所发生的争议。

《劳动人事争议仲裁办案规则》规定，仲裁机构受理的人事争议包括：(1) 实施公务员法的机关与聘任制公务员之间、参照公务员法管理的机关（单位）与聘任工作人员之间因履行聘任合同发生的争议；(2) 事业单位与其建立人事关系的工作人员之间因终止人事关系以及履行聘用合同发生的争议；(3) 社会团体与其建立人事关系的工作人员之间因终止人事关系以及履行聘用合同发生的争议；(4) 军队文职人员用人单位与聘任制文职人员之间因履行聘用合同发生的争议。

需要注意的是，上述文件只是规定了人事争议仲裁、诉讼的范围，而实践中有些争议并不能通过仲裁、诉讼的程序解决，如事业单位工作人员与所在单位因职称评定、考核纠纷所产生的争议就不属于仲裁、诉讼的受案范围，只能通过申诉等途径解决。

二、人事争议处理的方式

人事争议发生后，当事人可以协商解决；不愿协商或者协商不成的，可以向主管部门申请调解，其中军队文职人员聘用单位与文职人员的人事争议，可以向聘用单位的上一级单位申请调解；不愿调解或调解不成的，可以向人事争议仲裁委员会申请仲裁。当事人也可以直接向人事争议仲裁机构申请仲裁。当事人对仲裁裁决不服的，可以向人民法院提起诉讼。

三、人事争议处理的原则

（一）注重调解原则

人事争议发生之后，双方当事人是否协商、调解，不具有强制性。注重调解原则强调当事人尽量首选调解的方式予以解决。首先，调解解决人事争议有利于构建和谐的劳动关系。其次，调解解决人事争议快速、成本低廉、高效。最后，调解解决人事争议形式灵活、接受度高。当然，解决人事争议的终极价值是维护当事人的合法权益。

（二）合法公正原则

合法原则不仅要求人事争议处理实体合法，还要求处理程序合法。各级调解、仲裁、审判机构在具体处理人事争议时，要严格依据国家法律法规的相关规定行事。

人事争议处理过程中，无论是哪一级的处理机构都必须保证人事争议双方当事人处于平等的法律地位，享有平等合法的权利和履行相应的义务，当事人任何一方都不能享有超越法律规定的特权。

（三）及时原则

及时原则在一定程度上可以理解为效率原则。人事争议处理机构要力求在法律规定的时限或者合理的期限内受理、办理、处理人事争议。这样不仅节约了成本，而且对保护双方当事人合法权益具有重要意义。

第 2 节 人事争议处理特别规定

一、事业单位工作人员申诉

为贯彻实施《事业单位人事管理条例》，保障事业单位工作人员合法权益，中央组织部、人力资源和社会保障部联合发布了《事业单位工作人员申诉规定》，在有关工作的管辖、申请受理、审理决定、执行监督等方面作出规定。

（一）申诉范围

事业单位工作人员对涉及本人的处分、清退违规进人、撤销奖励、考核定为基本合格或者不合格、未按国家规定确定或者扣减工资福利待遇等几类人事处理不服的，可以申请复核；对复核结果不服的，可以提出申诉、再申诉。申请复核的由原处理单位管辖；提出申诉、再申诉的由相应的事业单位人事综合管理部门或主管部门管辖。

（二）申诉程序

《事业单位工作人员申诉规定》要求，受理复核申请的单位应当自接到申请书之日起三十日内作出维持、撤销或者变更原人事处理的复核决定。受理申诉、再申诉申请的单位应当组成申诉公正委员会审理案件，根据申诉公正委员会的审理意见，区别不同情况，作出维持、撤销、变更原人事处理或重新处理的决定。处理决定应当在六十日内作出。案情复杂的，可以适当延长，但是延长期限不得超过三十日。

（三）执行与监督

处理决定应当在发生效力后三十日内执行。除维持原人事处理外，原处理单位应当在申诉、再申诉决定执行期满后三十日内将执行情况报申诉、再申诉受理单位备案。对事业单位工作人员处理错误的，应当及时予以纠正；造成名誉损害的，应当赔礼道歉、恢复名誉、消除影响；造成经济损失的，应当根据有关规定给予赔偿。

对申请复核或者提出申诉、再申诉的事业单位工作人员打击报复等几类情形，将对相关责任人员和直接责任人员给予批评教育、调离岗位或者处分；涉嫌犯罪的，移送司法机关处理。申请复核、提出申诉的事业单位工作人员弄虚作假、捏造事实、诬陷他人的，根据情节轻重，给予批评教育或者处分；涉嫌犯罪的，移送司法机关处理。

二、人事争议调解

人事争议调解是指人事争议发生之后，人事争议调解机构或组织依据相关的法律法规，在双方当事人自愿、平等公正的原则下，通过与当事人进行沟通，使得双方互谅互让，自愿达成和解协议以解决劳动争议的处理方式。人事争议调解机制作为解决人事争议的“第一道防线”，操作简捷、及时，可预防矛盾进一步激化，降低当事人走诉讼程序的可能性。

（一）调解机构

《关于加强劳动人事争议调解工作的意见》（人社部发〔2009〕124号）强调，事业单位要积极建立由人事部门代表、职工代表、工会代表、法律专家等组成的人事争议调解组织；加强主管部门对所属事业单位人事争议调解工作的指导；推动在教育、科技、文化、卫生等事业单位及其主管部门建立人事争议调解组织。

为了切实发挥调解组织预防争议的作用，规范事业单位人事管理，事业单位应积极探索有效化解人事争议的长效机制。

为了更好地开展人事争议调解工作，调解部门设主任一人，必要时可设立副主任。主任及副主任每三年改选一次，可以连选连任。无论是委任调解部门的主任、副主任，还是选取部门的工作人员，都应当把握几个关键点。要选取那些公道正派、联系群众、热心调解工作，并有一定法律知识和人事政策水平的人员。需格外注意的是，军队文职人员的人事争议处理归属于上级部门负责，这一点有别于一般事业单位中的部门调解。

（二）调解程序

《关于加强劳动人事争议调解工作的意见》还提出了事业单位人事争议的层级处理程序，即简单争议由事业单位内部调解解决，复杂争议由单位主管部门调解解决。

单位内发生人事争议时，当事人一方应当以书面形式向调解部门提交调解申请，调解部门及时予以登记受理。具体的调解过程中，在查明事实的基础上，调解员分别约谈双方当事人，充分说理，耐心疏导，消除隔阂，促使当事人双方自愿达成协议。一旦双方达成调解协议，应当制作调解书，经双方当事人、调解员签字确认，调解部门、双方当事人三方各留一份。双方当事人应当按照调解协议的内容自觉履行义务，这样不仅可以增加调解的有效性，也可以避免司法资源的浪费。一般而言，调解时限为三十日，即调解部门应当自受理调解之日起三十日内完成调解。到期未完成的，视为调解不成。

三、人事争议仲裁

人事争议仲裁是根据法律规定或者人事争议当事人自愿向法律授权的专门机构提出申请，该机构以第三方的身份介入人事争议解决过程中，根据相关规定就人事争议的事实与责任作出判断和裁决的法律活动。

（一）仲裁机构

人事争议仲裁过程中，人事争议仲裁委员会肩负重要职责。《人事争议处理规定》指明了人事争议仲裁委员由公务员主管部门代表、聘任（用）单位代表、工会组织代表、受聘人员代表以及人事、法律专家组成。人事争议仲裁委员会组成人员应当是单数，设主任一名、副主任二至四名、委员若干名。处理人事争议时，委员会实行少数服从多数原则，不同意见应当如实记录。

人事争议仲裁制度实行仲裁庭制，这是人事争议仲裁委员会处理人事争议案件的基本形式。仲裁庭一般由三名仲裁员组成。仲裁员的职责是：受人事争议仲裁委员会的委托或当事人的选择，负责人事争议案件的具体处理工作。人事争议仲裁委员会指定一名仲裁员担任首席仲裁员，主持仲裁庭工作；另两名仲裁员可由双方当事人各选定一名，也可由人事争议仲裁委员会指定。简单的人事争议案件，经双方当事人同意，人事争议仲裁委员会可以指定一名仲裁员独任处理。除此之外，人事争议仲裁委员会可以聘任有关部门的工作人员、专家学者和律师为专职或兼职仲裁员。兼职仲裁员与专职仲裁员在仲裁活动中享有同等权利。兼职仲裁员进行仲裁活动时，所在单位应当给予支持。

（二）仲裁管辖

法律法规对人事争议仲裁案件的受理范围与管辖进行了明确规定。中央机关、直属机构、直属事业单位及其在京所属事业单位的人事争议由中央机关及所属事业单位人事争议仲裁委员会处理。中央机关在京外垂直管理机构以及中央机关、直属机构、直属事业单位在京外所属事业单位的人事争议，由所在地的省（自治区、直辖市）设立的人事争议仲裁委员会处理，也可由省（自治区、直辖市）根据情况授权所在地的人事争议仲裁委员会处理。省（自治区、直辖市）、副省级市、地（市、州、盟）、县（市、区、旗）人事争议仲裁委员会的管辖范围，由省（自治区、直辖市）确定。军队文职人员聘用单位与文职人员的人事争议，一般由聘用单位所在地的县（市、区、旗）人事争议仲裁委员会处理，其中师级聘用单位与文职人员的人事争议，由所在地的地（市、州、盟）、副省级市人事争议仲裁委员会处理，军级以上聘用单位与文职人员的人事争议由所在地的省（自治区、直辖市）人事争议仲裁委员会处理。驻京部队聘用单位与文职人员的人事争议，由中央机关及所属事业单位人事争议仲裁委员会处理。

第3节 人事争议处理的法律适用

一、实体法依据

事业单位人事争议处理依据的实体法可以分为相关法律和人事行政法律两类。事业单位中的人事关系与劳动关系具有相似的性质，双方既是平等主体之间形成的关系，也是带有依附关系的不平等主体之间形成的关系，只不过人事关系中的这种依附关系主要是指事业单位与工作人员之间的行政管理关系，与劳动关系中的劳动者与企业之间的人身依附关系存在差异。

人事关系的这些特点决定了人事争议处理不仅要依据人事行政法律法规，也要依据民法、劳动法等相关法律。而且，人事关系形成于聘用合同的，处理人事争议时也需要依据合同法的相关规定。此外，国家通过法律法规对一些特殊的公共事业领域进行了约束，处理这些领域中的人事争议时也需要适时依据相关的规定，主要包括教师法、执业医师法、解放军文职人员相关规定。

（一）相关法律

民法是调整平等主体间财产关系和人身关系的法律。《最高人民法院关于审理劳动争议案件诉讼当事人问题的批复》指明，人事关系中双方当事人在法律适用上和诉讼地位上是平等的。由此，人事争议双方当事人处在平等的法律地位，《民法通则》中有关保护公民和法人民事权益的规定，适用于人事争议的处理。

劳动法是调整劳动关系以及与劳动关系密切联系的其他关系的法律规范的总称。长期以来，劳动关系和人事关系并存于管理体制中，《劳动法》《劳动合同法》《劳动争议调解仲裁法》等劳动法律都对各自的适用范围进行了明确。《劳动法》规定，在中华人民共和国境内的企业、个体经济组织（以下统称用人单位）和与之形成劳动关系的劳动者，适用本法。国家机关、事业组织、社会团体和与之建立劳动合同关系的劳动者，依照本法执行。《最高人民法院关于人民法院审理事业单位人事争议案件若干问题的规定》（法释〔2003〕13 号）规定，事业单位与其工作人员之间因辞职、辞退及履行聘用合同所发生的争议，适用《中华人民共和国劳动法》的规定处理。《最高人民法院关于事业单位人事争议案件适用法律等问题的答复》（法函〔2004〕30 号）规定，人民法院对事业单位人事争议案件的实体处理应当适用人事方面的法律规定，但涉及事业单位工作人员劳动权利的内容在人事法律中没有规定的，适用《中华人民共和国劳动法》的有关规定。这些规定拓宽了人事争议处理的法律依据，因此，人事争议涉及工作人员劳动权利的，适用《劳动法》。同时，《劳动合同法》《劳动争议调解仲裁法》分别对聘用合同、事业单位争议如何适用作出了相应的规定。

人事争议产生的原因中，解除聘用合同、履行聘用合同占据较大比例。虽然聘用合同与一般的民事合同存在较大差别，但仍属于合同的范畴之内，人事争议处理过程中也可依据合同法的一般理论和原则。

（二）人事行政法律

行政法是调整行政关系以及在此基础上产生的监督行政关系的法律规

范和原则的总称，是我国重要的部门法之一。其中，人事行政法律是以人事行政关系作为调整对象，专门制定人事行政活动规则的法律规范的总称。我国人事行政法律涉及的领域非常宽，其中涉及事业单位人事制度改革、事业单位人员聘用制、事业单位工作人员辞职和辞退方面的人事行政法律是人事争议处理经常适用的行政法律。

1. 事业单位人员聘用制方面

《国务院办公厅转发人事部关于在事业单位试行人员聘用制度意见的通知》（国办发〔2002〕35号）、《事业单位试行人员聘用制度有关问题的解释》（国人部发〔2003〕61号），明确了聘用制的基本原则、实施范围和制度等内容，并对相关问题作出了明确的解释。这两个文件是处理聘用合同争议的主要依据。

2. 事业单位工作人员辞职和辞退方面

《全民所有制事业单位专业技术人员和管理人员辞职暂行规定》（人调发〔1990〕19号）、《关于执行〈全民所有制事业单位专业技术人员和管理人员辞职暂行规定〉中有关问题的通知》（人调发〔1991〕14号）、《全民所有制事业单位辞退专业技术人员和管理人员暂行规定》（人调发〔1992〕18号），对辞职、辞退的条件和程序等问题作出了规定，推动了事业单位辞职、辞退制度的建立，也为处理由此产生的争议提供了依据。

二、程序法依据

程序法一般规定主体实现权利关系的程序与方式。因此，人事争议处理的程序法依据就是处理人事争议必须依据的步骤和方法。程序法依据不同的人事争议处理机制而不同，即人事争议调解、仲裁、诉讼分别依据的程序性法律存在较大不同。

（一）人事争议调解的程序法依据

事业单位人事争议调解所遵循的程序主要是根据《关于加强劳动人事争议调解工作的意见》、2009年施行的《劳动人事争议仲裁办案规则》等文件和规章，以及各地方关于人事争议调解的规定中关于适用范围、机构设立与管辖、机构组成、机构职责、受理范围、受理时效等内容来进行具体设定。

（二）人事争议仲裁的程序法依据

事业单位人事争议仲裁所遵循的程序主要是根据《人事争议处理规定》、2009 年施行的《劳动人事争议仲裁办案规则》，以及地方人大、政府或人事行政主管部门依据相关法律法规、文件政策中关于受案范围、仲裁机构的设立及组成、仲裁庭组成、案件管辖、受理时效、举证责任、救济途径、裁决执行等内容进行设定的。

（三）人事争议诉讼的程序法依据

事业单位人事争议诉讼所遵循的程序主要是根据《最高人民法院关于人民法院审理事业单位人事争议案件若干问题的规定》《最高人民法院关于事业单位人事争议案件适用法律等问题的答复》中关于法律适用、管辖、案由、时效、受案范围等内容设定的。

此外，人事争议诉讼仍然属于民事诉讼案件，因此诉讼程序也适用于《民事诉讼法》及相关的司法解释。

精选案例

自收自支事业单位能否自主决定工资待遇分配

2013 年 9 月，王某到某省属事业单位工作，双方签订了两次事业单位聘用合同，合同期限分别为 2013 年 9 月 1 日至 2014 年 8 月 31 日和 2014 年 9 月 1 日至 2015 年 8 月 31 日。双方聘用合同期满后，王某申请仲裁，提出单位未依照规定给予其合理合法的薪酬待遇，与其他同事相比差距较大，且认为 2015 年 8 月 7 日单位在无正当理由的情况下通知不与其续签聘用合同的行为违法。王某要求单位补发其 2013 年 12 月至 2015 年 8 月相比较同级别岗位同事奖金差额，支付其两个月工资的经济补偿。单位辩称：单位严格按照薪酬管理办法发放工资，单位架构规模不大，工作人员较少，不存在同级别岗位概念，王某类比其他同事不具有合理性。

庭审中查实：单位为自收自支事业单位，一人一岗，一岗位一待遇，不存在同级别岗位；单位薪酬管理办法没有明确王某的岗位奖金系数，也未明确无岗位系数的工作人员可以参照其他工作人员确定奖金系数。2015 年 8 月 10 日，单位提出不再与王某续签聘用合同，王某一直工作至 8 月 31

日，即聘用合同期满之日。

本案争议的焦点是：自收自支事业单位能否自主决定工作奖金发放数额？事业单位与工作人员的聘用合同到期终止，不与工作人员续订的，应否支付经济补偿？

要认定王某主张的工资待遇是否合理，关键环节是自收自支事业单位自主确定绩效工资待遇是否有合法依据。《事业单位人事管理条例》第三十二条规定，事业单位工资分配应当结合不同行业事业单位特点，体现岗位职责、工作业绩、实际贡献等因素。《关于事业单位试行人员聘用制度有关工资待遇等问题的处理意见（试行）》（国人部发〔2004〕63号）第一部分规定，经费自理的事业单位，受聘人员的岗位工资待遇，由单位在核定的工资总额内，按照国家有关政策自主确定。根据《事业单位工作人员收入分配制度改革实施办法》（国人部发〔2006〕59号）的规定，事业单位在上级主管部门核定的绩效工资总量内，按照规范的分配程序和要求，采取灵活多样的分配形式和办法，自主决定本单位绩效工资的分配。

根据上述规定，本案中，单位有权根据国家法规政策规定，制定本单位内部薪酬分配办法。按照该办法规定，王某所在岗位并未明确奖金系数，加上双方认可一人一岗位，一岗位一待遇事实，王某要求参照其他工作人员的岗位工资系数为其发放工作奖金的仲裁请求没有法律依据。

针对王某的第二项仲裁请求，首先要确定双方之间签订的聘用合同是否合法有效，双方之间人事关系是否可以终止。

《事业单位人事管理条例》第十二条规定，事业单位与工作人员订立的聘用合同，期限一般不低于3年。《关于在事业单位试行人员聘用制度的意见》第四部分规定，聘用合同分为短期、中长期和以完成一定工作为期限的合同。聘用单位与受聘人员经协商一致，可以订立上述任何一种期限的合同。本案中，王某与单位经协商一致，签订的两次聘用合同有效。

《事业单位人事管理条例》第十九条规定，自聘用合同依法解除、终止之日起，事业单位与被解除、终止聘用合同人员的人事关系终止。《关于在事业单位试行人员聘用制度的意见》第六部分规定了聘用单位支付经济补偿的三种情形，但均为聘用合同的解除情形。本案王某一直工作至8月31日，也即聘用合同期满之日，双方之行为符合聘用合同期满聘用合同终止的情形。故王某第二项仲裁请求，于法无据不予支持。

需要注意的是，虽然自收自支事业单位可以自主决定绩效工资的分配，但是工资分配制度的制定不能违反法律、行政法规及政策规定，除了内容合法外，尚需制定程序合法。《事业单位人事管理条例》第四条规定，事业单位应当建立健全人事管理制度。事业单位制定或者修改人事管理制度，应当通过职工代表大会或者其他形式听取工作人员意见。

资料来源：案例丨自收自支事业单位能否自主决定工资待遇分配．(2017-07-31). http://www.mohrss.gov.cn/tjzcgls/TJZCdianxingal/201707/t20170731_274969.html.

三、我国劳动争议处理与人事争议处理的异同

我国对劳动争议与人事争议的处理，既彼此区别，又存在相同之处。劳动争议处理与人事争议处理的相异点主要表现在以下几个方面：

第一，争议主体不同。根据《劳动争议调解仲裁法》第二条、《人事争议处理规定》第二条的规定，劳动争议主要发生在企业、个体经济组织、民办非企业单位等用人单位与劳动者之间；而人事争议主要发生在实施公务员法的机关与聘任制公务员之间、事业单位与工作人员之间、社会团体与工作人员之间、军队文职人员聘用单位与文职人员之间。

第二，受案范围不同。根据《劳动争议调解仲裁法》第二条、《人事争议处理规定》第二条的规定，劳动争议主要是劳动报酬、社会保险、终止和解除劳动合同等经济利益争议；而人事争议主要是除名、辞退、辞职、离职等解除人事关系以及履行聘用合同发生的争议。

第三，管辖方式不同。劳动争议主要是地域管辖；而人事争议采取地域管辖与级别管辖相结合的做法，更强调级别管辖。国家机关及其所属事业单位是按行政层级关系设立的，由较低级别的仲裁机构处理上一级甚至上几级国家机关及其所属事业单位的人事争议，不利于保证仲裁机构的中立性与独立行使仲裁权。

第四，法律适用不同。劳动争议处理主要依据《劳动合同法》《劳动法》《劳动争议调解仲裁法》及其他配套规章政策；而人事争议处理依据比较广泛，最高人民法院有关司法解释规定，人民法院对事业单位争议案件的实体处理应当适用人事方面的法律规定，但涉及事业单位工作人员劳动权利的内容在人事法律中没有规定的，适用《劳动法》的有关规定。《劳动合同法》第九十六条进一步规定，事业单位与实行聘用制的工作人员订立、履行、变更、解除或者终止劳动合同，法律、行政法规或者国务院另有规

定的，依照其规定；未作规定的，依照本法有关规定执行。军队文职人员聘用单位与文职人员人事争议处理，主要依据是《中国人民解放军文职人员条例》。

第五，调解组织不同。劳动争议主要由企业、乡镇街道劳动争议调解组织和基层人民调解组织调解。人事争议当事人既可以在事业单位人事争议调解委员会调解，也可以向主管部门申请调解，其中军队聘用单位与文职人员的人事争议，可以向聘用单位的上一级单位申请调解。

尽管劳动争议处理与人事争议处理存在区别，但从人事争议处理的主要发展历程来看，劳动争议处理与人事争议处理正在不断地融合，展现了趋同的未来趋势。两者间的相同点主要表现在：第一，立法宗旨相同，即保护当事人合法权益。第二，争议处理原则相同，即遵循合法、公正、及时、着重调解的原则。第三，仲裁办案程序相同。两者按照《劳动争议调解仲裁法》及《劳动人事争议仲裁办案规则》规定程序处理。第四，仲裁机构相同。按照《劳动人事争议仲裁组织规则》的规定，这两类争议都由劳动人事争议仲裁委员会处理。第五，争议处理基本制度相同。这两类仲裁都实行仲裁庭制度、合议制度、回避制度、公开审理制度、一裁两审制度。第六，仲裁与司法的衔接相同。这两类争议仲裁当事人对仲裁裁决不服，均可以向人民法院提起民事诉讼寻求最后的司法保障。对生效裁决一方当事人不履行的，另一方当事人可以向人民法院申请强制执行。

本章小结

人事争议是与人事关系相对应的。人事争议是人事关系中双方因权利、义务发生分歧而产生的争议。人事争议的主体较为广泛，国家机关、事业单位以及其他人事行政管理的相对人都是人事争议的主体。具体而言，人事争议发生在以下主体之间：实施公务员法的机关与聘任制公务员之间、参照公务员法管理的机关（单位）与聘任工作人员之间、事业单位与工作人员之间、社团组织与工作人员之间、军队文职人员聘用单位与文职人员之间。

人事争议发生后，当事人可以协商解决；不愿协商或者协商不成的，可以向主管部门申请调解，其中军队文职人员聘用单位与文职人员的人事争议，可以向聘用单位的上一级单位申请调解；不愿调解或调解不成的，可以向人事争议仲裁委员会申请仲裁。当事人也可以直接向人事争议仲裁机构申请仲裁。当事人对仲裁裁决不服的，可以向人民法院提起诉讼。需要注意的是，实践中有些争议并不能通过仲裁、诉讼的程序解决，如事业单位工作人员与所在单位因职称评定、考核纠纷所产生的争议就不属于仲裁、诉讼的受案范围，只能通过申诉等途径解决。

人事争议调解是指人事争议发生之后，人事争议调解机构或组织依据相关的法律法规，在双方当事人自愿、平等、公正的原则下，通过与当事人进行沟通，使得双方互谅互让，自愿达成和解协议以解决劳动争议的处理方式。人事争议仲裁是根据法律规定或者人事争议当事人自愿向法律授权的专门机构提出申请，该机构以第三方的身份介入人事争议解决过程，根据相关规定就人事争议的事实与责任作出判断和裁决的法律活动。事业单位工作人员对涉及本人的处分、清退违规进人、撤销奖励、考核定为基本合格或者不合格、未按国家规定确定或者扣减工资福利待遇等几类人事处理不服的，可以申请复核；对复核结果不服的，可以提出申诉、再申诉。

关键词

人事争议　处理原则　特别规定　法律适用

复习与思考题

1. 什么是人事争议?
2. 如何处理人事争议?
3. 人事争议处理有哪些特殊规定?
4. 人事争议处理有哪些实体法和程序法依据?
5. 如何理解劳动争议处理与人事争议处理的异同?

实践前沿

试用期内解除聘用合同需谨慎

刘某于 2017 年 12 月 29 日经某研究所公开招聘被录取，与研究所签订 4 年期聘用合同，约定试用期为 3 个月，约定刘某在房管处做管理岗位工作，岗位等级八级。合同中对刘某所在的岗位职责和要求给予了明确约定，即负责研究所职工住房档案信息系统管理和信息安全工作；配合本单位的相关部门对福利住房上市进行审批、上报；负责做好职工福利住房上市交易、遗产过户、赠与等工作。另外，《聘用合同》第十五条第（七）项约定：乙方（刘某）在试用期内被证明不符合本岗位要求又不同意单位调整其工作岗位，甲方（研究所）可以单方面解除合同。2018 年 4 月 25 日，研究所向刘某发出解聘通知书，以其试用期考核不合格为由解除聘用合同。刘某向劳动人事争议仲裁委员会提出仲裁申请，要求撤销解聘通知，继续履行聘用合同。

研究所辩称：(1) 根据《事业单位人事管理条例》第十三条的规定，初次在事业单位就业的人员，试用期不应该是 3 个月，而是 12 个月，研究所与刘某在聘用合同中约定 3 个月的试用期应无效，研究所在试用期期间解除刘某并无不妥。(2) 刘某在工作中存在诸多问题，如工作中的沟通能力和团队合作精神有欠缺，不能完成领导交办的工作等，研究所对其进行考核后调整工作内容，发现其仍无法胜任，所以提出解除聘用关系。(3) 研究所解聘刘某是依据其内部规定作出的，其解除行为合理合法。(4) 刘某所涉及的工作岗位已经有新进人员就职，不存在继续履行的可能性。经审理，仲裁委员会支持了刘某的仲裁申请。

【评析】

事业单位解除与工作人员的聘用合同，应当按照相关的行政法规及聘用合同进行并有确凿的事实依据。关于本案双方在聘用合同中约定试用期为 3 个月是否有效的问题，《事业单位人事管理条例》第十三条虽然规定了初次就业的工作人员与事业单位订立的聘用合同为 3 年以上的，试用期为 12 个月，但研究所与刘某在自愿的基础上约定聘用合同试用期为 3 个月并不违反法律、行政法规的强制性规定，因此双方对于试用期的约定合法有效，该试用期于 2018 年 3 月 28 日届满。关于试用期内被证明不符合岗位和录用要求是否应经过调岗的问题，《关于在事业单位试行人员聘用制度的意见》规定，对在试用期内被证明不符合岗位要求又不同意单位调整其工作岗位的，聘用单位也可以随时单方面解除聘用合同。该意见由国务院办公厅转发，属国务院行政法规，研究所内部规定不得与之相冲突，况且在刘某与研究所的聘用合同中也有相同的约定，即“在试用期内被证明不符合本岗位要求又不同意单位调整其工作岗位的”。研究所主张的微调刘某工作内容以及解除与刘某的聘用合同均在约定的试用期届满后，因此，研究所解除与刘某的聘用合同既违反了行政法规的规定，也违反了双方在聘用合同中的约定。关于刘某可否继续履行聘用合同的问题，从双方签订的聘用合同上看，刘某的岗位仅为管理岗位，研究所未对已有新人到岗提供证据，所以对研究所不能继续履行与刘某聘用合同的主张，仲裁委员会没有采纳。

资料来源：试用期内解除聘用合同需谨慎．(2018 - 07 - 30). http：//www. bjrbj. gov. cn/ztfw/dxal/201807/t20180730_74723. html.

参考文献

1. 张建明，等．劳动标准与劳动监察：政策与实务．北京：北京大学出版社，2008.

2. Stern J L，Najita J M. Labor arbitration under fire. Cornell University Press，1997.

3. 郝江．京人社局发布2018年劳动争议十大典型案例．(2018－10－23). https：//new. qq. com/omn/20181023/20181023F1CNON. html? pgv_ref=aio2015&ptlang=2052.

4. 王淑娟．欠缴及补缴社保争议案件是否属于法院受案范围．(2017－04－12). https：//www. chinacourt. org/article/detail/2017/04/id/2741553. shtml.

5. 北京市海淀区仲裁院“四化”建设成效显著．(2019－02－28). http：//www. mohrss. gov. cn/tjzcgls/TJZCgongzuodongtai/201902/t20190228_311072. html.

6. 人力资源社会保障部办公厅关于印发《“互联网＋调解仲裁”2020行实施计划》的通知．(2018－07－31). http：//www. mohrss. gov. cn/tjzcgls/TJZCzcwj/201808/t20180815_299212. html.

7. “四结合”“六统一”为福建省调解仲裁带来新发展．(2018－05－28). http：//www. mohrss. gov. cn/tjzcgls/TJZCgongzuodongtai/201805/t20180528_294686. html.

8. 人力资源社会保障部对政协十三届全国委员会第一次会议第1971号（社会管理类170号）提案的答复．(2018－09－30). http：//www. mohrss. gov. cn/gkml/zhgl/jytabl/tadf/201812/t20181210_306572. html.

9. 高铭．北京市法院劳动关系诚信建设十大典型案例．(2018－12－03). http：//www. rmfz. org. cn/dfzcontents/120/173907. html.

10. 案例｜用人单位组织劳动者周末开会，是否应当支付加班费？．(2018－11－29). http：//www. mohrss. gov. cn/gkml/ldgx/ldrsdjzc/201811/t20181129_305979. html.

11. 用人单位不得无理阻挠劳动保障监察．(2004－03－11). http：//china. findlaw. cn/info/case/ldal/5688. html.

12. 案例｜用人单位单方解除劳动合同，是否需提前通知工会？．(2019－10－29). http：//www. mohrss. gov. cn/tjzcgls/TJZCdianxingal/201710/t20171029_280258. html.

13. 案例｜公司以职工未通过专业资格考试为由，违法延长试用期应承担赔偿责任．(2018－12－29). http：//www. mohrss. gov. cn/tjzcgls/TJZCdianxingal/201812/

t20181229_307939. html.

14. 案例丨企业资金链断裂拖欠员工工资，此案如何调解？.（2017-12-14）. http://www. mohrss. gov. cn/tjzcgls/TJZCdianxingal/201712/t20171214_283995. html.

15. 案例丨停工留薪期工资如何适用终局裁决？.（2017-10-29）. http：//www. mohrss. gov. cn/tjzcgls/TJZCdianxingal/201710/t20171029_280259. html.

16. 案例丨如此“实习”算不算建立劳动关系.（2018-08-13）. http：//www. mohrss. gov. cn/gkml/ldgx/ldrsdjzc/201808/t20180813_298990. html.

17. 案例丨“开双眼皮”属于事假还是病假？.（2018-03-22）. http：//www. mohrss. gov. cn/tjzcgls/TJZCdianxingal/201803/t20180322_290313. html.

18. 江西省规范处理集体劳动人事争议.（2018-11-29）. http：//www. mohrss. gov. cn/tjzcgls/TJZCgongzuodongtai/201811/t20181129_305977. html.

19. 王香阑. 2017年北京工会劳动维权十大案例评析. 工会博览，2018（2）.

20. 案例丨自收自支事业单位能否自主决定工资待遇分配.（2017-07-31）. http：//www. mohrss. gov. cn/tjzcgls/TJZCdianxingal/201707/t20170731_274969. html.

21. 试用期内解除聘用合同需谨慎.（2018-07-30）. http：//www. bjrbj. gov. cn/ztfw/dxal/201807/t20180730_74723. html.

中国人民大学出版社　管理分社

教师教学服务说明

中国人民大学出版社管理分社以出版工商管理和公共管理类精品图书为宗旨。为更好地服务一线教师，我们着力建设了一批数字化、立体化的网络教学资源。教师可以通过以下方式获得免费下载教学资源的权限：

- 在中国人民大学出版社网站 www.crup.com.cn 进行注册，注册后进入“会员中心”，在左侧点击“我的教师认证”，填写相关信息，提交后等待审核。我们将在一个工作日内为您开通相关资源的下载权限。

- 如您急需教学资源或需要其他帮助，请加入教师 QQ 群或在工作时间与我们联络。

中国人民大学出版社　管理分社

教师 QQ 群：648333426(工商管理)　114970332(财会)　648117133(公共管理)
教师群仅限教师加入，入群请备注（学校+姓名）

联系电话：010-62515735，62515987，62515782，82501048，62514760

电子邮箱：glcbfs@crup.com.cn

通讯地址：北京市海淀区中关村大街甲 59 号文化大厦 1501 室（100872）

管理书社　　人大社财会　　公共管理与政治学悦读坊